퍼플 스완

퍼플 스완

나만의 라이프 루틴으로 사는 탁월한 자아

허두영 지음

PURPLE SWAN

"난 왜 이렇게 태어난 걸까?"

"너는 미운 오리 새끼가
 아니야!"

"넌, 세상에 단 하나뿐인 존재,
'퍼플 스완'이야!!"

목차

프롤로그 · 015
미운 오리 새끼에서 퍼플 스완으로, 나만의 길을 개척하다 · 015
결별하고 도전하고 차별화하라 · 017

◆ 1부 ◆
지금처럼 살 것인가? **일상과 결별하라**

1장) 내면의 퍼플 스완을 발견하다 · 023
    속도보다 방향? 위치 파악이 먼저다! · 024
    누구나 퍼플 스완으로 태어난다 · 029
    내 안의 퍼플 스완 발견하기 · 030
    퍼플 스완은 신령한 성소를 사수한다 · 032
    손자의 지피지기보다 이순신의 지기지피 · 034
    질문의 수준이 삶의 수준을 결정한다 · 038

2장) 미지를 향해 푸른 지도를 그리다 · 046
    목표, 꼭 있어야 할까? · 047
    나는 지금 어디로 가고 있는가? · 050
    인생의 목표, 나무를 심는 사람처럼 · 052
    꿈은 영혼을 감동시킨다 · 054
    사람은 목표를 잃었을 때 죽어간다 · 056
    퍼플 스완의 I-SWEAR 목표 설정 원칙 · 059

미지를 향해 푸른 지도를 그리다	• 063
나를 찾는 여정, 행복한 직업 찾기	• 076

3장 우리를 벗어나 푸른 빛 하늘로 • 089

나는 지금 어느 지대에 있는가?	• 090
쇼생크 탈출? 일상 탈출!	• 093
가장 안전한 것이 가장 위험하다	• 096
두려움이라는 허상	• 099
퍼플 스완 여정은 떠남에서 시작된다	• 104
죽음의 집에서도 고독을 즐기다	• 106
인생을 바꾸는 고독의 힘	• 108
함께할 수 있으면서 혼자가 될 수 있는 사람	• 111
인생의 방향타를 전환할 수 있는 용기	• 114

◆ 2부 ◆
후회 없는 삶인가? 담대하게 도전하라

4장 삶의 캔버스에 꿈을 채색하다 • 125

마음을 후회 저장소로 쓰지 마라	• 126
후회 최소화를 위한 10가지 원칙	• 131
인생 항해 중 모비딕을 마주한다면?	• 136
성공 확률을 높이는 가장 확실한 방법	• 139
희대의 바람둥이 카사노바에게 배우기	• 142
후회 최소화를 위한 필살기, 일단 시작하라!	• 147
영화 〈라스트 홀리데이〉의 비밀 노트	• 153

5장 비가 내리거든 춤을 춰라 • 158

시련을 통해 더 단단해지는 법	• 160

시련을 기회로 바꾸는 낙관성의 힘	165
신은 선물을 시련이라는 포장지에 싸서 준다	169
유머 감각이 없는 사람은 스프링 없는 마차와 같다	172
모닝 포엠, 시련을 시에 담으면 보석이 된다	176
빗속에서도 춤추는 법을 배워야 한다	181
지금 있는 곳에서 빛나면 된다	184
대나무에게 배운다	187
삶을 바꾸는 것은 꿈보다 시련이다	190

6장 등대 불빛 같은 스승과 조우하다 · 195

언제나 나를 지지해주는 스승이 있는가?	196
나쁜 스승은 녹슨 나침반과 같다	201
좋은 스승을 만나면 방황이 끝난다	203
전기가오리 같은 훌륭한 스승과 함께하라	206
물음표를 느낌표로 바꾸는 영감을 주는 스승	210
만나지 못할 스승은 없다	213
누군가에게 좋은 스승이 되겠다고 결심하라	216
가장 신뢰할 수 있는 스승, 100년 후 나에게 묻다	220

✦ 3부 ✦
남들과 다른 삶인가? **자신을 차별화하라**

7장 퍼플 스완의 깃털로 날아오르다 · 227

가장 중요한 것에 레이저 포커스, 집중과 몰입Focus & Flow	229
나와 타인을 잇는 사랑의 줄, 공감Empathy	233
파도를 만나거든 오디세우스처럼, 민첩성Agility	235
아문센이 개썰매에 매달리듯, 집요함Tenacity	239
이카루스 날개의 교훈, 겸손Humility	243

평균과 평범의 굴레 벗어나기, 탁월함Excellence	· 246
탁월함을 만드는 한 끗 차이, 루틴Routine	· 249

8장) 하나 뿐인 퍼플 스완의 노래를 불러라 · 254

대중의 반대편에 서는 개척자Pioneer	· 256
있는 자리에서 빛나는 영웅Unsung Hero	· 260
책속에서 길을 찾는 생존형 독서가Reader	· 263
상상을 현실로 만드는 꿈꾸는 철학자Philosopher	· 272
배우고 성장하는 치열한 학습자Learner	· 274
복잡한 세상을 단순하게 보는 본질추구자Essentialist	· 280

9장) 자유로운 구속으로 일상을 자동화하다 · 285

퍼플 스완은 탁월한 루틴 조각가다	· 286
삶을 채우는 지혜, 큰 돌을 먼저 넣어라	· 289
특별하면서도 평범한 마지막 시간, 현재	· 292
악마는 순간을 지배한다	· 296
탁월함이 머무는 나만의 아지트	· 299
행복이 깃드는 관계 정원 만들기	· 304
일이 먼저인가? 관계가 먼저인가?	· 307
어떤 일을 하든 마지막 작품인 것처럼	· 310
매력을 디자인하는 퍼플 스완의 건강 루틴	· 313

에필로그 · 321
삶에서 가장 경계해야 할 단어 · 321
참고도서 · 328
주석 · 331

일러두기
- 단행본은 《 》, 영화, TV프로그램, 노래, 미술 작품, 교과목 제목은 < >, 논문과 신문 기사의 제목은 " "로 표기했습니다.
- 통상적으로 사용하는 구어체 표기와 맞춤법 일부를 그대로 따랐습니다.

프롤로그

미운 오리 새끼에서 퍼플 스완으로, 나만의 길을 개척하다

햇살이 눈에 부시도록 아름다운 어느 여름날이었다. 우엉잎이 무성한 강가에 오리가 알을 품고 있었다. 새끼들이 연달아 껍데기를 깨고 나왔고, 한참 후에야 남은 한 마리가 세상으로 나온다. 그는 다른 오리와 외모가 사뭇 달랐는데, 그래서 오리와 닭들에게 놀림과 따돌림을 당했다. 어미 오리마저도 그가 차라리 태어나지 않았더라면 좋았을 거라고 말하곤 했다. 그는 자신도 "내가 못생겨서 모두 날 싫어하는 거야."라며 자책한다.

어느 날 그는 괴롭힘을 피해 무작정 멀리 날아갔다. 하지만 사냥꾼과 사냥개를 만나 죽을 뻔하기도 하고, 다른 동물들에게도 못생겼다는 이유로 멸시와 천대를 당하기는 매한가지였다. 추운 겨울, 그는 호숫가에서 얼어붙은 채로 한 농부에게 발견돼 가까스로 살아나기도 했다. 봄이 되고 날개가 예전보다 힘차게 몸뚱이를 들어 올릴 만큼 성장했다. 하루는 물 위를 헤엄치고 있는 백조 무리를 바라보며 묘한 기분이 들었다. 굶주려 죽으니 차라리 그들에게 죽는 편이 낫겠다는 심정으로 무작정 그들 무리에게로 날아갔다.

그런데 어찌 된 일인가? 그는 깜짝 놀랐다. 그곳에서 맑은 물 위에 비친 자신의 모습을 발견한 것이다. 못생기고 볼품없는 진회색의 오리가 아니었다. 우아하고 아름다운 한 마리의 백조가 아닌가! 그는 애초 오리가 아니라 백조였다. 참모습을 깨닫고 나서는 더 이상 오리로 살아온 것쯤은 아무런 허물도 아니라고 무시했다. 그동안 온갖 고난과 슬픔을 견뎌낸 것을 회상하니 외려 참으로 기뻤다. 수많은 고통을 이겨냈기에 지금의 즐거움과 행복을 더 크게 누릴 수 있으니. 큰 백조들이 그를 에워싸고 부리로 목을 어루만지며 환영했다. 그는 황홀하고 기뻐서 기절할 지경이었다.

덴마크의 동화 작가 한스 크리스티안 안데르센Hans Christian Andersen이 쓴 《미운 오리 새끼The Ugly Duckling》의 줄거리다. 이 작품에서 미운 오리 새끼는 다른 이들이 바라보는 시선에 휘둘리며 살아간다. 그뿐 아니라 자신도 못난이로 인정하며 낮은 자존감으로 나날을 보낸다. 그러던 어느 날, 백조 무리를 목격하면서 그들의 아름다움을 동경하다가 우연히 물 위에 비친 자신의 진짜 모습을 발견한다. 그러고는 생각이 180도 반전한다. 흥미로운 건, 다른 그 무엇도 바뀌지 않았다는 점이다. 오직 변한 건 자신의 마음뿐이었다.

자신에게 질문해 보자. 지금 미운 오리 새끼로 살고 있는가? 아니면 백조로 살고 있는가? 백조로 살고 있다면 다행이다. 《미운 오리 새끼》 속 주인공처럼 타인이 당신을 무엇이라고 규정하든 무슨 상관인가. 중요한 것은 스스로 백조라는 것을 깨닫는 것이다. 타인의 시선에서 자유로워져 그들의 평가에 개의치 않고 진짜 자아를 발견해야 한다. 당신이 백조가 되는 방법은 자신의 정체성을 깨닫는 것이다. 그것은 오롯이 본인의 판단에 달렸다.

이 책은 우화 속 주인공처럼 자신의 정체성을 깨닫고, 남들과 다른 시선으로 나만의 길을 걸어가는 '퍼플 스완Purple Swan'에 관한 이야기다. 퍼플 스완으로 살기 위해서는 어떻게 해야 할까? 그 이야기를 하나씩 풀어가려고 한다.

결별하고 도전하고 차별화하라

세상에는 두 부류의 사람이 있다. 미운 오리 새끼처럼 사는 사람, 그리고 백조처럼 사는 사람이다. 이 책에서는 백조 중에서도 나답게 살아가는 일상의 영웅, 나만의 라이프 루틴으로 사는 탁월한 자아를 '퍼플 스완'이라고 부르고자 한다.

퍼플 스완은 평범한 일상에서도 자신의 빛을 발견하고 그것을 지켜나가는 특별한 존재다. 그들은 타인의 기대나 세상의 틀에 갇히지 않고, 자신의 고유한 루틴과 가치관을 지키며 살아간다. 누구도 대신할 수 없는 독특한 길을 걸어가는 존재다.

| 퍼플 스완이 되기 위한 질문과 여정 |

질문1. 지금처럼 살 것인가?
1. 나는 누구인가?
2. 내 삶은 어디로 향하고 있는가?
3. 안주할 것인가? 변화할 것인가?

1부 일상과 결별하라 Departure
1장 내면의 퍼플 스완을 발견하다
2장 미지를 향해 푸른 지도를 그리다
3장 우리를 벗어나 푸른 빛 하늘로

질문2. 후회 없는 삶인가?
4. 후회하지 않을 삶을 살고 있는가?
5. 시련은 나에게 어떤 의미인가?
6. 내 삶에 영향을 미치는 사람은 누구인가?

2부 담대하게 도전하라 Dare
4장 삶의 캔버스에 꿈을 채색하다
5장 비가 내리거든 춤을 춰라
6장 등대 불빛 같은 스승과 조우하다

질문3. 남들과 다른 삶인가?
7. 내 능력과 잠재력을 얼마나 활용하고 있는가?
8. 세상의 변화에 맞춰 나만의 길을 가는가?
9. 나만의 자동화된 시스템을 갖췄는가?

3부 자신을 차별화하라 Differentiation
7장 퍼플 스완의 깃털로 날아오르다
8장 하나 뿐인 퍼플 스완의 노래를 불러라
9장 자유로운 구속으로 일상을 자동화하다

이 책은 퍼플 스완이 되기 위해 '지금처럼 살 것인가?', '후회 없는 삶인가?', '남들과 다른 삶인가?'라는 세 가지 성찰 물음에 답을 찾도록 안내한다. 아홉 가지 세부 질문을 통해 이상적인 삶에 대한 생각을 정리할 수 있도록 도울 것이다. 퍼플 스완으로 거듭나는 길을 진지하게 모색하는 계기가 되길 바란다.

퍼플 스완은 세 단계의 여정을 걷는다. 그 여정은 앞서 제시한 질문에 대한 답이기도 하다. 첫째, 일상과 결별하라 Departure. 일상이라는 안전지대에서 탈출해 고독한 자신과 마주해야 한다. 둘째, 담대하게 도전하라 Dare. 고통과 시련은 퍼플 스완으로 거듭나기 위한 통과의례다. 셋째, 자신을 차별화하라 Differentiation. 나만의 DNA와 루틴으로 삶을 최적화한다. 이 여정은 퍼플 스완의 삶을 탐구하며, 시대적 요구에 부합하는 경쟁력있는 자아를 찾도록 안내할 것이다.

1347년 중국에서 발원한 페스트가 실크로드를 따라 유럽으로 번지면서 7,500만 명에서 2억 명의 희생자를 만들며 세계를 휩쓸고 지나갔다. 그 후 중세 암흑기가 막을 내리고 르네상스가 시작되었다. 마치 평행이론처럼, 2019년 중국에서 발원한 코로나19가 비행 노선을 따라 전 세계로 쓰나미처럼 맹렬하게 퍼져나가며 공식 통계만 700만 명 가까이 되는 생명을 앗아갔다. 그리고 3차 산업 시대가 황급히 막을 내리고, 인공지능 시대가 서둘러 활짝 열린 듯하다.

이제 "이 정도면 됐어."라고 생각하며 변화를 주저하고 안일하게 살다 보면, 위기는 예고 없이 별안간 호랑이처럼 덮칠지도 모른다. 갑작스러운 시대 변화에 어리둥절해하는 당신에게 이 책이 삶을 되돌아보고 미래를 계획하는 동기부여가 되었으면 한다. 험난한 늪지대를 헤엄치며 살아가는 당신, 당신의 영혼에는 찬란한 빛이 숨겨져 있다. 마음의 고삐를 바싹 쥐고 자유로운 하늘로 힘차게 날갯짓하는 퍼플 스완이 되기를 응원한다.

허두영

1부

지금처럼 살 것인가?
일상과 결별하라

PURPLE SWAN

내면의 퍼플 스완을 발견하다

"인생은 얼마나 좋은 카드를 손에 쥐었는지보다 자신이 가지고 있는 카드를 얼마나 잘 활용하는지에 달려있다."

_조쉬 빌링스 Josh Billings, 미국 유머 작가

우리는 누구나 자신의 내면에 우주를 품고 있다. 그 우주에는 저마다의 독특한 별자리들이 반짝이고 있다. 당신의 내면에도 그런 빛이 존재한다. 비록 지금은 그 빛이 어둠에 가려져 있을지 모르지만, 그 잠재력은 여전히 살아있다. 당신은 우주의 무한한 가능성을 품고 있는 특별한 존재이다.

이 책의 첫 장은 그 빛, 당신 안의 별을 발견하는 여정이다. 마치

마라톤 선수가 결승선을 향해 달리듯, 우리는 모두 인생이라는 긴 길을 달리고 있다. 하지만 중요한 것은 결승점에 얼마나 빨리 도달하느냐가 아니다. 때로는 잠시 멈춰 서서 내가 지금 어디에 있는지, 내가 가고 있는 방향이 옳은지 돌아보는 것이 중요하다. 앞만 보고 달리다 보면, 길을 잘못 들거나 정작 소중한 것들을 놓치기 쉽다. 조금 느리더라도 괜찮다.

혹시 지금 삶의 어둠 속에서 길을 헤매고 있다고 느끼는가? 그것은 미운 오리 새끼가 결국 아름다운 백조로 변하는 과정일 뿐이다. 어둠이 없이는 별이 빛날 수 없다. 마찬가지로, 당신 내면의 빛도 언젠가 그 어둠을 뚫고 다시 찬란하게 빛날 것이다.

속도보다 방향?
위치 파악이 먼저다!

"타인에 관해 여러 가지를 알고 있는 사람은 박식한 것이지만, 자신에 관한 것을 잘 알고 있는 사람은 지혜로운 사람이다."

_노자老子, 춘추시대 초나라 철학자

세상 모든 것을 잃고 외로움의 끝없는 늪에 빠진 부랑자가 어두운 골목길 끝에 희미하게 빛나는 사무실을 찾는다. 그는 세상을 버리고 싶은 자살 충동을 느꼈지만, 우연히 한 권의 책을 읽은 후 잠시 견딜 힘을 얻었다. 책의 저자를 만나면 답을 얻을 수 있을 것이라는 희망을 품고 저자가 일하는 사무실 문을 두드렸다.

저자는 그의 이야기를 조용히 듣고 그의 눈빛 속에서 깊은 절망과 희망의 흔적을 동시에 발견했다. 잃은 재산을 돌려주고 다시 시작하도록 도움을 줄 수 있는 사람을 소개해 주겠다고 했다. 그러곤 사무실 한쪽으로 자리를 옮겨 커튼을 열었다. 부랑자는 거울 속에 비친 자신을 머리끝에서 발끝까지 한동안 물끄러미 살폈다. 그리고 깊은 침묵에 잠겼다.

"말씀드렸다시피 제가 소개해 주기로 한 사람입니다. 이 세상에 당신이 새로이 시작할 수 있도록 도울 수 있는 유일한 사람입니다. 만약 당신이 지금까지 그랬던 것처럼 이 사람을 알려고 하지 않는다면 아마 당신은 또다시 미시간호에 가서 자살을 시도하게 될지도 모릅니다. 왜냐하면 당신이 이 사람을 잘 알지 못한다면 자신에게도, 또한 세상에도 당신은 아무런 가치가 없을 것이기 때문입니다."[1]

이후 그는 마치 영화처럼 미국에서 가장 크게 성공한 사람 중의 한 사람이 된다. 이야기의 주인공처럼 성공한 사람은 자신만의 '거울'이 있다. 에미상, 그래미상 등 수많은 상을 받은 안드레 드 쉴즈André Robin De Shields라는 뮤지컬 배우도 그렇다. 그는 토니상 뮤지컬 부문 최우수 주연 배우상을 받은 후, 수상 소감에서 자신의 아침 루틴을 이렇게 소개했다.

"저는 매일 아침 일어나면 거울로 갑니다… 거울에서 저를 보고 있는 그에게 말합니다. 당신 같은 사람은 아무도 없어. 지금껏 당신 같은 사람은 아무도 없었어. 당신 같은 사람은 아무도 없을 거야. 그러니까, 당신 자신을 알아야 해. 당신 자신이 되어야 해."

미국의 경영 컨설턴트인 짐 콜린스Jim Collins는 책《좋은 기업을 넘어 위대한 기업으로》에서 가장 높은 수준Level 5 리더십의 요체로 '겸손Humility과 강렬한 의지Fierce Resolve'를 제시했다. 그는 겸손을 '거울'에 비유했는데, 그에 따르면 성공한 최고경영자는 어떤 일의 결과가 나쁠 때 창문Window 밖이 아니라 거울Mirror을 들여다보면서 전적으로 자신에게 책임을 돌렸다. 다른 사람들이나 외부 요인들에 돌리지 않고 불운을 원망하지 않았다. 반면 성공했을 때는 거울이 아니라 창문 밖을 내다보면서 다른 사람들과 외부 요인들, 그리고 행운에 찬사를 돌렸다.[2]

당신은 자아를 비춰보는 거울이 있는가? 정체성을 자각하게 하는 거울 말이다. 과거와 달리 지금은 나라는 존재가 어디서도 쉽게 노출되고 타인과 비교당하는 환경이다. 그러다 보니 자신을 바라보는 시간이 부족해지고 자신의 정체성을 잃기에 십상이다. 우리가 정작 명심하고 두려워해야 할 것은 사람을 잃는 것이 아니라 자신을 잃는 것이다.

누군가는 인생은 속도보다 방향이 먼저라고 한다. 과연 그럴까? 인생은 속도와 방향 모두 중요하지만, 그 전에 위치 파악이 먼저다! 나 자신을 잘 아는 데서 출발해야 한다. 그래서 인문학의 첫 번째 화두도 "나는 누구인가?"라는 질문에서 출발한다. 내가 누구인지 정확

| 4가지 유형의 사람 |

히 자기 인식을 하고 강점과 장점으로 자신을 차별화해야 한다. 그렇다면 자신에게 물어보자. 나는 4가지 중 어떤 유형의 사람인가?

첫째, 우리에 갇혀 타인의 시선에 좌우되어 살아가는 소극적인 '미운 오리 새끼Ugly Duckling'인가? 둘째, 우리를 벗어나 주도적으로 삶을 차별화해 가는 '야생 오리Wild Duck'인가? 셋째, 자신의 정체성을 확실히 발견한 '화이트 스완White Swan'으로 인식하며 살고 있는가? 넷째, 자신의 정체성을 발견한 후 삶을 주도해 가면서 차별화하고 탁월한 삶을 살고 있는 '퍼플 스완Purple Swan'인가?

내가 어떤 유형인지 궁금하다면 진단으로 자신의 위치를 파악해 보자. 4가지 유형 중 어디에 해당하는가? 어느 유형이든 상관없다. 지금부터 서서히 변화하면 된다. 이제 평범함을 탁월함으로 바꾸는 퍼플 스완의 삶의 여정을 떠나려고 한다. 자, 준비되었는가?

| 퍼플 스완 자가 진단 |

매우 아니다 1점, 아니다 2점, 보통이다 3점, 그렇다 4점, 매우 그렇다 5점

문항	점수				
1. 나는 문제가 생기면 남을 탓하기보다 자기 성찰의 기회로 삼는다.	1	2	3	4	5
2. 나는 타인의 시선보다 나의 강점과 장점에 집중한다.	1	2	3	4	5
3. 나는 인생의 목표가 있어야 한다고 생각한다.	1	2	3	4	5
4. 나는 인생의 목표가 뚜렷하다.	1	2	3	4	5
5. 나는 안전지대는 곧 위험지대라고 생각한다.	1	2	3	4	5
6. 나는 혼자 있을 때 외롭지 않고 고독의 시간을 즐긴다.	1	2	3	4	5
7. 나는 과거를 후회하고 미래를 걱정하기보다 현재에 충실하며 산다.	1	2	3	4	5
8. 나는 새로운 도전을 주저하지 않고 시도하면서 배운다.	1	2	3	4	5
9. 나는 시련은 피하기보다 극복해야 하는 통과의례라고 생각한다.	1	2	3	4	5
10. 나는 지금 하는 일을 사랑하고 최선을 다한다.	1	2	3	4	5
11. 나는 탁월한 사람을 만나는 데 적극적이다.	1	2	3	4	5
12. 나는 도전과 영감을 주는 좋은 스승이 있다.	1	2	3	4	5
13. 나는 세상 변화에 맞는 필요한 능력을 갖추기 위해 꾸준히 노력한다.	1	2	3	4	5
14. 나는 고수들의 성공 비결을 발견하기 위해 계속 학습한다.	1	2	3	4	5
15. 나는 중요하다고 판단되는 것이 생기면 끈기 있게 해낸다.	1	2	3	4	5
16. 나는 군중을 따라가기보다 나만의 길을 가려고 한다.	1	2	3	4	5
17. 나는 취미가 아니라 생존을 위해 독서한다.	1	2	3	4	5
18. 나는 무엇을 하더라도 내 역할에 최선을 다한다.	1	2	3	4	5
19. 나는 삶의 우선순위가 명확하다.	1	2	3	4	5
20. 나는 일상에서 꾸준히 지키는 건강한 루틴이 많다.	1	2	3	4	5
합계	/ 100점				

진단 결과
- 80~100점: 퍼플 스완   - 60~79점: 화이트 스완
- 40~59점: 야생 오리   - 20~39점: 미운 오리 새끼

누구나 퍼플 스완으로 태어난다

"사람은 누구나 천재다. 하지만 나무에 오르는 능력으로 물고기를 판단하면 물고기는 자신이 바보라고 생각하며 평생을 살게 될 것이다."

_알베르트 아인슈타인Albert Einstein, 독일 물리학자

미국 인구통계국United States Census Bureau에 따르면, 인류 출현 이후 지금까지 태어난 인구수는 1,080억 명 정도로 추정한다. 통계가 사실이든 아니든 중요한 것은 유사 이래 세상에 허투루 창조된 존재는 하나도 없다는 점이다. 프랑스 시인 보들레르Charles Pierre Baudelaire의 말처럼 세상에 목적 없이 존재하는 것은 아무것도 없다. 모든 사람은 저마다 존재 목적을 가지고 태어난다. 제아무리 의미 없고 하찮아 보이는 피조물이라고 할지라도.

당신이 산길을 지나다 나뭇가지 위에 꿈틀꿈틀하는 애벌레 한 마리를 발견했다고 치자. 무심하게 그냥 지나쳐 버리거나 징그러운 모습에 이내 거리를 둘 수도 있다. 하지만 그 흉측한 애벌레는 보름 정도만 지나면 멋진 나비로 놀라운 변신을 한다. 창조주는 미물인 그 애벌레에게 이런 메시지를 숨겨놓았으리라. 비록 하찮아 보이는 애벌레도 아름답게 거듭나듯, 인간도 그럴 수 있다고 말이다.

애벌레도 존재 의미가 있는데, 하물며 인간은 어떻겠는가? 당신은 인류 역사를 통틀어 하나뿐인 유일무이한 존재다. 안타까운 건 대부분의 사람이 이런 자신의 존재 의미와 능력을 인지하지 못하고

제대로 활용하지도 못하며 살아간다는 점이다. 19세기 심리학자인 윌리엄 제임스William James는 "보통 사람은 뇌의 10%를 사용하는데, 천재는 15~20%를 사용한다."라고 언급한 바 있다. 또 인류학자 마거릿 미드Margaret Mead는 그 비율이 10%가 아니라 6%라고 수정했다. 1990년대에는 인간이 두뇌를 단지 1% 이하로 활용하고 있다고 봤다. 하지만 최근 연구에 따르면, 인간의 두뇌 활용도가 단지 0.1%에 불과하다. 그런데도 인간이 수많은 성취를 이뤄내는 것을 보면 사람이 지닌 가능성과 잠재력은 실로 어마어마하다.

매일 치열한 세상 속에서 악전고투하며 살아가는 자신을 보면, 우화에 등장하는 미운 오리 새끼처럼 느껴지기 쉽다. 하지만 인간은 처음부터 동화 속 백조처럼 고귀한 존재로 태어났다. 그냥 백조가 아니라 퍼플 스완으로 말이다. 당신은 미운 오리 새끼가 아니라 세상에 하나뿐인 존귀한 존재다.

내 안의 퍼플 스완 발견하기

> "대다수의 사람들 중에도 천재성은 존재한다. 그러나 천재는 대중과는 다른 길을 걷는다. 평범한 사람들이 중도에 단념해 버리는 일을 천재들은 창조적인 사고력과 탐구욕을 무한히 펼쳐 기적을 낳는다."
>
> _발타사르 그라시안Balthasar Gracian, 스페인 작가

당신은 보라색 백조, 즉 퍼플 스완Purple Swan을 본 적이 있는가? 아마 없을 것이다. 실존하지 않기 때문이다. 이 책에서 퍼플 스완은 왕족을 뜻하는 색깔인 '퍼플'과 변화를 상징하는 백조인 '스완'을 합쳐 만들어낸 조어이다. 퍼플 스완은 다음의 세 가지 의미를 내포한다.

첫째, 퍼플은 '왕족'을 상징한다. 이는 퍼플, 즉 보라색과 관련이 있다. 고대 로마 시대 왕을 상징하는 색은 보라색이었다. 왕이나 귀족이 입던 고귀한 옷을 '퍼플Purple'이라고 표현하기도 했다. 보라색이 왕의 색이 된 데는 당시 보라색을 내는 염료가 가장 비싸서 아무나 입을 수 없었기 때문이란다. 이런 배경으로 적용해 보건데, 퍼플 스완은 왕족처럼 귀한 존재를 의미한다.

둘째, 스완은 '변화'를 상징한다. 백조는 다른 조류 동물처럼 털갈이한다. 털갈이는 옛것을 버리고 새것을 입는다는 의미를 담고 있다. 오래된 허물을 벗고 새롭게 시작하는 변화를 상징한다. 찬찬히 따져 보면 세상에 변화 없이 이룰 수 있는 것은 아무것도 없다. 변화에 저항하는 순간 금세 도태되고 마는 것이 세상 섭리다. 어제와 같은 삶을 살면서 오늘 새로운 변화를 기대하는 것은 헛된 욕심일 뿐이다.

| **새로운 나의 발견** |

변화는 본연의 진짜 자아를 인식하는 데서 출발해야 한다. 퍼플 스완은 안전지대가 오히려 위험지대라는 것을 알고 변화를 일상으로 받아들인다.

셋째, 퍼플 스완은 '희망, 창의, 긍정, 우아함'을 상징한다. 퍼플 스완은 현실에 존재하지는 않지만, 신화나 역사 속에서 매혹적이며 이상적인 동물로 묘사된다. 또 창의적인 능력을 발휘하거나 높은 이상을 품고 당신의 직관을 믿는 긍정적 자기 암시를 내포하기도 한다.

당신은 왕족의 피를 물려받은 특별한 존재다. 이 순간에도 당신의 내면 깊숙이 숨겨진 잠재력이라는 보물이 빛나기를 기다리고 있다. 퍼플 스완으로 거듭나는 것은 단순한 변화가 아니라, 당신의 삶을 새로운 차원으로 재창조하는 여정이다. 지금 거울을 마주 보고 자신에게 속삭여 보라. "나는 퍼플 스완이다!"

퍼플 스완은
신령한 성소를 사수한다

"무릇 지킬만한 것보다 더욱 네 마음을 지키라 생명의 근원이 이에서 남이니라."

_《성경》 잠언 4장 23절

둘째 딸이 초등학교에 막 들어갔을 때쯤이었다. 뾰로통한 표정으로 내게 와 씽씽카 앞에 붙어있던 뽀로로 캐릭터를 떼어달라는 것이었다. 이해가 안 됐다. 뽀로토라면 울다가도 울음을 뚝 그치던 아이였던 터다. 뽀로로 캐릭터에 사족을 못 쓰던 애가 한 얘기에 나는 당황할 수밖에 없었다. 왜 떼어달라고 하는지 물었지만, 이유 없이 떼 달라고 보챌 뿐이었다. 뽀로로를 떼고 보니, 빈자리가 덩그러니 보기 싫었다. 그렇게 한동안 타고 다녔다. 그리고 얼마 후 맘이 쓰여 꽤 어른스러워(?) 보이는 킥보드를 사줬다.

한 설문조사에 따르면, 9~10세부터 다른 사람의 이목을 의식하기 시작한다고 응답했다.[3] 둘째 딸이 타인을 의식하여 뽀로로를 뗄 때쯤이다. 창피하다는 것을 인식한 나이기도 하다. 이때부터 세상의 소음이 내면으로 스며들기 시작한다. 마음의 병이 생기기 시작하는 것도 이 무렵부터일 것이다. 비교 의식과 열등감 등 다양한 감정들이 마음속에서 소란을 일으킨다. 더불어 자아정체성이라는 것도 여물어가기 시작한다.

미국 심리학자인 셰드 햄스테더Shad Halmstetter 박사는 인간은 하루에 5~6만 가지 생각을 한다고 한다. 그중 75%는 부정적 생각이고 25%는 긍정적 생각이란다. 생각을 통제하지 않으면 사람은 누구나 부정적인 생각을 할 수밖에 없다는 것이다. 생각을 만드는 재료는 사람들의 말과 소리, 자연과 동물의 소리, 스마트기기의 문자, 세상의 활자 등 다양한데 모두 언어와 관련이 있다. 잡담과도 같은 세상의 모든 소리에 의도적으로 음소거하지 않으면 감정은 요동치게 된다. 세상의 부산한 소리를 통제허야만 일렁이는 물결의 호수 아래 진짜 나를 만날 수 있다. 그래야 비로소 '내 안의 자아'가 내는 소리에 귀를 기울일 수 있다.

무엇보다 주변에 독선적이며 시끄럽고 호전적인 사람들로부터 거리를 둬야 한다. 그들에게는 조용한 축복을 보내고 내 갈 길을 가는 게 상책이다. 마음은 언어를 먹고 성장하기 때문이다. 신령한 성소인 마음을 되도록 긍정과 희망의 언어로 채우려고 노력해야 한다. 마음에 품고 말하는 언어는 미래의 내 모습에 대한 주술이요 예언이기도 하다. 좋은 사람을 만나고, 좋은 책을 읽으면서 내 영혼을 단단히 사수하는 것이 퍼플 스완의 지혜이다.

퍼플 스완은 타인과 세상의 소음에서 자신을 지켜낸 사람이다. 'No!'라고 분명하게 자기 의사를 전달한다. 그들은 수용보다는 거절에 능한 그야말로 '거절의 달인'이다. 의미 없는 대화, 일과 후에 걸려오는 전화나 문자, 늦은 저녁 시간 약속, 시간 때우기식의 갑작스러운 만남을 지양한다. 그들은 원하지 않는 세상의 소리가 마음에 침범하는 것을 제어한다. 시도 때도 없이 마음의 문을 두드리는 불청객들을 통제하는 것이다. 불쾌하고 소란스러운 잡음이 마음의 창으로 새어 들어오거든 닫아버려야 한다. 누구도 당신의 영혼을 지켜주지 않으니 말이다. 당신 영혼의 파수꾼은 당신뿐이다.

손자의 지피지기보다 이순신의 지기지피

"자신을 알 수 있는 사람이야말로 진정한 현인이다."

_제프리 초서 Geoffrey Chaucer, 중세 잉글랜드 작가

기원전 6세기경 춘추시대 오나라 24대 임금인 합려閤閭 아래에서 군사를 총괄하며 명장으로 이름을 떨친 제나라 출신의 천재적인 병법가가 있다. 그는 무패의 전적에 자기 군사를 한 명도 죽이지 않아 오기傲氣, 이순신과 함께 명장으로 일컬어지는 인물이다. 바로 손무孫武라고도 불리는 '손자孫子'다.

　그의 책 《손자병법》은 병법서 중에 가장 오래되고 뛰어난 병서로 뽑힌다. 이 책 모공편謀攻篇에는 "싸우지 않고 굴복시키는 것이 최상이다不戰而屈人之兵, 善之善者也."라는 문장이 등장한다. 전쟁에서 이기기보다 전쟁하지 않고 이기는 것을 최선으로 강조한다. 병서兵書로서는 다소 모순이라고 느껴질 만큼 비호전적인 것이 특징이다. 하지만, 이 점이 단연 병서 중의 병서로 일컬어지는 이유다.

　모공편 마지막에는 '지피지기 백전불태知彼知己 百戰不殆'라는 유명한 문장이 있다. "적을 알고 자신을 알면 백번 싸워도 위태롭지 않을 것이다."라는 뜻이다. 이어지는 문장은 이렇다. "적을 알지 못하고 나만 알면 한 번은 이기고 한 번은 지게 될 것이며, 적을 알지 못하고 나도 알지 못하면 싸울 때마다 반드시 위태롭게 될 것이다不知彼而知己, 一勝一負, 不知彼不知己, 每戰必殆."[4]

　전쟁하기 전에 상대를 완전히 이해하는 것이 중요하다. 하지만 상대와 싸우기 전에 나를 제대로 파악하는 것이 전제되어야 한다. 이를 간파한 이가 있다. 손자 이후 2,000년이 흘러 조선 선조 때 지금의 해군참모총장 격인 수군통제사를 지낸 충무공 이순신이 바로 그다. 1592~1598년에 쓴 《난중일기》에 《손자병법》을 인용한 부분이 나온다. 충무공이 갑오년 11월 28일 맑은 날에 쓴 일기에서다.

> "나를 알고 적을 알면 백 번 싸움에 백 번 이기고, 나를 알고 적을 모르면 한 번 이기고 한 번 질 것이다. 나를 모르고 적도 모르면 매번 싸울 때마다 반드시 패할 것이다. 이는 만고불변의 이론이다 知己知彼 百戰百勝 知己不知彼 一勝一負 不知己不知彼 每戰必敗 此萬古不易之論也." [5]

내가 자아 성찰에 관심을 두고 나의 정체성을 인식하게 된 것은 그리 오래되지 않았다. 계기는 이러했다. 박사과정 때 〈리더십 개발〉이라는 과목을 수강했는데, 당시 과제로 셀프 리더십 관련 자료를 모아 '인생 포트폴리오Life Portfolio'를 만들어야 했다. 또 자기 이해와 자기 개발을 위해 떠오르는 단상을 특별한 형식 없이 쓴 '에고 저널Ego Journal'을 기록해야 했다. 이 과제를 하면서부터 진지하게 나에 대해 성찰하는 계기가 되었다.

학기를 마칠 무렵에는 3공 바인더로 만든 포트폴리오를 제법 많은 자료로 채웠다. 포트폴리오에는 과제와 에고 저널을 포함해 에니어그램, MMPI, MBTI, 다중지능, 사상체질, 팀 역할 모형 등 나에 대한 모든 진단 결과를 죄다 스크랩했다. 그뿐 아니다. 버킷 리스트, 건강검진 결과, 신문 기사, 소논문 등 나를 이해하는 데 필요한 정보를 깡그리 모았다.

학기 중 과제로 만들기 시작한 인생 포트폴리오와 에고 저널은 객관적으로 나를 이해하는 훌륭한 도구가 되었다. 버킷 리스트의 하나였던 '내 책 쓰기'의 소중한 자료로도 활용하였다. 그렇게 출간한 《요즘 것들》이라는 책은 2년 넘게 리더십 분야 베스트셀러였다. 덕분에 컨설턴트의 삶에서 작가, 강사 등 다양한 타이틀이 더해졌다.

인생 포트폴리오와 에고 저널은 삶의 변화를 일으킨 티핑 포인트를 만드는 계기가 되었다.

자신을 파악하기 위한 도구로 인생 포트폴리오와 에고 저널을 만들어볼 것을 자신 있게 권한다. 특별한 내용이나 형식이 있는 것은 아니다. 자신과 관련된 모든 자료와 단상들을 바인더에 몽땅 정리하는 것이다. 가상공간이라도 좋다. 다음의 몇 가지를 적용하면 세상에 하나밖에 없는 나만의 인생 포트폴리오를 만들 수 있다.

첫째, 자기 생각과 감정을 기록한다.

하루 동안 일어난 일, 자신이 느낀 감정, 생각, 고민 등을 자유롭게 기록한다. 누군가에게 보여줄 게 아니기 때문에 생각과 감정을 솔직하게 있는 그대로 쏟아내면 된다. 그러면 자신을 더 잘 이해할 수 있는 고유한 자료를 누적할 수 있다.

둘째, 자신의 경험과 가치관을 정리한다.

자신이 살아온 삶, 자신이 중요하게 생각하는 것, 자신이 추구하는 것 등을 정리한다. 이를 통해 삶의 방향과 가치관을 점점 더 명확히 벼릴 수 있다.

셋째, 자신의 목표와 계획을 세운다.

이루고 싶은 목표나 계획을 구체적으로 기록한다. 자신감도 생기고 삶을 주도적으로 사는데 동기부여가 된다.

넷째, 자신의 성장과 변화를 기록한다.

"측정할 수 없으면 관리할 수 없고, 관리할 수 없으면 개선할 수 없다."라는 피터 드러커의 격언처럼, 이루고 싶은 목표를 향해 얼마나 나아갔는지 어떤 사람으로 성장했는지 목표 진행 상황을 구체적으로 기록한다. 독서목록, 버킷리스트 등을 작성해야 하는 이유다. 이를 통해 자기 성장과 변화의 과정을 객관적으로 수시로 확인할 수도 있다.

다섯째, 자신의 규칙적인 루틴을 만들어 기록하고 관리한다.

매일 생각과 감정, 경험, 가치관, 목표, 계획 등을 정기적으로 점검하면 실행력을 높일 수 있다. 목표를 이루는 데 강력한 기폭제Trigger가 된다.

사진첩에 자신의 추억을 남기듯, 나의 정체성과 삶의 노정을 담은 포트폴리오와 에고 저널을 만들어 내가 누구인지 객관화해 보면 어떨까? 인생의 북극성을 찾기 전에 내 안의 별부터 찾는 것이다. 무슨 일을 하든 누구를 만나든 내가 어떤 사람인지 파악하는 것부터 출발해야 한다. 예컨대 이상적인 이성을 찾기 전에 내가 어떤 존재인지부터 성찰하는 것이 바람직하다. 내가 누구인지 알아야 내게 맞는 이상형도 제대로 파악할 수 있지 않겠는가.

질문의 수준이 삶의 수준을 결정한다

"사람을 판단하려면 그의 대답이 아니라 질문을 보라."

_볼테르Voltaire, 프랑스 작가

컨설팅과 강의를 하다 보면 배우고 싶은 좋은 리더를 많이 만난다. 한 기업에서 워크숍을 하던 중 자신의 리더십에 대해 나눈 적이 있다. 한 리더께서 자신의 리더십을 독특하게 '질문 리더십'이라고 이름 붙였다. 그는 부서원들과 일하고 소통할 때 늘 어떤 질문을 할지 미리 고민한다고 했다. 일대일 미팅은 물론 업무 지시를 할 때에도 말이다.

타인을 이해하기 위해 좋은 질문을 설계하고 개발하는 것은 상대에게 다가가는 지혜로운 소통 전략이다. 자아에 대한 이해를 높이는 데도 동일하게 적용된다. 행복한 삶을 위해 우리는 자신에게 좋은 질문을 던질 수 있어야 한다. 동기부여 전문가인 앤서니 로빈스Anthony Jay Robbins는 우리가 품고 있는 '의문'의 수준이 삶의 수준을 결정한다고 했다. 하지만 나는 '의문'이 아니라 '질문'의 수준이 삶의 수준을 결정한다고 바꿔 말하고 싶다.

의문Doubt은 단순히 무엇인가에 대해 확신이 없거나 의심스러운 상태를 말하지만, 질문Question은 답을 구하기 위해 던지는 것이다. 의문이 모르는 것에 대해 의구심을 품는 마음이라면, 질문은 의문을 언어라는 그릇에 담아 표현하는 것이다. 우리가 학교에서 긴 기간 동안 '학문學問'을 하는 것도 '질문問을 배우는學 것'이다. 공부하는 것은 정답이 아니라 질문을 배우기 위함이다.

좋은 인생을 살기 원한다면 좋은 질문을 품어야 한다. 퍼플 스완은 자신에게 좋은 질문을 하는 사유가인 동시에, 치열하게 그 질문의 답을 찾기 위해 도전하고 행동하는 실천가이다. 그들은 질문을 통해 자신의 부족함을 깨닫고, 그 부족함을 채우기 위해 배움을 실천한다. 그래서 그들은 끊임없이 학습한다. 퍼플 스완이 독서 루틴을 실천하는 것은 이런 이유에서다.

퍼플 스완이 좋은 삶을 사는 것은 좋은 질문을 품고 그 질문에 나름의 좋은 해답을 찾기 위해 부단히 노력하며 살기 때문이다. 그래서 그들은 질 높은 삶을 살아간다. 당신은 어떤 질문을 품고 살고 있는가? 그 질문의 수준이 지금 당신의 삶의 수준이다. 삶을 바꾸고 싶은가? 그렇다면 좋은 질문을 해야 한다. 다음에 정리해 둔 퍼플 스완이 품고 있는 질문을 자신에게도 던져보고, 나만의 질문 목록을 만들어보기 바란다.

퍼플 스완의 질문 목록

| 삶과 죽음 |

- 나는 진정 원하는 삶을 살고 있는가?
- 내가 원하는 삶을 살기 위해 어떤 길을 가야 할까?
- 나의 보호자는 누구인가?
- 나는 왜 세상에 존재하는가?
- 집에 불이 나거나 전쟁으로 피난을 가야 한다면 가장 먼저 챙겨야 할 것은 무엇인가?
- 여행 갈 때 무엇을 챙기는가? 인생 여행할 때 챙겨야 할 것은?
- 가슴 뛰는 인생 목표가 있는가? 그것을 이루기 위해 구체적으로 계획했는가?
- 인생 목표를 꾸준히 점검하는가?
- 타협할 수 없는 나만의 인생 원칙이 있는가?
- 내 인생 행운의 발자취는? 지금의 나를 있게 한 10대 사건은? 과거의 경험 중 나를 가장 크게 변화시킨 것은?
- 1년, 5년, 10년 후 나는 어떤 모습일까? 어디에 서 있을까?
- 어제와 다른 삶을 살고 있는가?
- 앞으로 1년, 한 달만 산다면 해야 (후회할) 일은 무엇일까?
- 만약 조물주가 "날 위해 뭘 했느냐?'라고 묻는다면?
- 죽기 전에 꼭 해야 할 것을 적어보았는가? 살면서 하지 않으면 안 될 50가지는 무엇인가?
- 내가 세상에 없다면 누군가 나에 대해 추억할 무언가가 있는가?
- 사는 동안 세상에 어떤 흔적을 남기고 싶은가?

| 자기 이해 |

- 나를 얼마나 사랑하는가?
- 나는 남들(대중)과 무엇이 다른가?
- 나와 주변 사람이 생각하는 나의 강점과 장점은 무엇인가?
- 내가 누구보다 잘할 수 있는 것은 무엇인가?
- 고쳐야 할 나쁜 습관은 무엇인가?
- 살면서 기회는 몇 번 있었는가? 기회를 몇 번 잡았는가? 기회를 놓치지 않으려면 어떻

게 해야 할까?
- 나만의 관점으로 세상을 보는가?
- 나는 편견 없는 눈으로 세상을 보는가?
- 나를 가장 잘 나타내주는 가치는 무엇인가?
- 나를 행복하게 하는 것? 나를 기쁘게 하는 것은?
- 나를 불행하게 하는 것은? 나를 슬프게 하는 것은?
- 나는 무엇에 진정으로 열정을 느끼는가?
- 내가 가장 두려워하거나 걱정하는 것은?
- 나는 어떤 상황에서 가장 용감하거나 강한가?
- 나는 어떤 상황에서 가장 창의적이거나 혁신적인가?
- 힘들 때 피할 나만의 뜰(도피처)이 있는가?
- 인생을 살기 위해 얼마만큼의 소유(땅, 재산)가 필요한가?
- 몇 개 나라(지역)에 발자국을 남겼는가?
- 나의 과거 흔적이 숨 쉬는 곳을 언제 가보았는가?
- 나는 궁극적으로 어떤 사람이어야 하는가?

―――――――――――― | 관계 | ――――――――――――

- 내가 사랑하는 사람은 누구인가?
- 세상 사람에게 어떤 사람으로 기억되기를 원하는가?
- 내 인생에 도움을 준 사람은 누구인가? 힘들 때 내 손을 잡아줄 사람이 있는가?
- 평생 함께할 사람은 몇 명인가?
- 내가 만나고 싶은 사람은 누구인가?
- 나는 주로 누구와 만나며, 어떤 모임에서 활동하는가?
- 자녀에게 무엇을 남기고 갈 것인가? 어떤 부모로 기억되기를 원하는가?
- 부모님께서 살아계실 때 꼭 해야 할(하고 싶은) 것은 무엇인가?
- 내 장례식장에서 진심으로 울어줄 친구가 얼마나 있는가?
- 어려울 때 상담할 스승이 있는가? 닮고 싶은 사람이 있는가?
- 나는 누군가에게 감동(영향)을 주는 사람인가?
- 내게 긍정적인(부정적인) 영향을 받는 사람은 누구인가?
- 다른 사람의 인생을 바꿔본 적이 있는가? 누군가의 스승이 되고 있는가?

- 내 인생 굽이굽이에서 만난 은인을 기억하는가? 내게 도움을 준 사람은 누구인가?
- 함께 한 사람에게 했던 가장 후회되는 행동은 무엇인가?
- 나보다 못한 사람을 돕고 있는가?
- 내가 화해해야 할 사람이 있는가?
- 나는 진정한 베풂의 기쁨을 누려보았는가?
- 나는 얼마나 웃는가? 나는 얼마나 웃음을 주는가?
- 최근 감동을 받거나 준 적이 있는가?

──────────────── | 일 | ────────────────

- 지금 하는 일을 계속하면 임종 직전에 만족할까?
- 지금 하는 일에 미쳤다는 얘기를 듣고 있는가?
- 이 일은 나에게 어떤 의미인가?
- 왜 일하는가? 지금 일하는 직장은 일터인가? 꿈터인가?
- 지금 하는 일이 나의 소명이나 비전과 일치하는가?
- 하는 일이 사람들의 영혼을 만지고 있는가?
- 어떤 직원(리더)으로 기억되고 싶은가?
- 나만의 콘텐츠나 전문 영역이 있는가?
- 나는 세상에 어떤 기여를 하고 있는가?
- 나는 어떻게 하면 사람들의 문제와 불편을 해소할 수 있을까?
- 나는 무엇을 할 때 가장 행복(불행)한가?
- 지금 하는 일이 10년, 20년 후에도 안전할까?
- 나는 퇴근 후(일과 시간 외) 무엇을 하는가?

──────────────── | **건강(육체/정신)** | ────────────────

- 인생을 건강하게 완주하기 위해 꾸준히 하는 운동이 있는가?
- 기분 전환을 위해 듣는 음악이 있는가?
- 건강한 삶을 위해 실천하는 나만의 루틴이 있는가?
- 내 인생에 영향을 준 책은 무엇인가? 머리맡에 두고 평생을 함께할 책이 있는가?
- 하루, 한 주를 정리할 나만의 시간을 가지는가?
- 마음을 내려놓고 쉴 수 있는 나만의 공간이 있는가?

🖉 나의 인생 질문

퍼플 스완의 질문 목록을 참고하여 더 나은 삶을 위해 품어야 할 인생 질문을 만들어보자.

삶과 죽음	자기 이해
관계	일
건강(육체/정신)	기타

"모든 위대한 발견은 질문에서 시작된다."

_윌리엄 바틀렛 William Henry Bartlett, 영국 예술가

> Key Message

◆ 1장 ◆
내면의 퍼플 스완을 발견하다

| 미운 오리 새끼 vs. 퍼플 스완 |

미운 오리 새끼	퍼플 스완
인생은 속도와 방향이 우선이다.	인생은 자신의 위치 파악이 먼저다.
창문 밖을 본다(남 탓을 한다).	거울을 본다(자기 성찰한다).
천재는 따로 있다고 생각한다.	누구나 천재적인 면이 있다고 생각한다.
자신보다 타인의 시선에 집중한다.	자신의 강점과 장점에 집중한다.
세상 속 좋은 정답을 찾으며 산다.	나만의 좋은 질문을 품고 산다.

| 퍼플 스완의 교훈 |

퍼플 스완이 되기 위한 질문 Question	"나는 누구인가?"
퍼플 스완이 되기 위한 마인드 Mind	**자기 인식**: 인생의 목표를 세우기에 앞서 명확한 자기 인식이 먼저다. **정체성**: 나는 '퍼플 스완'이라는 정체성을 인식하고 있다. **지기지피**知己知彼: 내가 어떤 사람인지 아는 게 우선이다.
퍼플 스완이 되기 위한 도구 Tool	인생 포트폴리오 Life Portfolio 에고 저널 Ego Journal

미지를 향해
푸른 지도를 그리다

"당신에게 목표와 계획이 없다면 당신은 목적지 없이 바다를 정처 없이 떠돌아다니는 배와 같다."

_피처 도드슨 Fitzhugh Dodson, 미국 심리학자

넓고 푸른 바다를 항해하는 배처럼 우리의 인생도 끊임없이 전진한다. 하지만 때로는 거친 파도와 짙은 안개 속에서 길을 잃고 방황할 때도 있다. 그 순간에 필요한 것은 인생의 항로 점검이다. 망망대해에서 나침반을 들여다보듯, 우리는 스스로에게 물어봐야 한다. "내 삶은 어디로 향하고 있는가?" 이번 장은 당신이 스스로에게 던진 이 질문에 답을 찾아가는 여정이다. 미지의 바다를 향해 나서는

항해사처럼, 희망에 찬 푸른 지도를 그리는 과정이 될 것이다.

당신이 미운 오리 새끼로 살아가고 있다고 느껴진다면, 이 장에서 전하는 퍼플 스완에 대한 메시지에 주목하길 바란다. 퍼플 스완은 자신이 지금 어디로 가는지 점검하는 사람이다. 인생 항해 중 바람 따라 이리저리 표류하지 않으려면 수시로 방향을 체크하고 항로를 수정해야 한다. 결코 목적지 없이 항해하는 배는 없다. 하물며 인생이라는 긴 여정 중 목적지가 없다는 것은 있을 수 없는 일 아닌가.

목표, 꼭 있어야 할까?

"목표를 명확히 설정하면 그 목표는 신비한 힘을 발휘한다. 또 달성 시한을 정해놓고 매진하는 사람에게는 오히려 목표가 다가온다."

_폴 마이어 Paul J. Meyer, 미국 작가

목표가 없어도 잘살고 있는데, 목표가 꼭 필요한가?

선택은 어디까지나 당신의 몫이다. 하지만 염두에 둘 것이 있다. 퍼플 스완은 하나같이 목표는 되도록 명확해야 한다고 목소리를 높인다. 그뿐 아니라 공신력 있는 기관의 다양한 연구도 목표 설정의 필요성을 뒷받침한다. 대표적으로 미국심리학회American Psychological Association는 왜 목표가 필요한 지 수십 년 간의 관련 연구 문헌에 대한 메타 분석을 통해 총정리한 결과를 다음처럼 요약한다. 목표를

| 목표의 유익: RCMR |

1. 성찰 Reflection
목표는 자신의 상황에 대한 객관적인 인지Cognition 능력과 성찰을 높인다.

2. 집중 Concentration
목표가 있으면 선택Choice의 고민을 줄이고 집중력 있는 삶을 살게 한다.

4. 회복 탄력성 Resilience
목표는 지속성Persistence과 회복 탄력성을 높인다

3. 동기부여 Motivation
목표는 당신이 더 열심히 노력Effort하도록 동기부여한다.

설정하면 네 가지가 유익하다.

첫째, 목표는 자신의 상황에 대한 객관적인 인지 능력과 성찰Reflection을 높인다. 목표를 달성하는 데 필요한 것이 무엇인지 생각하고, 목표를 향해 나아가면서 새로운 통찰력을 얻게 되어 개인적 성장으로 이어진다.

둘째, 목표가 있으면 선택의 고민을 줄이고 명확하고 집중력Concentration 있는 삶을 산다. 목표는 그것에 집중하고 방해 요소를 피하게 한다. 한정된 시간과 자원을 최대한 효율적으로 활용하게 만든다. 이는 성공의 잠재력을 극대화하고 성공 가능성을 높인다.

셋째, 목표는 당신이 더 열심히 노력할 수 있도록 동기부여Motivation한다. 목표를 설정한다는 것은 정해진 기간 내에 특정 결과를 달성하기 위해 노력하는 것을 의미한다. 이는 더 나은 성과와 성취로 이어질 확률을 높인다.

| **목표가 있는 사람 vs. 목표가 없는 사람** |

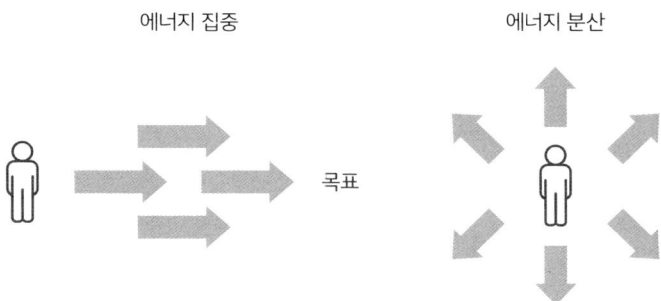

넷째, 목표는 지속성과 회복탄력성Resilience을 높인다. 명확한 목표는 어려움이나 좌절에 직면할 때 이겨낼 수 있는 강력한 원동력이 된다. 역경 속에서도 회복력을 향상시키고, 좌절을 성장과 학습의 기회로 바꿀 가능성도 높인다. 또 목표는 목적의식과 방향을 제공하여 도전 과제와 비상 상황까지 예측하고 현실적으로 준비하게 만든다.

목표는 우리 삶을 풍요롭게 만드는 인생 여정의 동반자다. 마치 밤하늘의 별처럼, 목표는 우리에게 방향을 제시하고 소망을 품게 한다. 때로는 길을 잃고 헤맬지라도 목표를 향해 나아가는 과정에서 우리는 더욱 성장하고 발전할 수 있다. 목표는 삶의 의미를 찾고, 행복한 삶을 살아가는 데 필수적인 요소다.

나는 지금 어디로
가고 있는가?

"어느 항구를 향해 갈 것인지 생각하지도 않고 노를 젓는다면, 바람조차 도와주지 않는다."

— 세네카 Lucius Annaeus Seneca, 고대 로마 철학자

톰 행크스 주연의 생존 영화 〈캐스트 어웨이〉를 본적이 있는가?

페덱스 임원으로 일하는 척 놀랜드, 여자 친구인 켈리 프리어스와 테네시주 멤피스에 살고 있다. 결혼식을 못 할 정도로 회사 생활 때문에 눈코 뜰 새 없이 바쁘던 그는 크리스마스를 맞아 저녁 식사를 하던 중 갑자기 회사로부터 긴급 호출된다. 곧바로 말레이시아행 회사 화물 비행기에 몸을 싣는다. 하지만 거센 폭풍을 만나 남태평양 어느 상공에서 추락하고 만다. 척은 유일한 생존자로 무인도에서 4년을 살게 된다. 그는 섬에서 탈출하기 위해 열악한 재료로 뗏목을 만들어 진수에 성공하지만, 다시 폭풍우를 만난다. 그렇게 표류하다가 우연히 지나가던 컨테이너선에 의해 극적으로 구조된다.

문명으로 돌아온 척은 이미 자신의 장례식이 치러졌었다는 사실을 알게 된다. 그리고 얼마 후 페덱스 본사의 환영 파티에 참석하고, 그곳에서 여자 친구 켈리와 재회한다. 하지만 그녀는 이미 결혼해서 딸까지 둔 상황이었다. 둘 다 서로에 대한 사랑이 여전함을 확인하지만, 척은 그녀에게 새 가족에 대한 책임을 상기시키며 헤어진다. 그리고 한참을 운전하다 외딴 시골의 교차로에 트럭을 세우는데, 어느 길

을 가야 할지 망설이는 장면과 함께 영화는 끝난다.

만약 당신이 주인공처럼 자신의 장례식이 치러졌고, '새로운 나'로 삶을 시작해야 하는 상황이라면 어떨까? 철저한 자기 인식과 정체성 점검이라는 성찰의 시간을 필연적으로 가질 것이다. 삶의 이정표를 완전히 새롭게 해야 하는 상황이니 당연하다.

나는 마지막 직장에서 바삐 직장생활을 하면서 어느 날 척과 비슷한 감정을 경험한 적이 있다. 평소처럼 지하철에 몸을 싣고 출근하는데 문득 이런 생각이 들었다. "나는 지금 어디로 가고 있는 것인가?", "바른길을 가고 있기나 한 걸까?" 불현듯 나에게 묵직한 질문을 던진 것이다. 그로부터 얼마 되지 않아 직장을 그만뒀다.

자신에게 냉정하게 이런 질문을 던져보자. "지금 내 인생은 항해 중인가? 아니면 표류 중인가?" 항해와 표류의 차이는 다름 아니라 목적지가 분명한가 그렇지 않은가이다. 삶의 목표 유무가 인생의 항해와 항로를 결정하고 항해와 표류의 여부를 결정짓는다.

고백건대, 나는 직장생활 할 때까지는 표류하는 인생에 가까운 삶이었다. 회사를 그만두고 새로운 출발을 할 때쯤에야 비로소 인생의 목표에 대해 깊이 성찰하기 시작했다. 그때야 비로소 가야 할 목적지를 정했고, 덕분에 안일의 항구를 과감하게 떠날 수 있었다. 이렇듯 목표가 있으면 자신의 상황에 대한 객관적인 인지능력과 성찰Reflection을 높인다. 인생의 항로 점검이 가능해진다. 아니나 다를까, 대다수의 퍼플 스완은 목표가 명확하다. 다음에 소개할 이야기의 주인공처럼 말이다.

인생의 목표, 나무를 심는 사람처럼

"오랫동안 꿈을 그리는 사람은 마침내 그 꿈을 닮아간다."

_니체Friedrich Wilhelm Nietzsche, **독일 철학자**

인생의 목표가 있으면 불필요한 고민을 줄이고, 얼마나 단순하고 집중Concentration하면서 살 수 있는지를 보여주는 사례가 있다. 실화를 바탕으로 쓴 프랑스 작가 장 지오노Jean Giono의 《나무를 심은 사람》이 그것이다. 이 소설의 줄거리를 짧게 소개하면 이렇다.

1913년, 한 젊은이가 프랑스의 프로방스를 지나 알프스 고산지대에 있는 사람의 흔적이라고는 찾을 수 없는 오래된 마을을 지나간다. 그곳에서 홀로 지내는 엘제아르 부피에Elzéard Bouffier라는 55세의 양치기를 만난다. 그는 아내와 사별한 뒤 아무도 찾지 않는 넓은 계곡에 나무를 한 그루씩 심어가며 숲을 가꾸며 살고 있었다.

그 젊은이는 1920년 전쟁이 끝나고 후유증과 우울증에 힘겹게 살아가던 중 다시 그 계곡을 찾는다. 그런데 그곳은 몰라보게 변해 있었다. 새로운 개울이 흘렀고, 파종한 도토리와 묘목들은 커다란 상수리나무가 되어 뿌리를 깊게 내려 계곡을 빼곡히 채우고 있었다. 그는 풍경을 보고 놀란다. 부피에는 양들이 묘목들을 해칠까 봐 걱정되어 양치기 일을 그만둔 상태였고 양봉 일을 하고 있었다. 40년의 세월이 흐르는 동안 부피에는 계속해서 나무를 심었고, 계곡은 에덴동산에 비견할 정도로 완전히 탈바꿈됐다.

부피에와 같은 현실 속 인물이 화제가 된 적이 있다. 주인공은 인도 아삼주 마주리 섬에 사는 야다브 파엥Jadav Payeng이다. 그가 살던 고향은 야생동물들이 뛰어놀던 곳이었다. 개발이 시작되면서 사막화가 급속도로 진행되었다. 1979년 파엥은 가만히 있으면 안 되겠다고 판단하고, 매일 새벽 3시에 일어나 황폐해진 땅에 나무를 심기 시작한다. 그로부터 40여 년간 하루도 빠짐없이 나무를 심었다. 그 덕분에 그곳은 울창한 숲을 이루게 되었고, 벵골 호랑이, 코뿔소, 코끼리, 독수리, 사슴 등 야생동물들이 살기 시작했다.[6] 한 기자가 그에게 앞으로의 꿈을 묻자 이렇게 답했다.

"내 꿈은 마주리 섬을 약 612만 평의 숲으로 채우는 거예요. 마지막 숨을 거둘 때까지 묘목과 씨앗 심기를 계속할 것입니다."

어떤가? 인생의 목표는 거창할 필요는 없다. 명확하면 된다. 부피에와 파엥처럼 인생의 목표는 집중력 있는 삶을 살게 만든다. 인생의 목표는 자신이 자유롭게 선택하고 뚜렷하게 그릴수록 좋다. 그래야만 그것을 이룰 확률도 높아진다. 또 지금 열심히 살아야 할 이유도 명확해진다. 한 실험에 따르면, 목표를 자유롭게 선택했다고 생각한 사람들이 목표를 위해 억지 노력한다고 느끼는 사람들보다 더 즐겁게 목표를 추구했다. 그리고 목표 달성 비율도 훨씬 높았다.[7]

우리는 목표를 떠올릴 때면 뇌 과학의 교훈을 잊지 말아야 한다. "우리의 뇌는 결코 상상과 현실을 구분하지 못한다."라는 것을. 목표를 이룬 것처럼 실감 나게 상상할수록 뇌는 목표가 현실이 되도록 작동할 것이다. 만약 지금 당신이 목표 없이 산다면 목표의 네 가지 유익 RCMR을 생각하면서 새롭게 자신의 목표를 만들어보면 어떨까? 지금 자신에게 목표가 있더라도 실현할 확률을 높이기 위해 목표를 더 구체화해 보자. 그 방법은 이번 장에서 차차 소개할 것이다.

꿈은 영혼을 감동시킨다

"꿈을 크게 가져라. 오직 큰 꿈만이 영혼을 감동시킬 수 있다."
_마르쿠스 아우렐리우스 Marcus Aurelius Antoninus, 고대 로마 황제

분명한 목표는 에너지 넘치는 삶을 살게 하는 데 엄청난 동기부여 Motivation가 된다. "목표 설정을 통해 성공에 이른다."라는 원리를 보험 세일즈 분야에 적용하여 27세에 백만장자가 된 폴 마이어 Paul J. Meyer는 그의 성공의 75%는 목표 설정이라고 말했다. 그의 통계에 의하면, 인생을 낭비하는 이는 27%, 가까운 목표는 있지만 장기 목표가 없는 이는 60%, 목표를 정해 놓고 생각만 하는 이는 10%, 목표를 써놓고 행동하는 이는 3%라고 하였다. 그러니까 분명한 목표를 설정하고 행동하는 사람은 3%뿐이라는 것이다.

목표는 삶을 변화시키는 확실한 동기부여가 된다. 목표를 세우고 그것을 향해 질주한 남다른 퍼플 스완 '크리스 가드너 Christopher Paul Gardner'의 이야기를 소개하려고 한다. 크리스는 어려운 경제 상황

을 견디다 못해 아내가 떠나 버리고 남은 5살 아들과 길거리에 나앉게 되었는데, 그는 골밀도를 측정하는 의료기기 외판원이었다. 양부모 밑에서 자란 그이기에 아들만큼은 남의 손에 키우지 않겠다고 다짐하고 아들과 세상으로 뛰쳐나온다. 하지만 차가운 현실은 그를 등진다.

어느 날, 고급 스포츠카에서 내린 젊은 남자를 다짜고짜 붙잡고 어떻게 하면 성공할 수 있는지 묻는다. 그 남자가 증권사에 다닌다는 사실을 알게 된다. 크리스는 즉시 증권맨이 되기로 결심하고 딘 워터Dean Water라는 투자 회사의 인턴십에 지원한다. 공중화장실, 노숙자 쉼터를 전전하며 6개월을 버티며 노력한 끝에 20명의 인턴 중 한 명에게만 주어지는 정직원의 기회를 얻는다. 이후 그의 성실함을 알아본 고객 중 한 사람에게 스카우트되어 당시 월 스트리트에서 가장 성공한 투자사였던 베어 스턴스Bear Stearns에서 일하게 된다. 이런 금융투자업계의 경험을 바탕으로 자신의 이름을 내건 투자사 '가드너 리치 앤드 컴퍼니Gardner Rich & Company'를 설립하고, 결국 백만장자가 된다.

영화 〈행복을 찾아서〉는 '크리스 가드너'의 실제 에피소드를 잘 그리고 있다. 영화에서 크리스는 아들과 함께 농구장에 갔다가 소질이 없는 아들을 향해 "넌 농구에 재능이 없으니 농구하느라 시간을 낭비하지 말라."고 실언을 하고 만다. 실망한 아들은 공을 내팽개쳐 버린다. 어깨가 축 처진 아들을 보자, 크리스는 자신이 내뱉은 말을 후회한다. 그러고는 아들에게 다음과 같이 말한다.

"누가 넌 할 수 없다고 하면 마음에 담아두지 마. 아빠가 그래도 말이야. 알았니? 꿈이 있다면 지켜야 해. 사람들은 자기가 못하면 남들도 못한다고 말하거든. 하고 싶은 일이 있으면 끝까지 밀어붙여."

아들에게 건넨 말이지만, 우리 모두에게 하는 이야기 같지 않은가? 누군가 당신의 꿈을 허무맹랑하게 취급한다면 무시해 버려야 한다. 평범한 재능과 보통의 야심을 가진 우리도 모든 것을 걸 수 있는 명확한 목표만 있다면, 뛰어난 천재도 이길 수 있는 동기부여가 될 수 있다. 이것이 목표가 가진 힘이다.

분명한 목표를 세우고 이를 향해 한 걸음씩 나아가다 보면, 불가능해 보이던 꿈도 점차 현실이 된다. 삶을 변화시키는 것은 타고난 재능이나 환경이 아니라, 목표를 향해 매 순간 최선을 다하는 의지와 열정이다. 가드너가 아들에게 했던 말처럼, 누구도 당신의 목표를 가로막을 수 없으며, 어떤 시련도 당신의 열정을 꺾을 수 없다. 결국 목표는 우리가 나아갈 길을 밝혀주는 가장 강력한 등불이다. 목표를 향한 여정이 그 자체로 우리의 영혼을 감동시키고, 삶의 목적을 부여해 주기 때문이다.

사람은 목표를 잃었을 때 죽어간다

"사람은 목표를 잃었을 때 죽어간다."

_빅터 프랭클Viktor Emil Frankl, 오스트리아 신경학자

넘어지거나 시련 중에도 목표는 오뚜기처럼 일어설 수 있는 회복 탄력성Resilience을 갖게 한다. 이것이 목표가 가진 마력이다. 인생의 바다를 항해하다 보면 잔잔하고 고요한 날도 있지만 괴물 같은 폭풍우를 만나 난파되기도 한다. 인생 항해 중 시련의 시기를 지날 때 힘을 발휘하는 것이 바로 목표이다. 미래에 대한 희망은 현재의 시련을 족히 이기게 한다. 지금 소개할 빅터 프랭클Viktor Emil Frankl의 사례가 좋은 예이다.

그는 유대인이라는 이유로 바로 그 홀로코스트의 현장이었던 아우슈비츠, 다카우, 투르크멘 수용소에서 극심한 고통을 겪으며 희생자가 될 뻔했다. 하지만 끝까지 살아남아 수용소에서의 경험을 고스란히 《죽음의 수용소에서》에 남길 수 있었다. 이 책은 많은 퍼플 스완이 애독하는 책 중 하나이며, 나도 이 책의 내용을 자주 인용한다. 이 책에서 그는 생생한 수용소 경험을 통해 인간에게 '미래에 대한 기대', 즉 '목표'가 얼마나 중요한지를 다음과 같이 술회한다.

> "그러다가 매일 같이 시시각각 그런 하찮은 일만 생각하도록 몰아가는 상황이 역겹게 느껴졌다. 나는 생각을 다른 주제로 돌리기로 했다. 갑자기 나는 불이 환히 켜진 따뜻하고 쾌적한 강의실의 강단에 서 있었다. 내 앞에는 청중들이 푹신한 의자에 앉아서 내 강의를 경청하고 있었다. 나는 강제수용소에서의 심리상태에 관해 강의하고 있었다. 그 순간 나를 짓누르던 모든 것들이 객관적으로 변하고, 일정한 거리를

둔 과학적인 관점에서 그것을 보고 설명할 수 있게 되었다.

이런 방법을 통해 나는 어느 정도 내가 처한 상황과 순간의 고통을 이기는 데 성공했고, 그것을 마치 과거에 이미 일어난 일처럼 관찰할 수 있었다. 나 자신과 문제는 내가 주도하는 흥미진진한 정신과학의 연구 대상이 되었다."[8]

그리고 빅터 프랭클은 미래에 대한 믿음, 목표를 상실한 F라는 한 관리인의 사례를 소개한다.

F는 수용소에 오기 전에는 꽤 유명한 작곡가였다. 그는 꿈에서 어떤 목소리를 들었는데 1945년 3월 30일에 해방되리라는 것이었다. F는 희망에 차 있었고 꿈속에 들었던 목소리가 맞을 거라고 확신하고 있었다. 하지만 약속의 날이 임박했을 때 수용소에 들려온 전쟁 뉴스는 그럴 가능성이 없어 보였다. 3월 29일, F는 갑자기 아프기 시작했고 열이 높게 올랐다. 꿈에서 예언자가 말해준 것처럼 그에게 전쟁과 고통이 떠났다고 헛소리하다가 결국 의식을 잃었다. 그리고 3월 31일에 죽었다. 사망의 직접적인 요인은 발진티푸스였는데, 미래에 대한 믿음이 사라지면서 발진티푸스균에 대항하는 저항력이 갑자기 떨어진 것이다.[9]

빅터 프랭클과 F의 대비되는 사례는 미래에 대한 목표와 희망이 얼마나 중요한가를 극명하게 보여준다. 빅터 프랭클은 수용소를 나와 수감자를 치료할 기회가 있을 때마다 그들이 처한 끔찍한 현실을 어떻게든 견딜 수 있는 힘을 주기 위해 노력했다. 그들에게 살아야 할 이유와 목표를 찾게끔 도왔다. 빅터 프랭클은 책에서 미래에 대한 희망, 목표를 강조하며 니체의 말을 인용한다.

"'왜' 살아야 하는지 아는 사람은 그 '어떤' 상황도 견딜 수 있다."

빅터 프랭클의 생생한 수용소 사례를 통해 우리는 목표가 진실로 회복탄력성을 갖게 함을 확인할 수 있다. 목표는 삶의 시련이 왔을 때 더욱 큰 힘을 발휘한다. 어떤 상황에서도 일희일비하거나 휘둘리지 않게 하는 에너지가 있다. 하지만 F처럼 목표가 사라지거나 없다면 얼마나 쉽게 시련 앞에 좌절하거나 희망을 잃기 쉬운지 알 수 있다.

우리는 모두 각자의 삶이라는 무대의 주인공이다. 목표를 향해 나아갈 때, 우리는 어둠을 뚫고 전진할 수 있다. 니체의 말처럼 '왜' 살아야 하는지를 아는 사람은 그 어떤 상황도 견딜 수 있다. 어둠 가운데서 당신의 삶에 빛을 비춰줄 목표를 찾고, 그 목표를 향해 나아가길 바란다.

퍼플 스완의 I-SWEAR 목표 설정 원칙

"달을 노려라. 놓치면 별에 맞을지도 모른다."

_W. 클레멘트 스톤 William Clement Stone, 미국 사업가

입대를 며칠 앞둔 어느 날이었다. 학원에서 만난 선배가 내게 책을 선물했다. 나카타니 아키히로의 《20대에 하지 않으면 안 될 50가지》라는 책이었다. 그 날 새벽 5시까지 책을 읽고 나의 20대를 채울 50가지를 적었다. 그 후 20년이라는 시간이 흘러, 서가에서 먼지가 쌓인 그 책을 다시 꺼내 들고, 20년 전 50가지 목표를 보고 깜짝 놀랐다. 많은 목표를 이미 이룬 것이다. 그리고 그 목표들을 향해 나아가는 과정에서 나만의 삶의 방식을 만들어왔다는 것을 깨달았다.

목표 기록의 힘을 새삼 실감하며, 다시 새로운 목표들을 적어 내려갔다. 50가지 목표는 막힘없이 술술 흘러나왔고, 버킷리스트를 만다라트mandalaart[10]로 옮기고, 120세 플랜으로 더욱 목표를 구체화했다. 예상보다 목표를 이루는 속도가 빨라서 자주 수정해야 했다.

인생 목표를 세우고 그것을 이룬 퍼플 스완이 많다. 그중에서도 남다른 인물을 소개한다. 그의 인생 목표는 '전 세계 사람들에게 영감을 주고, 세상을 더 나은 곳으로 만드는 것'이었다. 이 목표를 매일 기억하고 이루기 위해 끊임없이 노력했다. 침대 옆 탁자에 인생 목표 목록을 붙여두고 매일 아침 일어나 그것을 보며, 그 목표를 향해 나아가야겠다는 결심을 다졌다. 그는 훈련복에도 인생 목표를 새겨서 훈련할 때마다 자신의 목표를 떠올리게 했다. 이런 노력은 훈련에 더욱 집중하도록 도왔다.

그뿐만 아니라 인생 목표를 코치나 가족에게도 공유했다. 그들의 응원을 받으며 목표 달성에 대한 동기부여를 얻을 수 있었다. 이러한 노력 끝에 그는 4개의 올림픽에서 개인 통산 22개 메달(금 18, 은 2, 동 2)을 땄다. 올림픽 역사상 가장 많은 메달을 획득한 선수가 되었다.

누구인지 눈치챘는가? 미국의 수영 영웅이었던 '마이클 펠프스 Michael Fred Phelps II'다. 그는 2012년 런던올림픽 마지막 경기를 우승으로 마무리하며 4관왕에 오른 후 "내 (메달) 목표를 다 이뤘다."라는 말로 은퇴 심경을 밝히기도 했다. 또 한 인터뷰에서 그에게 성공 비결을 묻자 이렇게 답했다. "나는 하기 싫을 때도 그냥 했다."

마이클 펠프스가 명확한 목표로 전무후무한 기록을 남겼듯이, 평생 분명한 인생 목표를 실천하기 위해 많은 직업을 가졌던 폴리매스Polymath, 박식가가 있다. 바로 '레오나르도 다빈치Leonardo di ser Piero da Vinci'다. 그의 직업은 화가, 조각가, 발명가, 건축가, 과학자, 음악가, 공학자, 문학가, 해부학자, 지질학자, 천문학자, 식물학자, 역사가, 지리학자, 도시계획가, 집필자, 기술자, 요리사, 수학자, 의사 등 다양했다.

레오나르도 다빈치의 인생 목표는 '자연의 모든 것을 이해하고, 이를 통해 세상을 더 나은 곳으로 만드는 것'이었다. 그는 목표 수립을 좋아했던 것으로 알려져 있다. 나이가 들수록 유한한 인간의 한계를 자각하면서 확실한 개인적 목표를 정하고, 그것을 달성하기 위해 꾸준히 노력하는 일이 얼마나 중요한지를 주위 사람들에게 자주 이야기했다. 또 개인적 목표 수립에 관해 젊은이들에게 "끝까지 잘 생각하고 마지막을 먼저 생각하라."고 충고했고, "목표를 시각적으로 표현하는 것도 중요하다."라고 강조했다. 그는 숨을 거둘 때 미처 이루지 못한 목표들을 안타까워하면서 미완성 작품을 많이 남긴 것에 대해 미안해했다.[11]

성공한 삶을 영위한 퍼플 스완은 하나같이 탁월함을 추구하면서 중력을 이긴 사람들이다. 철학자 니체는 책 《차라투스트라는 이렇게 말했다》에서 인간이 자유롭게 날지 못하는 것은 '중력의 영Spirit of gravity'이 끌어내리기 때문이라고 했다. 중력의 영은 다름 아닌 일종의 편견, 선입견, 과거에 집착하게 만드는 어떤 것들이다. 또 니체는 높이 날 줄 아는 사람이 자신과 삶을 사랑한다고 했다.

퍼플 스완의 목표에는 뭔가 특별한 것이 있다. 그들의 목표는 다음의 6가지 조건을 충족한다는 점이다. '나는 맹세한다'라는 의미의 'I-SWEAR'로 요약할 수 있다.

퍼플 스완의 목표 설정 원칙의 첫 번째, 목표는 의도와 의지가 명확해야 한다는 점이다. 아무리 그럴싸한 목표도 의지가 없으면 소용없기 때문이다. 두 번째, 목표는 이타적이며 구체적이어야 한다. 퍼플 스완은 타인에게 선한 영향력을 미치는 목표를 추구한다. 세 번째, 목표를 기록할 때는 이미 달성한 것처럼 현재나 과거시제다. 네 번째, 목표는 막연한 기대가 아니라 설렘으로 가슴이 뛰어야 한다. 다섯 번째, 목표는 한 번 작성하면 끝이 아니라 지속 보완하고 비전과 연결하는 것이 핵심이다. 여섯 번째, 목표가 현실적이면 오히려 이루기 어렵다. 따라서 퍼플 스완의 목표는 낭만적이고 비현실적으로 높게 잡는다. 그래야 작은 성취라도 얻을 수 있기 때문이다.

퍼플 스완의 삶은 단순한 목표 달성이 아니라, 자신만의 철학과 기준으로 빛나는 여정을 만들어가는 과정이다. 그들은 평범한 일상을 특별하게 만드는 꿈을 품고, 삶의 중력을 이기며 앞으로 나아간다. 목표를 향해 나아가는 이들이 기억해야 할 것은, 그 길의 끝에 기다리는 것은 성공만이 아니며, 꿈을 향해 걸어가는 순간순간이 인

| I-SWEAR 목표 설정 원칙 |

- **I**ntentional ⋯→ 의도와 의지가 명확해야 한다
- **S**elfless & Specific ⋯→ 이타적이고 구체적이어야 한다
- **W**ritten ⋯→ 이미 달성한 것처럼 기록해야 한다
- **E**motional ⋯→ 가슴이 뛰어야 한다
- **A**dd & Align ⋯→ 지속 보완하며, 비전과 연결해야 한다
- **R**omantic ⋯→ 비현실적이어야 한다

생을 풍요롭게 한다는 점이다. 지금 당신이 세운 목표 또한 먼 훗날 돌아보았을 때 삶을 특별하게 만든 이정표가 될 것이다.

미지를 향해 푸른 지도를 그리다

> "당신의 시간은 한정되어 있다. 다른 사람의 삶을 사느라 시간을 낭비하지 마라."
>
> _스티브 잡스 Steve Jobs, 미국 기업가

우리는 "어떤 일을 할까?"라는 질문에 앞서 어떤 인생을 살 것인지, 즉 "왜 사는가?", "무엇이 될 것인가?", "어떻게 살 것인가?"라는

세 가지 물음에 답할 수 있어야 한다.

"왜 사는가?"가 사명Mission 내지는 존재 목적이라면, "무엇이 될 것인가?"는 비전Vision이다. "어떻게 살 것인가?"는 핵심가치Core Value를 의미한다. 이 3가지가 명확하게 유기적으로 한 묶음을 이룬 것이 인생의 가치관Values이며, 비전체계라고도 부른다. 이것이 당신의 삶을 인도하는 마음의 별이다. 가치관이 바로 정립이 되어야 내게 맞는 직업을 바로 선택할 수 있고, 비로소 제대로 된 직업관을 가질 수 있다.

사명 사명을 의미하는 영어 단어 미션Mission은 라틴어 어원으로 '보낸다to send'라는 뜻에서 유래했다. 신이 세상에 나라는 존재를 '보낸' 목적과 관련이 있다. 신이 해야 할 일을 대신해서 수행하기 위해 나를 보낸다는 의미를 내포한다. 그래서 애초에 사명 없이 세상에 온 잉여 인간은 단 한 명도 없다. 사명은 존재의 쓸모를 발견하는 것이 핵심이라 할 수 있다.

사명은 존재 목적과 관련이 있기 때문에 의미가 깊고 본질적이다. "내 삶이 끝날 때, 무엇을 이루었을 때 후회 없이 떠날 수 있을까?", "내가 남긴 흔적이 세상에 어떤 변화를 일으키길 바라는가?" 이런 질문의 답이라고도 할 수 있다. 일론 머스크는 말한다. "인생을 걸만한 계획이나 목표가 있다면, 가장 먼저 해야 할 일은 타인이 절대 대체할 수 없는 나만의 사명을 찾는 것이다." 그가 누구보다 열정적으로 사는 것은 사명에 미쳐있기 때문이다. 흥미로운 건, 퍼플 스완의 사명은 대부분 자신이 아니라 타인이나 세상을 향한다는 것이다.

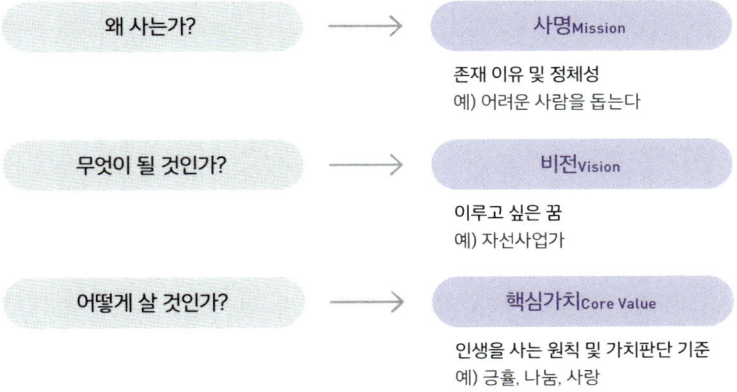

| 인생의 가치관 Values |

비전 비전Vision은 라틴어 어원으로 '보다to see'라는 의미에서 유래했다. 즉 비전은 신이 나에게 보여주는 것이다. 비전을 가질 때 고려할 것은 비전이 '의사'나 '소방관' 같은 어떤 위치나 직업을 의미하는 명사적인 속성이 아니라는 점이다. '사람을 낫게 하는 일', '어려움에 처한 사람을 구하는 일'처럼 철저히 목적 지향적이며 동사적인 속성으로 정의하고 표현해야 한다. 내가 잘할 수 있는 동사, 나를 잘 표현할 수 있는 동사를 찾아야 한다. 그것을 찾는 것이 비전을 발견하는 것이다. 그것을 구체화하는 것이 삶이다.

핵심가치 핵심가치Core Value는 자신의 행동과 의사결정의 기준이 되는 것이다. 예를 들어 각각 '승리'와 '페어플레이Fair Play'라는 핵심가치를 가진 두 명의 축구 선수가 있다고 가정해 보자. 만약 골을 넣을 수 있는 찬스 상황에서 경기장에 쓰러져있는 상대 팀 선수를 발견한다면 아마 두 선수의 반응이 다를 것이다. '승리'라는 핵심가치를 가진 선수는 쓰러진 상대 팀 선수를 무시하고 골 찬스를 득점으로 연결하기 위해 행동할 확률이 높다. 하지만 '페어플레이'라는 가치를 가진 선수라면 골 찬스 상황에서도 볼을 밖으로 걷어차고 경기를 중단시킬 것이다. 축구 선수 손흥민처럼 말이다. 그는 아버지에게 이를 어려서부터 철저히 배웠다고 밝힌 바 있다.

이렇듯 핵심가치는 삶의 모든 순간마다 의사결정의 기준이 되는 것이다. 가치와 관련된 안타까운 조사 하나를 소개한다. 미국의 비영리 조사연구 단체 퓨 리서치Pew Research에서 17개국을 대상으로 '삶에서 가장 가치 있다고 생각하는 것이 무엇인가?'라는 설문조사를 실시했다. 14개국에서 '가족'을 1위로 꼽았다. 하지만 우리나라만 유일하게 다른 가치가 1위였다. '물질적 행복Material Well-being'이었다.[12] 즉 한국인은 '돈'이 삶의 가장 중요한 가치라는 것이다. 서글픈 현실이 아닐 수 없다.

당신의 인생이라는 거대한 캔버스에 어떤 색을 입히고 싶은가? 돈, 명예, 사랑, 행복…. 수많은 색깔이 당신 앞에 놓여 있다. 작은 결정들이 모여 인생이라는 거대한 그림을 완성한다. 자신에게 물어보자. 진정으로 원하는 삶은 무엇이며, 어떤 가치를 추구하며 살고 싶은가?

삶은 끊임없이 변화하고 성장하는 과정이다. 사명, 비전, 핵심가치는 고정된 것이 아니라, 삶의 경험과 성장에 따라 발전해야 한다.

지금 당장 당신의 삶을 돌아보고, 당신의 가치관을 구체화해 보는 것은 어떨까? 당신의 삶은 당신의 손으로 만들어가는 작품이어야 한다. 지금, 미지를 향한 나만의 푸른 지도를 그려보자.

 **나의 가치관**

가치관 목록을 참고하여 나의 사명, 비전, 핵심가치를 찾아보자. 당신이 어떤 사람인지 다른 사람이 판단하도록 내버려 두지 말자. 당신을 만드는 것은 바로 당신이다.

구분	나의 가치관
사명 Mission	
비전 Vision	
핵심가치 Core Value	

"명확한 목적이 있는 사람은 가장 험난한 길에서도 앞으로 나아가고, 아무런 목적이 없는 사람은 가장 순탄한 길에서조차도 나아가지 못한다."

_토머스 칼라일Thomas Carlyle, 영국 역사학자

가치관 목록

―――――――――| 사명 목록 |―――――――――

1. 니콜라 테슬라Nikola Tesla, 세르비아 발명가 "전기를 통해 인류의 삶을 변화시키고 싶다."
2. 닐 타이슨Neil deGrasse Tyson, 미국 천체 물리학자 "우주의 신비를 밝혀내고, 인류의 호기심을 충족시킨다."
3. 데이비드 애튼버러David Attenborcugh, 영국 자연 다큐멘터리 제작자 "자연의 아름다움을 사람들에게 알리고 자연보호의 중요성을 일깨운다."
4. 레이첼 카슨Rachel Louise Carson, 미국 해양 생물학자 "인간과 자연이 공존하는 세상을 만든다."
5. 루이 파스퇴르Louis Pasteur, 프랑스 미생물학자 "질병을 예방하고 치료하여 인류의 건강을 증진한다."
6. 릭 루빈Rick Rubin, 미국 음악 프로듀서 "다양한 장르의 음악을 통해 사람들의 감성을 자극하고 음악 산업의 지평을 넓힌다."
7. 마리 퀴리Marie Skłodowska-Curie, 프랑스 물리학자이자 화학자 "과학으로 세상을 더욱 이해하고 싶다."
8. 말라라 유샤프자이Malala Yousafzai, 파키스탄 교육 운동가 "모든 소녀가 교육받을 권리를 누릴 수 있는 세상을 만들고 싶다.'
9. 무라카미 하루키Murakami Haruki, 일본 소설가 "나의 이야기를 통해 사람들에게 위로와 용기를 준다."
10. 비비안 웨스트우드Dame Vivienne Isabel Westwood, 영국 패션 디자이너 "패션을 통해 사회적 메시지를 전달하고, 환경 보호를 위한 행동을 촉구하고 싶다."
11. 스파이크 리Spike Lee, 미국 영화감독 "흑인의 삶을 있는 그대로 보여주고, 사회적 정의를 위한 목소리를 낸다."
12. 알랭 뒤카스Alain Ducasse, 프랑스 요리사 "음식으로 사람들에게 행복을 주고, 프랑스 요리를 세계적으로 알리고 싶다.'
13. 앤드류 응Andrew Ng, 미국 컴퓨터 과학자 "인공지능을 통해 모든 사람의 삶을 더욱 편리하게 만들고 싶다."
14. 얀 쿰Jan Koum, 미국 와츠앱WhatsAɔp 창업자 "모든 사람이 저렴하게 소통할 수 있는 세상을

만든다."
15. 오드리 헵번Audrey Kathleen Hepburn, 영국 배우 "어린이를 위한 세상을 만들고 싶다."
16. 요코 오노Yoko Ono, 일본 예술가 "전쟁 없는 세상을 만든다."
17. 자하 하디드Zaha Hadid, 영국 건축가 "건축을 통해 도시의 경계를 허물고, 새로운 가능성을 연다."
18. 제니퍼 다우드나Jennifer Doudna, 미국 교수 "유전자 편집 기술을 통해 질병을 치료하고, 인류의 건강을 증진한다."
19. 제인 구달Jane Goodall, 영국 동물학자 "침팬지를 연구하고 보호하며, 인간과 동물이 공존하는 세상을 만든다."
20. 제인 애덤스Jane Addams, 미국 사회운동가 "가난하고 소외된 사람들에게 도움을 주고, 사회 정의를 실현한다."

──────────────── | 비전 목록 | ────────────────

1. 김환기화가 "한국적 정서를 담은 세계적인 예술 작품을 만든다."
2. 구인회LG 창업자 "우리 기업이 국가와 민족의 번영에 밑거름이 돼야 한다."
3. 넬슨 만델라Nelson Mandela, 남아프리카공화국 대통령 "인종차별 없는 평등한 남아프리카를 만든다."
4. 르브론 제임스LeBron James, 미국 농구선수 "스포츠를 통해 어린이들과 청소년들에게 교육과 기회를 제공한다."
5. 리처드 브랜슨Richard Branson, 버진그룹 창업자 "사업을 통해 세상을 긍정적으로 변화시킨다."
6. 마더 테레사Mother Teresa, 알바니아 수녀 "가난하고 병든 이들에게 사랑과 돌봄을 제공한다."
7. 마이클 조던Michael Jordan, 미국 농구선수 "농구와 그 너머에서 리더십과 탁월함을 통해 세상을 변화시킨다."
8. 마크 저커버그Mark Zuckerberg, 페이스북 창업자 "전 세계를 연결하고, 사람들에게 소통의 기회를 제공한다."
9. 마틴 루터 킹 주니어Martin Luther King Jr. 미국 목사 "모든 인종이 평등하게 대우받는 세상을 만든다."

10. 마하트마 간디Mahatma Gandhi, 인도 정치지도자 "폭력 없는 독립 인도를 만든다."
11. 미셸 오바마Michelle Obama, 미국 영부인 "교육과 건강을 통해 다음 세대를 위한 더 나은 세상을 만든다."
12. 반기문유엔 사무총장 "글로벌 평화와 협력을 증진한다."
13. 빌 게이츠Bill Gates, 마이크로소프트 창업자 (창업 초기)"모든 가정과 책상에 컴퓨터를 설치한다. (재단 설립 후)"혁신적인 기술과 자선 활동을 통해 전 세계의 건강과 교육을 개선하고, 빈곤을 퇴치한다."
14. 샤를 드 골Charles de Gaulle, 프랑스 대통령 "프랑스의 자유와 독립을 회복한다."
15. 세르게이 브린과 래리 페이지Sergey Brin & Larry Page, 구글 공동창업자 "세계의 정보를 체계화하여 누구나 접근할 수 있게 한다."
16. 스테픈 커리Stephen Curry, 미국 농구 선수 "스포츠와 삶을 통해 차세대 리더들에게 영감을 주고, 기회를 제공한다."
17. 앙겔라 메르켈Angela Merkel, 독일 총리 "유럽의 안정과 통합, 세계 평화에 기여하겠다."
18. 에이미 퍼디Amy Purdy, 미국 배우, 스노보드 선수 "신체장애를 가진 사람들에게도 꿈을 이룰 수 있음을 보여준다."
19. 엘리너 루즈벨트Eleanor Roosevelt, 미국 영부인 "인권과 여성의 권리를 증진한다."
20. 오프라 윈프리Oprah Winfrey, 미국 방송인 "사람들이 자신의 잠재력을 발휘하도록 돕는다."
21. 유일한유한양행 창업자 "건강과 교육을 통해 국민의 삶을 개선한다."
22. 이건희삼성그룹 회장 "삼성을 글로벌 초일류 기업으로 만든다."
23. 이병철삼성 창업자 "국가 발전에 기여하는 세계적인 기업을 만든다."
24. 일론 머스크Elon Musk, 테슬라 창업자 "인류를 다행성 종족으로 만들고, 화성에 사람을 정착시킨다."
25. 정주영현대 창업자 "산업 발전으로 대한민국의 경제 기적을 이끈다."
26. 제프 베조스Jeff Bezos, 아마존 창업자 "세계에서 가장 고객 중심적인 회사를 만든다."
27. 조앤 롤링Joanne K. Rowling, 해리포터 시리즈 작가 "전 세계 독자들에게 마법 같은 경험을 선사하고, 상상력과 창의력을 자극하는 이야기를 만든다."
28. 키아누 리브스Keanu Reeves, 미국 배우 "겸손과 친절을 실천하며, 세상에 선한 영향을 미친다."

29. 프랭클린 루즈벨트Franklin D. Roosevelt, 미국 대통령 "대공황에서 미국을 회복시키고 세계 평화를 이끈다."
30. 헨리 포드Henry Ford, 포드 창업자 "모든 사람이 자동차를 소유할 수 있게 한다."

──────────────| 핵심가치 목록 |──────────────

1. 가족Family 가족의 행복과 안녕을 위해 서로를 지지하고 돌본다.
2. 감사Gratitude 받은 혜택과 호의를 마음으로 받아들이고, 감사함을 표현한다.
3. 건강Health 신체적·정신적 건강을 위해 자신을 돌보고 균형 잡힌 생활을 유지한다.
4. 겸손Humility 자신의 한계를 인정하고, 타인의 가치를 존중한다.
5. 경청Listening 다른 사람의 말에 주의를 기울이고, 진정으로 이해하기 위해 경청한다.
6. 공감Empathy 타인의 감정과 경험을 깊이 느끼고 이해한다.
7. 공정Fairness 모든 상황에서 공정하게 행동하고, 차별 없이 대한다.
8. 공존Coexistence 다양한 사람들과 상황 속에서 조화롭게 공존한다.
9. 관대함Generosity 자신의 자원을 기꺼이 나누고 베푼다.
10. 관용Tolerance 다른 사람의 차이와 의견을 수용하며 이해한다.
11. 균형Balance 다양한 요소들 사이에서 균형을 이루며, 삶의 조화를 찾는다.
12. 긍정Positivity 상황에 대해 긍정적인 시각을 가지고 건설적인 태도로 접근한다.
13. 기쁨Joy 작은 것에서도 기쁨을 찾고, 삶을 즐긴다.
14. 기여Contribution 공동의 목표를 위해 적극적으로 참여하고 기여한다.
15. 끈기Perseverance 도전과 어려움 속에서도 포기하지 않고 끝까지 견딘다.
16. 나눔Sharing 자신의 시간, 재능, 자원을 다른 사람들과 기꺼이 나눈다.
17. 낙관Optimism 미래에 대해 긍정적인 기대를 하고 희망을 품는다.
18. 내면의 평화Inner Peace 내면의 고요와 평정을 유지하며, 스트레스를 관리한다.
19. 다양성Diversity 사람이나 아이디어의 차이를 인정하고 가치 있게 여긴다.
20. 도덕Morality 도덕적 원칙과 윤리적 기준을 따르며 행동한다.
21. 도전Challenge 새로운 상황과 도전에 기꺼이 맞서고 극복한다.
22. 독립성Independence 자율적으로 생각하고 행동하며, 자신의 삶을 책임진다.
23. 디테일Detail 세부 사항에 신경을 쓰고 철저히 살펴본다.

24. 명예Honor 자신의 명예를 보호하고, 타인의 명예를 존중한다.
25. 목적의식Purpose 명확한 목표와 목적을 가지고 의미 있는 삶을 추구한다.
26. 미Beauty 아름다움을 인식하고 존중하며, 시각적·감정적으로 그것의 가치와 매력을 즐긴다.
27. 배려Consideration 타인의 감정과 상황을 깊이 생각하고 배려한다.
28. 변화Change 변화하는 상황을 받아들이고, 적극적으로 적응한다.
29. 본질Essence 사물이나 상황의 핵심적인 속성이나 진짜 의미를 이해하고 잡아낸다.
30. 봉사Service 다른 사람들을 돕기 위해 자원하고, 봉사활동에 참여한다.
31. 부Wealth 재정 자원을 현명하게 관리하고, 필요에 따라 나눈다.
32. 사랑Love 사랑과 애정을 솔직하게 표현하고, 관계를 소중히 여긴다.
33. 사명감Mission 맡은 임무와 사명을 충실히 완수한다.
34. 성공Success 목표를 달성하고, 자신의 노력을 통해 성공을 이룬다.
35. 성실성Diligence 부지런히 노력하고 꼼꼼하게 일을 처리하여 높은 성과를 달성한다.
36. 성장Growth 끊임없이 배우고 발전하며, 개인적 성장을 추구한다.
37. 성찰Reflection 자신의 경험과 행동을 깊이 되돌아보고 이해한다.
38. 소통Communication 열린 마음으로 다른 사람들과 생각과 감정을 교류한다.
39. 솔직함Sincerity 진실되고 솔직하게 말하며, 꾸밈없이 행동한다.
40. 신뢰Trust 다른 사람을 믿고, 신뢰를 쌓으며 신뢰받는 행동을 한다.
41. 신앙Faith 자신의 믿음과 신념을 따르며, 이를 통해 삶의 방향을 설정한다.
42. 심플Simple 복잡한 요소를 제거하고 본질적인 부분만 남겨 명확하고 이해하기 쉽게 만든다.
43. 안전Safety 자신과 타인의 안전을 도모하며, 위험을 예방한다.
44. 안정Stability 삶의 균형과 안정성을 유지하며, 변화 속에서도 중심을 잡는다.
45. 양심Conscience 자신의 양심에 따라 올바른 결정을 내리고 행동한다.
46. 열정Passion 자신이 사랑하는 일에 열정을 가지고 몰두하며 최선을 다한다.
47. 영감Inspiration 창의적인 생각과 영감을 통해 자신과 타인을 자극한다.
48. 영성Spirituality 내면의 영적 성장을 위해 성찰하고, 영적인 가치를 추구한다.
49. 예술Art 예술적 표현을 통해 감정을 표현하고, 창의적인 작품을 창조한다.

50. 예의Courtesy 다른 사람에게 예의를 갖추고, 존중하며 대한다.
51. 완벽Perfection 오류나 결함 없이 최상의 결과를 목표로 세심하게 작업한다.
52. 용기Courage 두려움을 극복하고 어려운 상황에 맞서며, 용기 있게 행동한다.
53. 용서Forgiveness 타인의 잘못을 용서하고, 마음의 평화를 되찾는다.
54. 유능함Competence 자신의 능력과 기술을 효과적으로 사용하여 높은 성과를 낸다.
55. 유대감Connection 사람들과 깊은 관계를 형성하고, 사회적 유대를 강화한다.
56. 유머Humor 삶의 작은 순간에도 웃음을 찾고, 유머를 통해 관계를 즐겁게 한다.
57. 은혜Grace 삶에서 받은 은혜와 호의를 감사히 여기고, 그 은혜를 보답한다.
58. 의리Loyalty 사람과 조직에 대한 충성심과 의리를 지키며 헌신한다.
59. 의무Duty 맡은 바 의무와 책임을 다하며, 자신에게 주어진 역할을 수행한다.
60. 의지Willpower 목표를 이루기 위해 강한 의지력을 강화하고, 포기하지 않는다.
61. 이해심Understanding 타인의 감정과 관점을 깊이 이해하며 공감한다.
62. 인내Patience 어려운 상황에서도 인내하며, 결과를 기다릴 줄 안다.
63. 인정Recognition 타인의 성과와 노력을 인정하고, 그 가치를 존중한다.
64. 자기관리Self-discipline 자신의 행동과 습관을 철저히 관리하며, 목표를 향해 나아간다.
65. 자연Nature 자연의 아름다움과 복잡성을 인식하고 자연을 소중히 여긴다.
66. 자유Freedom 자신의 선택과 행동에 대한 자유를 추구하며, 구속받지 않는다.
67. 자율Autonomy 자신의 삶에서 독립적인 결정을 내리고, 그에 따른 책임을 진다.
68. 자존감Self-esteem 자신을 존중하고, 긍정적인 자아 이미지를 유지한다.
69. 정리 정돈Organization 사물이나 정보를 체계적으로 배열하고 정돈하여 효율성을 높인다.
70. 정의Justice 정의로운 사회를 실현하기 위해 불의를 바로잡고 공정하게 행동한다.
71. 정직Honesty 진실을 말하고, 정직하게 행동하며, 거짓을 멀리한다.
72. 존경Respect 타인의 가치를 인정하고, 그들의 업적과 인격을 존경한다.
73. 주도성Initiative 상황을 주도적으로 이끌고, 스스로 계획을 세우며 행동한다.
74. 중용Moderation 극단을 피하고 균형을 유지한다.
75. 지식Knowledge 정보를 탐구하고 학습하여 깊이 있는 이해를 구축한다.

76. 지혜Wisdom 경험과 지식을 바탕으로 올바른 판단을 내리고 효과적인 결정을 한다.
77. 집중Focus 특정 목표나 작업에 전념하고 방해 요소를 차단하며 집중한다.
78. 창의성Creativity 새로운 아이디어를 창출하고 기존의 틀을 넘어서는 해결책을 제시한다.
79. 책임감Responsibility 자신의 역할과 의무를 충실히 수행하고 결과에 책임을 진다.
80. 청결Cleanliness 환경이나 상태를 깨끗하게 하고, 위생적이고 정돈된 상태를 유지한다.
81. 청렴Integrity 높은 도덕적 기준을 유지하며 정직하게 행동한다.
82. 치유Healing 상처와 문제를 해결하고 회복할 수 있도록 돕는다.
83. 친절Kindness 타인에게 이해와 배려를 가지고 따뜻하게 대한다.
84. 친화력Affability 사람들과의 관계를 원활히 하고 긍정적인 상호작용을 촉진한다.
85. 탁월함Excellence 최고 수준의 성과를 목표로 삼고 지속적으로 자기 개선을 한다.
86. 통찰력Insight 문제의 본질을 깊이 이해하고 의미 있는 해답을 제시한다.
87. 평등Equality 모든 사람에게 동등한 기회를 제공하고 차별을 없애기 위해 노력한다.
88. 평화Peace 갈등을 해결하고 조화로운 관계를 형성하여 안정과 평화를 이룬다.
89. 포용성Inclusiveness 다양한 배경과 관점을 존중하고 모든 사람을 환영한다.
90. 행복Happiness 기쁨과 만족을 경험하며 삶을 즐긴다.
91. 헌신Commitment 목표와 가치에 충실히 몰입하고 지속적으로 노력한다.
92. 혁신Innovation 새로운 아이디어와 방법을 통해 발전과 변화를 끌어낸다.
93. 협력Cooperation 공동의 목표를 달성하기 위해 다른 사람들과 협력하고 지원한다.
94. 화합Harmony 다양한 사람들과 상황 속에서 조화를 이루며 관계를 형성한다.
95. 활력Vitality 에너지를 넘치게 표현하고 활기차게 활동한다.
96. 효율Efficiency 자원과 시간을 효과적으로 사용하여 최대의 결과를 달성한다.
97. 휴식Rest 신체적·정신적 피로를 풀고 재충전할 시간을 갖는다.
98. 흥미Interest 다양한 주제와 활동에 호기심을 가지고 탐구한다.
99. 희망Hope 미래에 대한 긍정적인 기대를 하고 어려움을 극복할 수 있는 용기를 가진다.
100. 희생Sacrifice 개인적인 이익을 포기하고 더 큰 목적을 위해 헌신한다.

나를 찾는 여정,
행복한 직업 찾기

"사람의 천성과 직업이 맞을 때 행복하다."

_프랜시스 베이컨 Francis Bacon, 영국 철학자

어떤 일을 하며 살아야 할까?

이 질문은 비단 진로를 고민하는 청소년만의 문제는 아니다. 직장인, 심지어 은퇴자까지 많은 사람이 평생 안고 있는 문제다. 고령화가 가속화되면서 이런 현상은 심해지고 있다. 직업을 고민하다 보면 품게 되는 질문이 있다. "좋아하는 것을 해야 하는가? 잘하는 것을 해야 하는가?"이다. 진지하게 생각해 보면 정말 내가 뭘 좋아하고 잘하는지 헷갈린다. 생각이 깊어지다 보면 두 가지가 다가 아님을 금세 알아차린다.

직업을 선택하는 데 돈 되는 일이어야 한다는 전제도 무시할 수 없다. 당장 5년, 10년 후에도 괜찮을지 장래성도 잘 따져봐야 한다. 시장 수요가 명확한 것은 기본이고, 모방하기 힘들고 경쟁이 덜한 것을 해야 한다. 게다가 종교가 있다면 소명에 맞는지도 감안해야 한다. 이런 고민에 딱 부러지게 의견을 주는 사람도 마뜩잖다. 정작 진로나 직업을 상담하는 사람들도 직업 선택의 기준이 제각각이니 답답한 노릇이다.

이렇게 의사결정이 쉽지 않다면 현인의 의견을 들어보는 것도 방법이다. 소크라테스는 "당신이 좋아하는 일을 하라.", 아리스토텔레

스는 "당신이 잘하는 일을 하라.", 마틴 루터 킹은 "당신이 다른 사람들을 돕는 일을 하라."고 했다. 《논어》 옹야편雍也篇에서 제시하는 것은 더 구체적이다. "안다는 것은 좋아하는 것만 못하고知之者不如好之者, 좋아하는 것은 즐기는 것만 못하다好之者不如樂之者." 잘하는 일보다 좋아하는 일, 좋아하는 일보다 즐길 수 있는 일을 하라고 한다.

다른 현인들의 의견까지 종합해 보면, "좋아하는 일을 하라."라는 의견이 많다. 그렇다면, 퍼플 스완은 이런 상황에서 어떻게 판단할까? 그들이 직업 선택 시 고려하는 요소는 좋아하는 것, 잘하는 것, 가치 있는 것 3가지로 수렴한다. 이를 통해 어떤 것이 내게 맞는 이

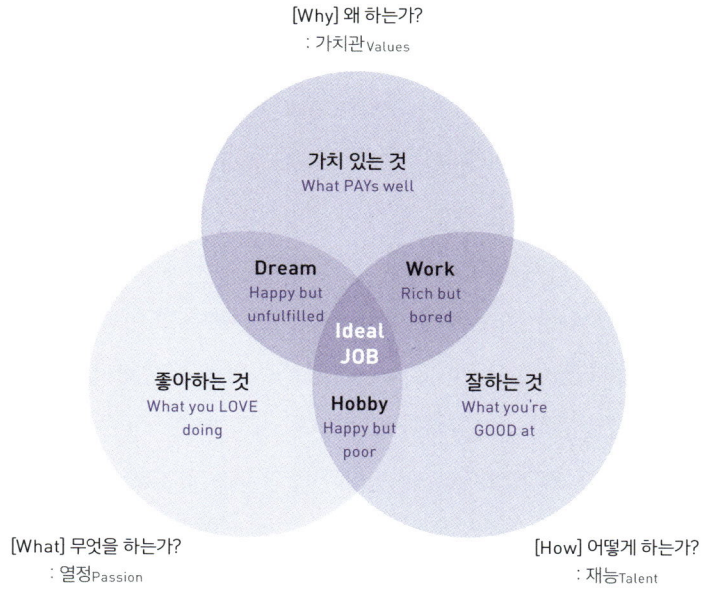

| 이상적인 직업 선택 시 고려할 3가지 |

상적인 직업Ideal Job인지 확인할 수 있다. 지금 직업 선택이 고민이거나 지금 하는 일이 맞는지 궁금하다면 점검해 보기를 바란다.

첫째, 좋아하는 것What you LOVE doing을 한다. 이는 "무엇을What 해야 하는가?"라는 물음의 답이다. 바로 열정Passion이 생기는 일을 해야 한다. 그러면 오래 꾸준히 할 수 있고 지속해서 성장할 수 있기 때문이다. 누가 시키지 않아도 열정을 쏟고 싶은 분야가 바로 좋아하는 것이다. '좋아하는 것'은 몇 가지 특징이 있다. 더 많이 알고 싶어 호기심이 생기고, 조금만 경험해도 재미가 느껴지며, 그리고 궁금해서 자꾸 질문이 생기는 분야이다.[13] 나에게는 컨설팅이라는 업무가 그랬다. 운이 좋게 좋아하는 분야를 빨리 발견했기 때문에 지금도 이 일을 하고 있다.

둘째, 잘하는 것What you're GOOD at을 한다. 그 일을 "어떻게How 하는가?"라는 질문에 답할 수 있는 분야이다. 타고난 재능Talent을 일컬으며 신이 준 선물을 말한다. 스스로 잘 모를 수 있으나 사람은 누구나 자신이 잘하는 것이 있게 마련이다. 이 중 한두 가지 재능만 꽃피워도 반짝반짝 빛나는 삶을 살 수 있다. 이 재능은 당신이 상상하는 것보다 훨씬 훌륭하다는 것을 명심해야 한다. 도미노피자를 창업한 톰 모나건Thomas S. Monaghan은 "성공의 비결은 단 한 가지, 잘할 수 있는 일에 광적으로 집중하는 것이다."라고 했다.

재능이 선천적으로 타고난 것이라면, 지식과 기술은 후천적으로 익히는 것이다. 잘하는 것(=재능)은 굳이 애쓰지 않아도 무의식적으로 하고, 하고 있으면 기분이 좋고, 그것을 할 때 충만감이 있다. 직업이 아니어도 평소에 잘하는 그것을 자연스럽게 해낸다. 자신처럼 못하는 이를 보면서 "왜 이걸 못하지?"라고 생각하는 분야이다. 다중지능이론의 창시자로 일컬어지는 하워드 가드너Howard Earl Gardner는 말한다. "인생의 성공은 강한 재능을 얼마나 더 잘 개발하느냐에 달려있다."

사람은 잘하는 일을 할 때 즐겁다. 즐거운 일을 하면 시간 가는 줄 모른다. 즐거움의 본질은 잘하는 것이기 때문이다. 잘하는 것을 찾으려면 어떻게 해야 할까? 되도록 다양한 일을 경험하는 것이 최선의 방법이다. 그래서 젊을수록 자신의 재능을 찾는 예행연습의 과정은 필수다.

셋째, 가치 있는 것What PAYs well을 한다. "왜Why 하는가?"라는 질문의 답이다. 가치 있는 것은 자신의 가치관Values에 부합하는 것이다. 이는 인생의 목적과 관련이 깊다. 가치는 두 가지로 나눌 수 있는데, 목적 가치와 수단 가치이다. 목적 가치는 인생의 목적을 의미하며, 앞서 표현한 개인의 사명, 비전, 핵심가치를 말한다. 수단 가치는 목적 가치를 이루기 위해 필요한 것이며, 시장Market에서 하는 일의 의미와 가치에 따라 돈으로 환산이 된다.

좋아하면서 잘하는 것을 하더라도 자신의 가치관과 맞지 않고 돈으로 환산할 수 있는 능력이 없다면 그것은 한낱 취미Hobby에 불과하다. 행복할 수 있지만 경제적으로 어려움을 겪을 수밖에 없다. 좋아하면서 가치 있는 것이라도 잘하는 것이 아니라면 행복할 수는 있어도 실행하기 어려운 꿈Dream이다. 가치 있고 잘하는 것을 해도 좋아하는 것이 아니면 단지 먹고 살기 위해 하는 일work에 불과하다. 많은 직장인이 이에 해당한다. 그렇기 때문에 불만족하고 지루하기 쉽다.

　자신에게 맞는 이상적인 최고의 직업은 3가지 요건을 모두 충족하는 것이다. 자신이 좋아하면서 잘하기도 하고 내 가치관에 맞는 분야이다. 지금 당신이 하고 있거나 염두에 두고 있는 일이 좋아하는 일인가? 잘하는 일인가? 가치 있는 일인가? 세 가지 요건에 어느 정도 충족하는가? 퍼플 스완은 모두 자신의 일을 하는 사람이다. 다시 말해, 남이 맡긴 일을 하거나 남에게 보여주기 위한 일을 하지 않는다는 것이다.

　당신의 마음속 깊은 곳에서 우러나오는 열정, 신이 부여한 특별한 재능, 그리고 세상을 향한 당신의 가치관. 이 세 가지가 완벽하게 어우러질 때, 당신은 진정한 행복을 느낄 수 있는 일을 찾은 것이다. 마치 퍼즐 조각을 맞추듯, 세 가지 요소를 하나하나 연결해 보기 바란다. 인생이라는 긴 여정 속에서 당신을 인도하는 빛나는 북극성이 될 것이다.

🖉 좋아하는 것, 잘하는 것, 가치 있는 것

내게 맞은 직업을 파악하기 위해 '좋아하는 것', '잘하는 것', '가치 있는 것'을 각각 1~3가지 정도씩 적어보자. 작성하기 어렵게 느껴진다면, 제시한 질문과 300개의 목록을 활용하면 된다. 주변에 자신을 가장 잘 아는 사람에게 물어본다면 내가 보지 못했던 것을 발견할 수도 있을 것이다.

구분	내가…	예시
좋아하는 것 LOVE		교육
잘하는 것 GOOD		요리
가치 있는 것 PAY		경험적 학습

―――――――――――――――――――――| 질문 |―――――――――――――――――――――

1. '좋아하는 것'을 찾기 위한 질문

"내가 가장 열정적으로 이야기할 수 있는 주제나 활동은 무엇인가?"

"내가 자연스럽게 몰입할 수 있는 활동이나 주제는 무엇인가?"

"미래의 나에게 가장 중요한 것은 무엇이며, 어떤 삶을 살고 싶은가?"

"어떤 활동을 할 때 가장 큰 즐거움을 느끼며, 에너지를 얻는가?"

"지금 당장 할 수 있는 일 중에서 가장 설레는 것은 무엇인가?"

2. '잘하는 것'을 찾기 위한 질문

"어떤 일을 할 때, 주변 사람들이 '너는 정말 잘한다'라고 말하던가?"

"어떤 일에 몰두할 때 가장 큰 즐거움을 느끼는가?"

"과거에 어려운 문제를 해결했던 경험 중 가장 기억에 남는 것은 무엇이며, 어떻게 해결했는가?"

"어떤 일에서 가장 큰 성과를 거두었으며, 그 성공의 요인은 무엇이었는가?"

"어떤 일을 할 때, 시간이 멈춘 듯한 느낌을 받는가?"

3. '가치 있는 것'을 찾기 위한 질문

"어떤 상황에서도 놓치고 싶지 않은 가치는 무엇인가?"

"지금까지 살면서 가장 후회되는 선택은 무엇이며, 그 선택을 하게 된 이유는 무엇이었는가?"

"어떤 순간에 가장 큰 행복과 만족감을 느꼈으며, 그때 무엇을 하고 있었는가?"

"내 삶의 목표는 무엇이며, 그 목표를 달성하기 위해 어떤 가치를 추구해야 하는가?"

"10년 후 어떤 사람으로 기억되고 싶은가?"

📝 내게 맞는 이상적인 직업 Ideal Job 찾기

앞서 적은 좋아하는 것, 잘하는 것, 가치 있는 것 중에서 핵심적인 한 가지를 다음의 벤다이어그램에 옮기고, 교집합이 되는 이상적인 직업의 요건을 찾아보자. 그리고 그 요건에 어울리는 직업이 무엇일지 적어보자.

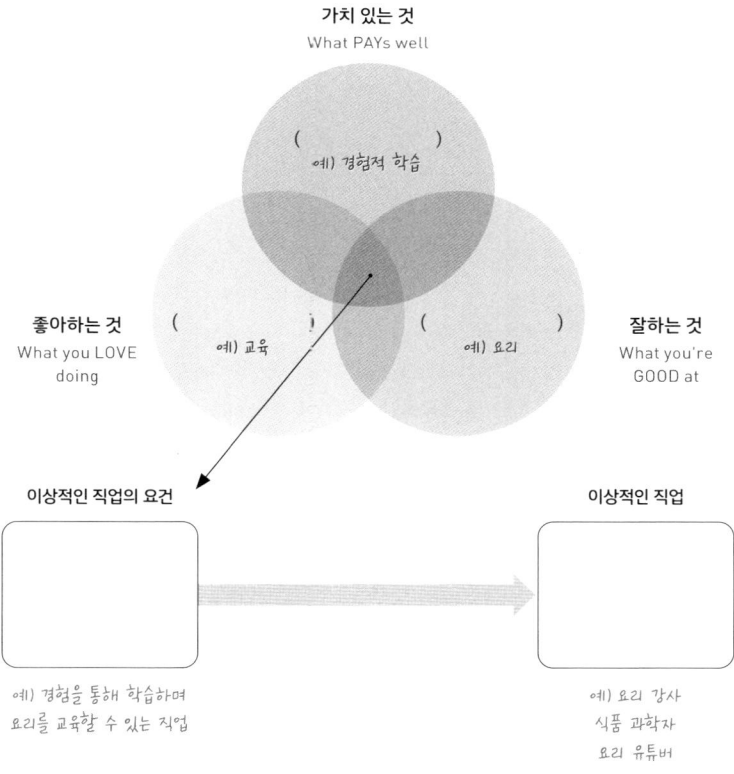

좋아하는 것, 잘하는 것, 가치 있는 것 목록

| 좋아하는 것 100 |

1. 독서	2. 영화 감상	3. 여행
4. 음악 감상	5. 글쓰기	6. 요리
7. 사진 찍기	8. 산책	9. 자전거 타기
10. 수영	11. 그림 그리기	12. 조깅
13. 캠핑	14. 공예	15. 정원 가꾸기
16. 피아노 연주	17. 기타 연주	18. 연극 감상
19. 춤	20. 명상	21. 등산
22. 낚시	23. 서핑	24. 스키
25. 볼링	26. 골프	27. 테니스
28. 배드민턴	29. 수집	30. 자원봉사
31. DIY 프로젝트	32. 온라인 쇼핑	33. 만화 그리기
34. 게임	35. 피트니스	36. 요가
37. 필라테스	38. 인테리어 디자인	39. 홈 데코레이션
40. 만화책 읽기	41. 블로그 운영	42. 포토그래피
43. 비디오 촬영	44. 비디오 편집	45. 뉴스 읽기
46. 드라마 감상	47. 라디오 듣기	48. 팟캐스트 듣기
49. 와인 시음	50. 커피 맛보기	51. 차 마시기
52. 바다 감상	53. 숲속 산책	54. 사색
55. 천문학	56. 별자리 관찰	57. 서예
58. 도자기 만들기	59. 영화 제작	60. 다큐멘터리 감상
61. 문화 탐방	62. 박물관 방문	63. 미술관 방문
64. 오페라 감상	65. 연극 참여	66. 스포츠 관람
67. 크로스 워드 퍼즐	68. 수수께끼 풀기	69. 스도쿠
70. 체스	71. 바둑	72. 보드게임
73. 카드 게임	74. 메모리 게임	75. 스케이트보드 타기
76. 패러글라이딩	77. 번지점프	78. 스카이다이빙

79. 모터사이클 타기
80. 클라식 음악 감상
81. 재즈 음악 감상
82. 힙합 음악 감상
83. 록 음악 감상
84. 트레킹
85. 동물 돌보기
86. 반려동물과 시간 보내기
87. 소설 읽기
88. 시 읽기
89. 청소
90. 디지털 아트
91. SNS 활동
92. 요리 연구
93. 도시 탐험
94. 야경 감상
95. 오토바이 타기
96. 스노보드 타기
97. 패션 스타일링
98. DIY 인테리어
99. 손 글씨 쓰기
100. 영화 분석

─────────────| 잘하는 것 100 |─────────────

1. 글쓰기
2. 문제 해결
3. 분석력
4. 창의적 사고
5. 협상
6. 대인관계
7. 리더십
8. 공감 능력
9. 발표
10. 논리적 사고
11. 수학적 사고
12. 시간 관리
13. 조직 능력
14. 디자인
15. 음악
16. 미술
17. 코딩
18. 프로그래밍
19. 연구
20. 비판적 사고
21. 동기부여
22. 회계
23. 통찰력
24. 전략적 계획
25. 언어 능력
26. 멀티태스킹
27. 판매
28. 마케팅
29. 고객 서비스
30. 팀워크
31. 프로젝트 관리
32. 갈등 해결
33. 촬영
34. 영상 편집
35. 사진
36. 요리
37. 데이터 분석
38. 재무 관리
39. 자산 관리
40. 통계
41. 과학적 사고
42. 엔지니어링
43. 건축 설계
44. 창작
45. 기획
46. 교육
47. 상담
48. 운동 능력
49. 대중 연설
50. 감정 관리
51. 비즈니스 분석
52. UX/UI 디자인
53. 의사소통
54. 고객 관리
55. 창업
56. 네트워킹
57. 금융 분석

58. 인사 관리
59. 이벤트 기획
60. 콘텐츠 제작
61. 창의적 문제 해결
62. 웹 디자인
63. 신속한 판단력
64. 공공 관계
65. 예술적 표현
66. 논문 작성
67. 소셜 미디어 관리
68. 프로그램 개발
69. 기술 설계
70. 세일즈
71. 브랜드 개발
72. 번역
73. 인테리어 디자인
74. 자산 투자
75. 저널리즘
76. 기획력
77. 조정 능력
78. 게임 개발
79. 음향 디자인
80. 디지털 콘텐츠 제작
81. 광고 카피 작성
82. 창의적 마케팅
83. 멘토링
84. 프리젠테이션 제작
85. 서비스 디자인
86. 고객 경험 개선
87. 전략 수립
88. 조직 문화 개선
89. 리서치
90. 신제품 개발
91. 브랜드 스토리텔링
92. 정책 분석
93. 운영 관리
94. 시스템 설계
95. 건강 관리
96. 원격 근무 관리
97. 협업 촉진
98. 교육 커리큘럼 개발
99. 공공 정책 기획
100. 복잡한 문제 해결

───────────| 가치 있는 것 100 |───────────

1. 가족
2. 건강
3. 자유
4. 사랑
5. 우정
6. 교육
7. 배움
8. 자아실현
9. 평화
10. 안전
11. 신뢰
12. 정직
13. 존중
14. 명예
15. 행복
16. 시간
17. 정신적 안정
18. 자율성
19. 자존감
20. 희망
21. 동기부여
22. 감사
23. 헌신
24. 성취
25. 인내
26. 배려
27. 사회적 지위
28. 환경 보호
29. 자연
30. 창의성
31. 다양성 존중
32. 평등
33. 사회적 책임
34. 정의
35. 도덕성
36. 영적 성장

37. 인간관계
38. 소통
39. 용서
40. 나눔
41. 리더십
42. 경청
43. 공정성
44. 가족의 행복
45. 자녀 양육
46. 지속 가능성
47. 문화적 다양성
48. 포용력
49. 사회적 공헌
50. 감정적 안정
51. 독립
52. 일과 삶의 균형
53. 자아 존중감
54. 인류애
55. 친절
56. 이해
57. 용기
58. 창의적 표현
59. 책임감
60. 통합
61. 신념
62. 사회적 연대
63. 열정
64. 경력
65. 기회
66. 지혜
67. 희생
68. 경제적 안정
69. 인간의 존엄성
70. 신뢰 관계
71. 헌신적인 사랑
72. 평등한 기회
73. 의무
74. 혁신
75. 감사의 마음
76. 충성
77. 이타심
78. 인권
79. 명예로운 삶
80. 법치
81. 자산 보호
82. 자유 의지
83. 기술 개발
84. 긍정적인 태도
85. 삶의 의미
86. 생명 존중
87. 정신적 성장
88. 지적 호기심
89. 책임 있는 소비
90. 사회적 복지
91. 생태계 보전
92. 평생 학습
93. 신앙
94. 문화유산
95. 가치 창출
96. 지식
97. 자기 수용
98. 진리 추구
99. 미래 세대
100. 자기 개발

Key Message

✦ 2장 ✦
미지를 향해 푸른 지도를 그리다

| 미운 오리 새끼 vs. 퍼플 스완 |

미운 오리 새끼	퍼플 스완
인생의 목표가 없거나 뚜렷하지 않다.	인생의 목표가 뚜렷하다.
목표의 필요성에 부정적이다.	목표의 유익을 안다.
상황 따라 표류하는 삶을 산다.	목표가 이끄는 삶을 산다.
"어떤 일을 할까?"가 먼저다	"어떤 인생을 살까?"가 먼저다.
좋아 보이는 직업을 선택한다.	내 가치관에 맞는 직업을 선택한다.

| 퍼플 스완의 교훈 |

퍼플 스완이 되기 위한 질문 Question	"내 삶은 어디로 향하고 있는가?"
퍼플 스완이 되기 위한 마인드 Mind	**목표**: 항해와 표류의 차이는 목적지가 분명한가의 여부이다. **가치관**: 사명, 비전, 핵심가치 등 인생의 가치관을 명확히 한다. **이상적인 직업**: 좋아하고, 잘하고, 가치 있는 것이다.
퍼플 스완이 되기 위한 도구 Tool	목표의 유익: RCMR I-SWEAR 목표 설정 원칙 인생의 가치관 Values 이상적인 직업 Ideal Job

3장
우리를 벗어나 푸른 빛 하늘로

"당신이 지금 있는 해안가에서 멀어지지 않는다면, 당신은 절대로 새로운 땅을 발견할 수 없을 것이다."

_앙드레 지드 André Gide, 프랑스 소설가

프롤로그의 〈미운 오리 새끼〉 이야기를 이어가 보자. 주인공 미운 오리 새끼는 오리와 닭들에게 놀림을 당하고, 심지어 어미 오리마저도 그가 태어나지 말아야 했다며 타박한다. 그뿐 아니라 주인공 자신도 제 모습을 자책하며 낮은 자존감으로 살아간다. 미운 오리 새끼는 스스로 타인과 비교하며 또 비교당하면서 현실에 안주하며 살아가는 사람들의 전형과도 같다. 행복은커녕 일상이라는 감옥에 갇혀 하루하루를 보낸다.

타인과의 비교는 마치 흐릿한 거울을 보는 것과 같다. 거울 속 모습이 진정한 나의 모습이라고 착각하지만, 그것은 단지 환상일 뿐이다. 우리는 각자 고유한 아름다움과 가치를 지니고 있다. 중요한 건 타인과 비교하며 작아지는 것이 아니라, 나만의 개성과 강점을 발견하고 키워가는 것이다.

자신을 믿고 현실을 벗어나 자신있게 전진하는 용기를 내보자. 미운 오리 새끼는 결국 아름다운 백조로 변신하여 하늘로 날아올랐다. 우리도 자신을 믿고 끊임없이 노력한다면, 언젠가는 푸른 빛 창공을 향한 멋진 날갯짓을 할 수 있을 것이다. 우주는 지금도 우리의 가능성을 응원하고 있다. 당신은 누구보다 소중하고 특별한 존재라는 것을 잊지 말아야 한다. 안락한 함정에 갇혀 허우적대고만 있을 그저 그런 존재가 아니다.

나는 지금 어느 지대에 있는가?

"편안하고 갈등이 없는 변화를 기대하는 사람들은 역사로부터 아무것도 배우지 못한 사람들이다."

_존 스코트 John Wallach Scott, 미국 역사가

대다수의 사람은 안전지대에 머물러 현실에 만족하며 살아간다.

| 안전지대에서 성장지대로 |

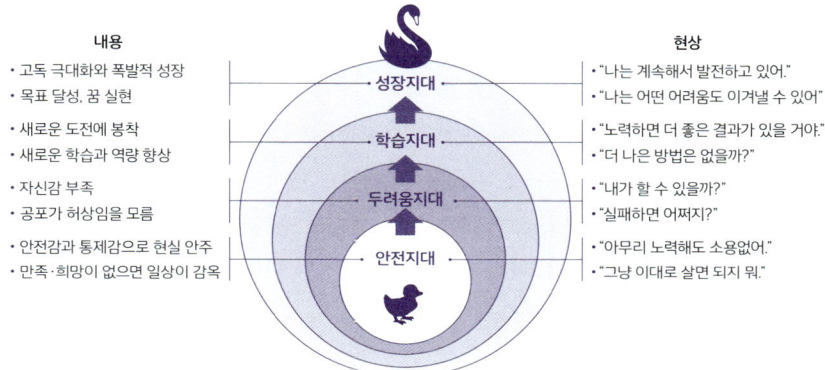

용기를 내어 두려움지대로 들어서려고 마음을 먹기도 하지만, 이내 자신감이 떨어진다. 그때 두려움이 허상이며 기회라는 것을 깨닫기 힘들다. 그렇지만 학습지대에 도달하면 새로운 도전과 문제해결을 경험하면서 많은 학습과 역량 발전이 일어난다. 또 성장지대에 접어들면 비로소 폭발적으로 성장하면서 목표 달성이라는 과실도 거둔다. 하지만 세상에 공짜는 없다. 안전지대에서 멀어질수록 성취의 크기만큼 고독은 더 극대화된다.

당신은 지금 안전지대에 있는가? 아니면 두려움지대를 지나는 중인가? 그도 아니라면, 학습지대나 성장지대를 지나는 중인가? 진단을 통해 자신의 위치를 확인해 보자.

| '나는 어느 지대에 있는가?' 자가 진단 |

매우 아니다 1점, 아니다 2점, 보통이다 3점, 그렇다 4점, 매우 그렇다 5점

문항	점수				
1. 새로운 경험을 하는 것보다 안정적인 일상을 유지하는 편이다.	1	2	3	4	5
2. 편안하고 친숙한 사람들과의 관계를 유지하는 것을 좋아한다.	1	2	3	4	5
3. 다람쥐 쳇바퀴 도는 듯 느껴져도 현 상태를 유지하려는 경향이 있다.	1	2	3	4	5
4. 새로운 정보나 기술을 배우는 것보다 이미 알고 있는 것에 집중한다.	1	2	3	4	5
5. 예상치 못한 일이 발생하면 불안함을 느끼고 안정을 되찾으려고 노력한다.	1	2	3	4	5
6. 새로운 도전이나 목표를 설정하고 달성하는 것을 즐긴다.	1	2	3	4	5
7. 주변의 우려에도 실패를 두려워하지 않고 새로운 것을 시도해 본다.	1	2	3	4	5
8. 두려움 속에서도 불확실한 미래를 설렘으로 기대하고 있다.	1	2	3	4	5
9. 스트레스 상황에서도 긍정적인 태도를 유지하려고 노력한다.	1	2	3	4	5
10. 다양한 사람들과의 관계를 통해 성장하고 발전한다.	1	2	3	4	5
11. 다양한 분야의 책을 읽고 새로운 지식을 습득하는 것을 즐긴다.	1	2	3	4	5
12. 자신의 강점과 약점을 파악하고 개선하기 위해 노력한다.	1	2	3	4	5
13. 새로운 분야의 학습을 통해 관심 영역을 넓힌다.	1	2	3	4	5
14. 치열하게 학습하느라 주변 지인을 만날 겨를이 없다.	1	2	3	4	5
15. 스스로 학습 계획을 세우고 목표를 달성하기 위해 노력한다.	1	2	3	4	5
16. 새로운 사람을 만나면 먼저 다가가 이야기를 나누려고 노력한다.	1	2	3	4	5
17. 낯선 상황과 환경에 고독하더라도 적응하려고 한다.	1	2	3	4	5
18. 실패를 통해 배우고 성장하는 기회로 삼는다.	1	2	3	4	5
19. 끊임없이 새로운 것을 배우고 능력을 향상하기 위해 노력한다.	1	2	3	4	5
20. 목표를 설정하고 꾸준히 실천하며 성장해 나가는 것을 즐긴다.	1	2	3	4	5

진단 결과

안전지대(1~5번)	두려움지대(6~10번)	학습지대(11~15번)	성장지대(16~20번)
( )점	( )점	( )점	( )점

다람쥐 쳇바퀴 도는 것처럼 매일 같은 길을 걷고, 같은 풍경을 마주하며 반복되는 일상을 살아가고 있는가? 지금 당신에게 필요한 것은 용기 있는 탈출이다. 두렵고 불확실할지 모르지만 한 걸음씩 내디딘다면, 당신의 삶은 점차 달라질 것이다. 새로운 경험, 새로운 만남, 그리고 새로운 자신을 만나 보는 것은 어떨까?

제시카 왓슨Jessica Watson이라는 당찬 소녀의 이야기를 소개한다. 그녀는 2009년 10월 18일 아침 9시, '엘라스 핑크 레이디Ella's Pink Lady'라는 10.23미터의 분홍빛 요트를 타고 홀로 시드니 항구를 떠났다. 뉴질랜드, 피지, 남아메리카, 남아프리카를 거쳐, 단 한 번도 중간 기착지 없이 210일 만에 다시 출발지에 다다른다. 그 여정은 자그마치 42,600km, 지구를 한 바퀴 반이나 도는 거리였다. 당시 그녀의 나이는 고작 16세에 불과했다.[14]

당신도 이런 결단과 도전이 필요하지 않은가? 그렇다면 일상의 굴레에서 벗어날 용기를 가져야 할 때다. 영화 〈쇼생크 탈출〉의 주인공처럼, 자유를 향해 과감한 일상 탈출을 감행해 보는 것은 어떨까?

쇼생크 탈출?
일상 탈출!

"안전함으로 후퇴할 것이냐, 발전을 향해 전진할 것이냐는 당신의 선택이다. 끊임없이 발전을 선택하고 끊임없이 두려움을 이겨내라."

_에이브러햄 매슬로Abraham Harold Maslow, 미국 심리학자

팀 로빈스 주연의 〈쇼생크 탈출〉은 우리나라에서 역대 가장 높은 평점을 받은 영화다.[15] 이 영화는 세계적으로는 신통치 않은 성적이었지만, 우리나라에서는 흥행을 거뒀다. 흥행의 이유가 일상 탈출이라는 대리만족 때문은 아니었을까? 라고 해석해 본다. 이 영화는 촉망받던 은행 부지점장인 주인공 앤디 듀프레인이 누명을 쓰고 종신형을 선고받아 수감된 후 겪는 교도소 생활과 탈옥의 과정을 그린다. 앤디는 암석 망치, 여배우 포스터 등 필요한 도구를 이용해 치밀하게 탈옥을 준비한다. 결국 투옥된 지 19년 만에 장대비가 쏟아지던 어느 날 밤에 탈옥에 성공한다.

영화에서 주인공 앤디의 목표는 오로지 한 가지뿐이었다. 탈옥이었다. 이 한 가지 목표를 위해 분투하는 그의 모든 일거수일투족이 140분 넘게 스크린을 채운다. 다른 죄수들과 달리 앤디만큼은 다른 꿈을 꾼다. 일상 너머의 천국을 말이다. 그는 결국 희망의 망치로 두려움이라는 차가운 마음의 벽을 뚫고 지루한 일상에서 탈출하는 데 성공한다.

우리의 인생이 이 영화와도 같다는 생각이 든다. 세상은 감옥처럼 온갖 군상들의 치열하고 분주한 일상으로 점철된 공간이니 말이다. 이곳에 사는 사람들은 마치 죄수들처럼 돈과 욕심에 자유를 결박당하고 일상에 갇혀 살아 가지 않는가? 미국의 극작가 리로이 존스LeRoi Jones의 표현처럼 말이다.

"노예가 노예로 사는 삶에 너무 익숙해지면 놀랍게도 자기 다리를 묶고 있는 쇠사슬을 서로 자랑하기 시작한다. 어느 쪽의 쇠사슬이 빛나는가, 더 무거운가."

쇼생크 감옥에 투옥된 죄수처럼 대다수의 인간은 일상에 갇혀 산다. 본능적으로 위험을 회피하고 안정을 추구한다. 똑같은 하루가 반복되는 것처럼 느껴지더라도 일상이라는 안전지대에 순응하고 안주하며 살아간다. 하지만 안전지대를 벗어나려는 노력이 없다면 이렇다 할 학습이나 성장을 기대하기 힘들다. 안전을 고수하다 변화에 뒤처져 오히려 더 큰 위험에 직면할 수 있는 게 인생의 이치다.

〈쇼생크 탈출〉의 앤디처럼 퍼플 스완은 일상을 감옥이라고 인식하는 사람이다. 그들은 지금 있는 곳이 안전지대라고 판단되면 그곳을 벗어나려고 한다. 마치 본능처럼 안전지대가 위험지대라고 인식하기 때문이다. 어쩌면 그들은 안전지대를 벗어나 두려움지대, 학습지대, 성장지대 중 어딘가에 있는 게 더 익숙한 사람이다.

이처럼 퍼플 스완이 안전지대를 벗어나는데 주저함이 덜한 것은 바로 실행력 때문이다. 그들은 생각이 아니라 행동만이 삶이 된다는 것을 잘 알고 있다. 누군가는 세상에서 가장 먼 거리는 머리에서 가슴까지라고 한다. 머리로 생각해도 가슴에 와닿지 않고, 뜨거운 감성으로 하려는 것도 이성이 막기 때문이다. 하지만 그보다 더 먼 거리가 있다. 바로 가슴에서 발까지다. 제아무리 가슴이 시키는 일이라도 발이 행동으로 옮기지 않으면 아무 소용이 없다. 당신의 발은 지금 어디를 향하고 있는가?

가장 안전한 것이
가장 위험하다

"당신이 인식하지 못하는 것이 있다. 바로 위기감이다. 할 수 없는 것이 아니라 하지 않고 있다는 안도감. 당신만은 실패할 리 없다는 안도감. 하지만 이대로 가면 당신은 실패한 수많은 사람 중 한 명이 될 것이다."

_빌 게이츠Bill Gages, 미국 기업가

"아무 일도 하지 않으면 아무 일도 일어나지 않는다."라는 말이 있다. 사실은 그렇지 않을 때가 많다. 아무 일도 하지 않으면 오히려 퇴보한다. 사람들은 대부분 현상 유지를 위해 뭔가를 하기 때문이다. 그것도 열심히 말이다. 세상은 상대 평가이지 절대 평가가 적용되는 곳이 아니다. 세상 변화의 물살을 이겨내려면 다른 사람보다 더 힘차게 노를 저어야 한다. 따라서 "가장 안전한 것이 가장 위험하고, 위험을 감수하지 않는 삶이 가장 위험하다."라고 생각하는 편이 정답에 가깝다.

1941년 12월 7일 오전 7시 53분경, 미국 해군의 레이더 관제소는 전투기가 하와이 오아후Oahu섬 동북쪽에 위치한 넓은 만을 향해 접근하고 있다는 것을 포착했다. 그러나 당시 레이더 관제소의 책임자인 제임스 모리슨 대령은 아군의 전투기라고 판단했다. 2분 뒤, 해군 기지에서 전투기가 포착되었지만, 해군 장교들은 이를 새 떼로 오인했다. 잠시 후, 그곳은 무참히 폭격당하기 시작한다. 새 떼는 다름 아닌 일본 전투기였다. 기습 공격에 곧바로 대응했지만, 이미 큰 피해를 본 후였다. 일본의 진주만 공습으로 미국은 2,403명의 군인과 민간인이 사망하고, 1,178명이 부상을 당했다. 또한 188대의 함선과 300여 대의 항공기를 잃었다.

당시 진주만 사건은 미국의 본토가 공격받은 상상 못 할 일이었다. 이처럼 우리 삶에서 위기라는 것도 항상 "괜찮아.", "이 정도면 됐어."하고 방심하는 순간 급습한다. 그리고 일순간 모든 것을 바꿔버린다. 세상에는 더 이상 안전한 것이란 존재하지 않는다. 언제든 가장 큰 위험을 가져다줄 수 있기 때문이다. 따라서 위기가 오기 전에 위기를 알리는 작은 경보음에 민감하게 귀 기울이면서 유연하게 대응할 수 있어야 한다. 늑대가 도사리는 초원에서 양을 치는 목자와 같은 마인드여야 한다.

최근 모든 위기의 중심에는 과학기술의 혁신과 발전이 공통분모다. 19~20세기 동안 과학기술의 진보와 함께 인류는 몇천 년간 갇혀 있던 맬서스의 덫Malthusian Trap에서 벗어나면서 비약적인 성장을 거듭했다. 특히 최근 반세기 동안의 변화는 더 극적이다. 이 기간에 컴퓨터 칩의 성능이 18~24개월마다 두 배씩 향상된다고 하는 '무어의 법칙Moore's Law'[16]이 정설로 여겨졌었다.

하지만, 이 법칙을 무너뜨리는 상징적인 사건이 미국 뉴욕에서 일어났다. 1997년 5월 11일, 인공지능 딥블루Deep Blue가 '체스의 신'이라고 일컬어지던 세계 체스 챔피언 가리 카스파로프Garry Kimovich Kasparov를 이긴 것이다. 인공지능의 등장으로 무어의 법칙은 유통기한이 다했다. 2019년 스탠퍼드대 인간중심인공지능연구소HAI: Human-Centered Artificial Intelligence가 발표한 '인공지능 인덱스 2019 연례 보고서'에 따르면, 2010년대 들어 인공지능의 성능 향상 속도가 무어의 법칙보다 7배나 빠른 것으로 분석했다

 인공지능은 위기이자 기회를 가져온 장본인이다. 무엇보다 일자리에 조용한 혁명을 가져왔다. 세계 로봇 연맹IFR: International Federation of Robotics이 2023년 11월 15일에 발표한 자료에 따르면, 우리나라의 인간 근로자 1만 명당 로봇 수는 1,012대로 세계에서 가장 높은 수치다. 2위인 싱가포르(730대)와도 큰 격차를 보인다. 우리나라는 2010년부터 2023년까지 13년 연속 로봇 밀도 세계 1위를 차지하고 있다. 이 수치는 당신이 인공지능으로 인해 직업을 잃을 가능성이 높다는 것을 의미하며, 자녀 세대에 어떤 영향을 미칠지 아찔하다.

 이제 내가 하고 있는 일은 물론 선택할 직업이 인공지능으로 대체될 가능성이 어느 정도인지 '인공지능 노출지수'를 살피는 것은 선택이 아닌 필수가 되었다. 한 조사에 따르면, 인공지능에 대체되기 쉬운 인공지능 노출지수가 높은 일자리는 화학공학 기술자, 발전장치 조작원, 철도 및 전동차 기관사 등이었다. 반면 인공지능 노출지수가 낮은 일자리는 종교 관련 종사자, 대학교수 및 강사 등이었는데, 공통으로 '대면 접촉'과 '관계 형성'이 필수적인 직업이었다.[17]

 고난보다 이기기 어려운 것이 안일이다. 변화를 거부하고 안주하는 순간, 우리는 도태될 수밖에 없다. 끊임없이 학습하고 변화하는 세상에 발맞춰야만 살아남을 수 있다. 이 순간에도 세상은 빠르게 변화하고 있다. 우리는 모두 그 변화의 중심에 서 있다. 과거의 성공에 안주하거나 현재에 타협하지 않고, 미래를 향해 나아가는 용기를 내야 한다.

두려움이라는 허상

"당신이 원하는 모든 것은 두려움의 반대편에 있다."

_잭 캔필드Jack Canfield, 미국 저술가

"사자를 본 적이 없는 여우가 어느 날 우연히 사자와 마주쳤다.
사자를 처음 봤을 때 여우는 놀라 죽을 뻔했다.
두 번째 만났을 때도 무서웠으나 첫 번째 만났을 때만큼은 무섭지 않았다.
그러나 세 번째 봤을 때 여우는 용기를 내어 사자에게 다가가 말하기 시작했다."

이솝우화에 등장하는 '사자를 본 여우'[18] 이야기다. 우화 속 여우처럼 관조자로서 인내심을 가지고 두려움을 관찰하는 연습을 하다 보면, 두려움이 나와 어떤 관계인지 알게 된다. 그러면 어느 순간 이런 통찰이 온다. "두려움은 허상이구나."라고. 철학자 세네카Lucius Annaeus Seneca는 이런 말을 남겼다.

"모든 일 안에는 언제나 위험보다 두려움이 더 많다. 두려움은 우리가 위험을 모르기 때문에 생기는 것이다. 위험을 알고 있으면 두려움은 사라진다. 위험을 알기 위해서는 그것을 탐구해야 한다. 위험을 탐구하면 그것을 극복할 수 있는 방법을 찾을 수 있다."

우리는 뭔가를 하기도 전에 실체를 제대로 파악하지도 않고 지레 겁부터 먹어 시도하지 않을 때가 많다. 그래서 후회라는 것도 자세히 들여다보면 뭔가를 한 것보다 하지 않은 것에 대한 게 더 많다. 그건 대개 '두려움' 때문이다. 여기에 인생의 비밀이 숨어 있다. 퍼플스완은 두려움을 마주해 보고, 그것의 실체를 깨달은 사람이다. 그들은 누군가의 표현처럼, 두려움FEAR이 '진짜처럼 보이는 거짓 증거False Evidence Appearing Real'라는 것을 알고 있다.

그동안 당신이 두려움에 걱정하던 일이 실제로 일어난 경우는 얼마나 되는가? 정작 두려워하던 대로 현실이 되는 경우는 흔치 않다. 인생에서 두려움을 잘 삼킨 사람이야말로 후회 없는 인생을 살 가능성이 높다. 실제처럼 보이는 두려움을 어떻게 대할 것인가? 어둠의 조언자인 두려움에 굴복할 것인가? 아니면 극복할 것인가? 이것이 삶의 질을 좌우한다.

우리가 극복해야 할 두려움은 다음과 같은 것들이다.

| 극복해야 할 두려움 |

이들 중 당신이 두려워하는 것은 무엇인가? 혹시 지금 회피하고 있는 두려움이 있는가? 기억해야 할 것은 우리가 원하는 것들은 대부분 두려움 뒤편에 숨겨져 있다는 것이다. 그런데 시도해 보지도 않고 단념하기 일쑤다. 원하는 것을 얻고 싶다면 두려움에 담대하게 맞서야 한다. 두려워하는 것 때문에 주저하고 도전하지 못하는 사람에게 미국 제32대 대통령 프랭클린 루즈벨트Franklin D. Roosevelt의 부인 엘리너 루즈벨트Anna Eleanor Roosevelt는 "두려워하는 일을 매일 하라."고 조언한다.

많은 퍼플 스완이 그렇듯, 삶을 바꾸고 싶다면 극복해야 할 10가지 두려움을 다음처럼 전환할 수 있어야 한다.

1. 실패하라. 더 빨리 더 많이.
2. 실수하라. 실수하는 것이 인간이다.
3. 부정적 평가나 비판에 너무 신경 쓰지 마라.
4. 외로움을 고독으로 승화하라.
5. 거절을 두려워 말라.
6. 선택했으면 책임져라.
7. 죽음을 기억하라. 오늘이 마지막 날인 것처럼 살아라.
8. 미래에 대한 불확실성을 감내하라.
9. 낯선 것을 포용하라.
10. 변화하라. 생존을 위해!

다시 강조하지만, 두려워하는 것들 바로 뒤에는 엄청난 보물들이 숨겨져 있다는 것을 잊지 말아야 한다. 우리가 두려움에 사로잡히는 이유는 애써 눈을 감고 외면하기 때문이다. 기필코 눈을 뜨고 있어야 한다. 그리고 마음속으로 스며드는 희미한 빛을 주시해야 한다. 두려움이 나를 가두는 감옥이 되게 해서는 안 된다. 그 안에는 더 큰 가능성이 숨어있다. 희미한 빛을 따라 용기를 내어 나가면, 상상 이상의 보물을 발견할 수 있다. 두려움의 크기만큼 빛나는 보물들이 기다리고 있기 때문이다.

자아 발견과 영혼의 성장 기록이라 일컬어지는 헤르만 헤세의 책 《데미안》에 두려움에 대한 내용이 등장한다. 주인공 에밀 싱클레어가 도둑질했다는 사실을 약점으로 잡은 프란츠 크로머에게 휘둘려 조종당하는 모습이 나온다. 이를 본 데미안은 주인공에게 이런 말을 건넨다.

"사람은 누구 앞에서든지 두려워할 필요가 없어. 그런데도 누군가 두렵다는 건 나를 다스리는 힘을 타인에게 맡겨버렸기 때문이야."

그렇다. 싱클레어에게 두려움이 엄습해 온 것은 크로머를 만났기 때문이 아니었다. 실은 크로머는 그에게 아무것도 한 게 없었다. 다만, 싱클레어 스스로 두려움에 사로잡히면서 인생의 주도권을 빼앗겨 버린 것이 진짜 문제였다. 우리의 삶 가운데 두려움이 엄습하는 것은 나를 다스리는 힘이 약하기 때문이다. 그것은 삶의 주도권을 내가 가진 것이 아니라 타인에게 넘겼다는 증거다.

그래서 퍼플 스완은 한목소리로 말한다.

"인생의 주인공은 나다. 두려움 속으로 과감히 뛰어들어라. 그러면 세상은 네게 수영하는 법을 가르칠 것이다."

📝 내가 두려워하는 것

내가 지금 가장 두려워하는 것은 무엇이며, 두려움이 현실이 됐을 때 최악의 상황은 어떨지 적어보자. 두려움은 걱정했던 것보다 별게 아닐 수도 있다.

가장 두려워하는 것은?	최악의 상황은?

"두려움이란 단지 마음의 상태일 뿐이다."

_나폴레옹 힐 Napoleon Hill, 미국 작가

퍼플 스완 여정은 떠남에서 시작된다

"출발을 위해 위대해질 필요는 없지만, 위대해지려면 출발부터 해야 한다."

_리스 브라운Les Brown, 미국 동기부여 연설가

〈미운 오리 새끼〉의 주인공이 스스로 백조라는 것을 깨닫게 된 것은 그를 괴롭히던 존재를 피해 익숙했던 곳을 과감히 떠났기 때문이다. 만일 그가 일상을 과감히 벗어나지 않았다면 아무런 변화도 일어나지 않았을 것이다. 이렇듯 퍼플 스완 여정은 떠남에서 시작된다.

떠남은 3가지 의미를 내포한다. 첫째, 떠남은 안전지대에서 벗어나는 것이다. 안전지대가 곧 위험 지대라는 자각 가운데, 두려움지대로 자신을 내모는 것을 의미한다. 둘째, 떠남은 원시 본능에 결박되어 살던 지금까지의 자아와 결별하고, 이성적 각성으로 대중의 반대

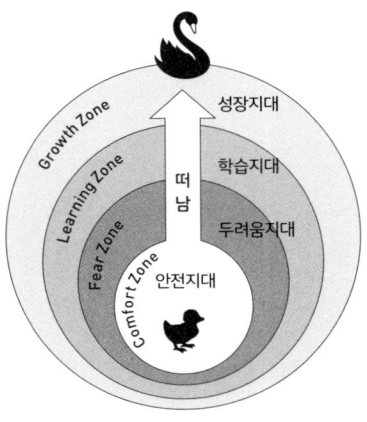

편에 서는 용기를 뜻한다. 결코 이리저리 무리 지어 다니면서 성공한 사람은 없다. 셋째, 떠남은 무리의 뒤에 숨어서 평균에 안주하는 게 아니라, 고독하고 용맹한 사자의 길을 가는 것이다.

여기 전형적인 영웅의 여정을 걸은 캐릭터를 소개한다. 비행사이자 작가였던 리처드 바크Richard David Bach의 《갈매기의 꿈》에 등장하는 주인공 갈매기 '조나단 리빙스턴Jonathan Livingston'에 관한 이야기다.

대다수 갈매기가 해안가에서 먹이를 얻기 위해 사는 것과 달리 조나단은 비행을 더 갈망했다. 그는 무리를 떠나 해가 뜰 무렵부터 더 잘 비행하는 법을 끊임없이 연습한다. 이내 높은 창공을 자유자재 빠른 속도로 날 수 있게 되고, 고속 낙하로 수심 3m 깊이에 몰려 있는 희귀하고 맛 좋은 물고기를 찾을 수 있게 된다. 심지어 공중에서 자는 법까지 터득한다. 그는 더 이상 다른 갈매기처럼 낚싯배 주변을 서성이거나 상한 빵 부스러기에 의지해 연명하지 않아도 되는 경지에 이르게 된다.

그는 대부분의 갈매기가 단명하는 것은 따분함과 두려움, 분노 때문임을 알았다. 그의 머릿속에는 일체 그런 것들이 없었다. 그리고 자신이 가장 하고 싶어 하는 비행에 집중한다. 비행이 완벽한 수준에 도달할 때까지 늘 자신의 한계와 싸우며 끊임없이 공중에서 지난한 수련을 거듭한다. 매일 몇 시간이고 어려운 기술을 새롭게 시도하고 연마하면서 비범한 하루하루를 보낸다.

조나단은 일반적인 갈매기 무리와 구별되는 퍼플 스완의 전형이라고 할 만하다. 조나단이 무리를 떠나듯이 퍼플 스완 여정의 출발점은 '떠남'이다. 따져보면 우리가 아는 많은 퍼플 스완이 그랬다. 고흐는 네덜란드를 떠나 프랑스에서 인상주의 화가로 성장했고, 피카소는 스페인을 떠나 파리에서 입체주의를 개척했다. 익숙한 길을 벗어나 미지의 길을 헤쳐가다가 새로운 자신과 조우하게 되는 것이다.

죽음의 집에서도 고독을 즐기다

> "내 안에는 나 혼자 살고 있는 고독의 장소가 있다. 그곳은 말라붙은 마음을 소생시키는 단 하나의 장소다."
>
> _펄 벅Pearl Sydenstricker Buck, 미국 소설가

조직에서 리더가 될수록, 또 사회에서 영향력 있는 사람이 될수록 만나는 사람이 점차 제한된다. 친하던 지인과도 거리가 생기고 고민을 나눌 사람이 점차 줄어든다. 이는 직급이 높아질수록 수가 줄어드는 피라미드형의 인력구조 때문이기도 하지만, 대중이 머무는 안전지대를 점차 벗어난다는 의미이기도 하다. 새로운 지대로의 낯선 걸음은 필연적으로 자아와 독대하는 시간이 많아지게 한다. 안전지대를 벗어나 두려움지대에 들어섰을 때 으레 고독을 마주한다.

고독은 사람을 새로운 존재로 도약하게 만든다. 우리가 잘 아는 러시아의 대문호 표도르 도스토옙스키Fyodor Mikhailovich Dostoevskii가 전형적인 사례다. 그는 스물여덟의 나이에 독서 모임에서 활동하다

반체제 혐의로 검거돼 다른 두 사람의 사형수와 함께 사형대에 서야 했다. 사형수인 그에게 마지막 5분이 주어지게 되었다. 도스토옙스키는 그때의 심정을 훗날 펴낸 장편소설《백치》에 이렇게 투영했다.

> "이 세상에서 숨 쉴 수 있는 시간은 5분뿐이다. 그중 2분은 동지들과 작별하는데, 2분은 삶을 되돌아보는데, 나머지 1분은 이 세상을 마지막으로 한 번 보는 데 쓰고 싶다."

눈을 감고 최후를 기다리던 바로 그 순간, 기적처럼 한 병사가 흰 수건을 흔들며 황제의 특사령을 들고 나타났다. 사형 직전에 극적으로 풀려난 그는 4년간 시베리아 옴스크에 유형을 가는 것으로 감형됐다. 그곳에서 겪은 체험을 바탕으로 쓴 소설이《죽음의 집의 기록》이다. 이 책에는 자신이 수감 중 느낀 고독의 체험을 등장인물을 통해 사실적으로 묘사하고 있다. 고독이 주는 유익을 묘사하는 대목이 눈에 띈다.

> "심지어 어떤 때는 이러한 고독을 나에게 보내 준 운명에 감사할 정도였다. 이러한 고독이 없었다면 자신에 대한 어떠한 반성도 지난 생애에 대한 엄격한 비판도 없었을 것이다."[19]

퍼플 스완이 걷는 길은 외로운 길이다. 다른 지름길이란 없다. 그들은 무모하리만치 끊임없이 이어지는 실패의 계단에서도 중도 포기하지 않는다. 한 계단씩 끈기 있게 발걸음을 내디딘다. 멀리 아련하게 보이는 계단의 끝을 보면서 말이다. 어쩌면 사막과도 같은 길을 지도도 없이 오로지 나침반만 의지해 걷는 격이다. 그 여정에서 그들이 터득한 습관이 하나 있다. 그건 바로 '고독solitude'이다. 그래서 시인 칼릴 지브란은 이렇게 말했다. "고독 속에서 강한 자는 성장하지만, 나약한 자들은 시들어버린다."

고독 속에서 자신과 깊이 만나는 퍼플 스완은 진정한 자아를 발견하고 성장한다. 퍼플 스완의 길은 외롭고 험난하지만, 그 길에서 자신과의 대화를 통해 더 강해진다. 고독은 그들에게 단순한 외로움이 아닌, 내면을 다듬고 세상과 연결되는 창이 된다. 이런 길을 걷는 사람만이 삶의 진정한 의미를 깨달을 수 있다. 고독은 그저 비어 있는 시간이 아니라, 더 크고 깊은 세상으로 나아가는 시간이다. 그 길의 끝에 선 모든 외로움이 사라지고, 세상을 새롭게 보는 눈을 얻게 된다.

인생을 바꾸는 고독의 힘

"우주가 얼마나 큰 것인가를 가르쳐 주는 것은 거대한 고독뿐이다."

_카뮈Albert Camus, 프랑스 작가

멕시코의 초현실주의 화가 프리다 칼로Frida Kahlo는 6세에 소아마비를 앓았고, 18세에는 버스 사고로 전신의 뼈가 산산조각 나는 참혹한 경험을 했다. 오랜 회복 기간 그녀는 침대에 누워 홀로 고통과

싸워야 했다. 하지만 그녀는 절망 속에서도 이렇게 말했다. "내가 나의 고통을 물감으로 녹여낼 수 있다면, 나는 아마도 행복하게 살 것이다." 칼로는 그녀의 말대로 자신의 고통을 예술의 재료로 삼았다. 고독은 그녀를 무너뜨리지 못했고, 오히려 창조적인 에너지로 변모시켰다. 그리고 자화상과 강렬한 화풍을 통해 자신의 독창적인 세계를 완성해 갔다. 프리다 칼로의 삶은 고독이 주는 깊이와 그 안에서 피어나는 창의성의 힘을 보여준다.

퍼플 스완의 전유물과도 같은 고독Solitude은 외로움Loneliness과는 좀 다른 개념이다. 고독이 혼자 있으면서 누리는 즐거움이라면, 외로움은 혼자 있으면서 느끼는 괴로움이다. 고독이 일종의 '텅 빈 부요함' 같은 것이라면, 외로움은 '공허'이며 '허전함' 그 자체다. 고독이 자신과의 만남이라면, 외로움은 타인과의 이별을 함의한다. 고독은 자신과의 관계로 생기며, 외로움은 타인과 부대낌으로 생긴다. 고독은 내면으로 파고들어 자신과 독대하면서 해결책을 찾지만, 외로움은 타인이나 외부로부터 해결책을 찾는다. 고독은 일념으로 사유의 날을 뾰족하게 벼리게 한다면, 외로움은 잡념으로 고민이 늘게 한다. 이런 의미에서 고독이 관계로부터의 탈출이라면, 외로움은 관계에 갇히는 것이라고 할 수 있다.

또한 고독이 주로 '자발적인 격리'라면, 외로움은 '비자발적인 소외'이다. 고독을 느끼는 사람은 대개 관계의 질이 좋지만, 외로움을 느끼는 사람은 관계의 질이 좋지 않은 경우가 많다. 고독은 마음의 여유를 갖게 하고, 외로움은 마음을 가난하게 한다. 그래서 고독은 즐기면 되지만, 외로움이라는 불청객은 되도록 피해야 한다. 고독한 사람은 멋스러우며 낭만적이지만, 외로운 사람에게는 왠지 다가가기가 부담스럽다. 고독이 적극적이고 긍정적이라면, 외로움은 수동적이며 부정적이다. 고독이 길어지면 생각이 깊어지고, 외로움이 길어지면 생채기가 깊어진다. 그래서 고독은 창의성과 생산성을 높이지만, 외로움은 우울증과 불안을 동반한다.

고독은 성공의 동력이며, 창의성의 원천이다. 철학자 괴테Johann Wolfgang von Goethe는 "재능은 고독 속에서 이루어지며, 인격은 세상의 풍파 속에서 이루어진다."라고 했다. 사회와 관계 속에서 인격을 수양하듯, 고독 속에서 창의력과 상상력을 기를 수 있다. 퍼플 스완은 고독을 즐길 수 있는 사람이며, 고독을 통해서 깊은 통찰을 얻는다. 특히 예술가, 작가, 연구가, 개발자 등 깊은 사고를 요하는 직업이라면 고독은 숙명과도 같다.

문명이 발전하고 개인화가 심화할수록, 또 나이가 들수록 인간은 더 외로움을 느끼게 마련이다. 따라서 외로움을 느끼지 않으려면 나이가 들수록 내면의 자아와 더 친숙해지는 법을 터득해야 한다. 당신은 자신과 얼마나 친하다고 생각하는가? 평소 혼자만의 사유 시간은 얼마나 갖고 있는가? 혼자 책을 읽고, 음악을 듣고, 산책하고, 영화를 보고, 여행하는 시간으로도 행복할 수 있어야 한다. 당신이 고독을 즐기면서 자신만의 스타일로 살아가는 퍼플 스완의 삶을 살기를 응원한다. 시끄러운 세상과 군상들 속에서도 자발적으로 격리되어 고독을 즐기며 우아하게 사는 삶, 얼마나 멋진가?

함께할 수 있으면서
혼자가 될 수 있는 사람

"인간은 사회 속에서 배운다. 하지만 영감은 오로지 고독할 때만 얻을 수 있다."

_괴테 Johann Wolfgang von Goethe, 독일 작가

20세기 위대한 시인 가운데 한 명으로 꼽히는 릴케Rainer Maria Rilke, 그의 시는 그야말로 고독의 결정체다. 그의 시에 깃든 고독은 단순한 외로움을 넘어 존재의 근원을 탐구하고 우주와 소통을 시도한다. 릴케의 고독은 그의 삶 곳곳에서 엿볼 수 있는데, 특히 인생 말년 스위스 론강 계곡의 뮈조트 성에서의 은둔은 각별했다. 그에게 이곳은 영혼이 쉴 수 있는 성소이자 창작의 요람과도 같은 곳이었다. 다음은 그가 뮈조트 성에서 남긴 작품 중 하나다.

고독

고독은 비와도 같은 것.
바다로부터 저녁놀을 향해 떠올라
멀리 외진 들녘에서
늘 고적한 하늘로 올랐다가
그리하여 도시로 내린다.

동틀 녘에 비가 내리면

모든 골목이 아침으로 향할 때,
아무것도 찾지 못한 육체와 육체가
실망하여 슬프게 헤어져 갈 때,
서로 미워하는 사람과 사람이
같은 침대에서 함께 자야 할 때,

그때 고독은 강물과 함께 흘러간다.

릴케가 시적으로 가장 큰 성장을 이룬 시기는 인생 말년 무렵이었다. 그의 성장은 고독이 만들어낸 것이었다. 릴케와 같이 인생에서 중요한 성장을 원한다면, 혼자만의 고요한 시간이 필수다. 내게도 큰 성장은 하나같이 고독의 시기를 통해서였다. 집필, 학습 등 성장의 시기는 늘 고독에 잠기는 시간이었다. 그 기간에는 철저히 주변 사람과 자발적으로 격리되어 자신을 고독 속으로 몰아넣었다. 주변에 성공한 퍼플 스완을 보더라도 예외는 아니다. 어려운 시험에 합격하거나 사업적 성취를 이룬 그들은 인생에서 적어도 한 번 이상은 지독한 고독에 처한 적이 있다.

퍼플 스완은 우리cage는 물론 우리we에 갇히지 않는다. 끼리끼리 무리 지어 다니면서 성공한 사람은 없다. 중요한 무언가를 배우거나 익힐 때는 격차를 만드는 성취를 위해 홀로서기를 해야 한다. 고독의 시기를 잘 통과하면 큰 성장을 경험하게 된다. 그런 면에서 고독은 몸과 마음을 수련하고 단련하는 광야와도 같다. 그곳에서 고독한 시간을 통과한 후에 비로소 그 전과는 다른 존재가 된다.

퍼플 스완이 고독을 통해 남다른 성장을 이루는 과정을 보노라면, 몇 가지 특징을 확인할 수 있다.

첫째, 단 하나에 미친다. 남들이 선망할 만한 일을 하고 있는 퍼플 스완이라면, 틀림없이 혼자 있는 시간에 무엇을 해야 하는지 잘 알고 있다. 그들은 적어도 몇 년 정도는 어떤 것에 몰두하는 고독의 시간을 경험한 사람이다. 혼자만의 시간을 창조적인 시간으로 활용한 것이다. 이를테면 몇 년 동안 고전만 읽거나 특정 주제의 책을 탐닉하는 식으로 일정 기간 한 분야에 푹 침잠하는 것이다. 그리고 평범한 사람들과는 다른 비약적 성장으로 새로운 격차를 만들어낸다.

둘째, 집단을 뛰쳐나온다. 퍼플 스완은 몰두해야 할 무엇인가가 정해지면 과감하게 대중과 거리를 둔다. 사람은 누구나 인생에서 승부를 걸어야 할 때가 있지 않은가. 실패하지 않으려면 교제를 완벽하게 차단하고, 하고 싶은 일마저도 철저히 정리해야 할 시기도 있다. 인생을 풍요롭게 살기 위해 인생의 승부수를 던져야 할 그 시기에는 스스로 집단으로부터 철저히 격리되어야 한다. 더 큰 성장을 원할수록 홀로 설 수 있어야 한다. 홀로 설 수 있어야 비로소 함께 설 수 있기 때문이다.

셋째, 고독의 힘을 기른다. 사람이 성장하지 못하는 것은 낯선 누군가를 만나듯 고독과 마주하는 것을 낯설어하거나 피하기 때문이다. 예컨대 아이의 독서에서 어른의 독서로 넘어가지 못하는 이유는 고독한 사유의 장벽을 넘어서지 못해서다. 어른의 독서는 고독감을 긍정적으로 받아들이는 과정이 필수적이다. 큰 성장을 원할수록 그만큼 큰 고독과 마주해야 한다. 인생에서 의미 있는 성장을 원한다면 고독의 힘을 길러야 한다.

실존주의 철학의 선구자로 일컬어지는 키에르케고르Søren Kierke-gaard는 '신 앞에 선 단독자'로서 자신 외에 다른 것에 책임을 돌리지 않고 최선을 다해 노력하며 사는 것이 진정한 자유라고 강조한 바 있다. 그는 단독자Einzelgänger, Singular Individual를 집단의 반대편에 서는 자라고 정의했다. 공감한다. 성장을 위한 최고의 마음가짐은 바로 '단독자'가 되는 것이다. 단독자는 누구든 함께할 수 있으면서 언제든 혼자가 될 수 있는 사람이라 할 수 있다.

퍼플 스완은 누구에게든 자신을 맞추려 애쓰지 않는다. 단단한 자아와 정체성을 가진 그들은 마치 거센 파도 속에서도 꿋꿋이 서 있는 등대와 같다. 등대가 외로움을 느끼지 않듯, 퍼플 스완은 고독을 두려워하지 않으며 그 속에서 더 깊이 성장해간다. 당신은 어떤가? 스스로 빛을 내는 단독자인가?

인생의 방향타를 전환할 수 있는 용기

"승자는 한 번 더 시도해 본 패자다."

_조지 에드워드 무어George Edward Moore, **영국 철학자**

내가 직장인의 삶을 그만두고 직업인으로 새로 시작할 당시에는 어두운 동굴을 들어가는 듯 막막했다. 그렇지만 시간이 지날수록 현명한 선택이었다고 자족하곤 한다. 이 의사결정은 인생의 향방을 바꾼 중요한 커리어 피벗의 순간이었다. 평범한 월급쟁이 컨설턴트에서 작가와 강사, 사업가로의 변모였으며, 직업뿐 아니라 세상을 보는 관점도 더 넓고 다양해졌다.

요즘은 커리어 피버팅Career Pivoting이 점차 일상화되고 있다. 직장이 자신의 미래를 담보해 주지 못한다는 것을 인식한 것으로 풀이할 수 있다. 주변에도 직장생활을 그만둔 이가 많을 뿐 아니라, 직장생활을 하면서도 부캐(부 캐릭터의 줄임말)로 파일럿 테스트를 하면서 미래를 준비하는 이들도 어렵지 않게 볼 수 있다.

과거 20세에 일을 시작해 60세 전후에 은퇴하던 급속 성장 시대에는 기업의 평균 수명이 길었다. 하지만 지금은 그렇지 않다. 사람들이 일하는 기간이 기업의 평균 수명보다 훨씬 긴 시대가 되었다. 세계적 신용 평가사 S&PStandard & Poor's에 따르면, 500대 기업의 평균 수명은 1935년에 90년, 1955년에 45년, 1975년에 30년, 1995년에 22년, 2015년에 15년으로 줄었다. 한국 기업의 평균 수명도 15년 정도이지만, 중소기업은 12.3년으로 더 열악하다. 한국무역협회에 따르면, 기업의 평균 수명이 1958년 기준 61년에서 2027년에는 12년 수준으로 대폭 단축될 것으로 내다봤다.[20]

이렇듯 인간의 수명은 점차 늘고 있는데, 기업의 수명은 오히려 줄고 있다. 이제 일부 직종을 제외하고는 자의든 타의든 직업을 몇 번은 바꿀 수밖에 없는 상황이 된 것이다. 올곧게 한 길만을 가겠다고 하는 사람은 변화의 속도에 오히려 더 뒤처질 가능성이 높다. 여

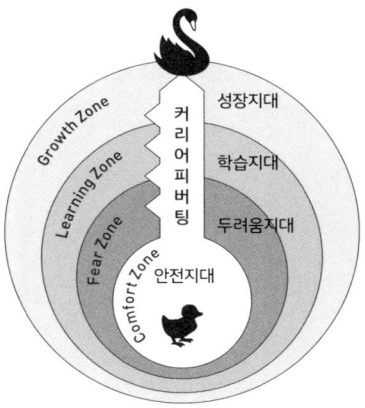

러 일을 하면서 삶의 고비마다 과감하게 새로운 경력을 시험하고 도전하는 유연한 사람이 위기를 기회로 바꾸면서 풍요로운 인생을 살 확률이 높아졌다.

우리가 잘 알 듯, 피벗Pivot은 농구 경기에서 자주 등장하는 용어이다. 한 발을 축으로 지탱하면서 방향을 바꾸는 것을 말한다. 의미가 확장되어 어떤 기조나 방향을 바꾸는 것을 나타낼 때 자주 활용된다. 농구에서 골 밑 플레이 중 가장 난이도가 높은 것이 '피벗 플레이Pivot Play'다. 주로 센터나 포워드가 상대 수비수와 등진 상태에서 한 발을 축으로, 좌우 방향을 틀며 슛을 던지거나 패스 공격을 하는 것이다.

요즘과 같이 격변하는 시기에 꼭 필요한 것이 '피벗 플레이'다. 자신만의 길을 가는 퍼플 스완은 피벗 플레이에 능한 사람이다. 그들은 위기를 예민하게 감지하고 있다가 기회가 오면 도전을 감행한다. 피벗은 한 번으로 끝나는 일회성의 과정이 아니라 반복적이다. 목적

지까지 가기 위해서는 여러 번의 크고 작은 피벗이 필요하다.[21] 그럼 어떻게 피벗 플레이를 해야 할까? 지혜로운 커리어 피버팅Career Pivoting을 위해 퍼플 스완이 실천하는 피벗 노하우 5가지를 피벗PIVOT으로 요약해 본다.

첫째, 목표가 명확하다Purpose.

퍼플 스완은 목적지가 정해지면 언제 어디서 누구를 만나든 자신있게 비전을 밝힌다. 그들의 목표는 마치 돋보기로 햇빛을 모아 불을 지피는 것처럼 일관되고 뚜렷하다. 설령 바람이 불더라도 레이저처럼 집중된 에너지를 쉬이 꺼뜨리기 힘들다.

둘째, 하고자 하는 의지가 뚜렷하다Insist.

안전지대를 떠나려고 하면 주변에서 부정적인 의견들이 많아진다. 그 길은 위험하다느니 성공을 담보할 수 없다느니 하며 훈수를 둔다. 하지만 퍼플 스완은 자신의 선택에 확고하다. 알리바바 그룹의 창업자 마윈馬雲, Jack Ma은 말한다. "이 세상에는 운이 더 좋고 더 나쁜 사람은 없다. 나는 남들보다 운이 좋았던 것이 아니라 의지가 강했을 뿐이다." 퍼플 스완은 목표가 명확할 뿐 아니라 대중이 선택한 길이 더 위험하다는 것을 아는 사람이다.

셋째, 강점으로 도전한다Voyage.

피벗을 감행하는 사람들이 하는 흔한 실수 중 하나가 자신의 강점과 장점이 아닌 것으로 승부하는 것이다. 처음에는 운이 좋아 성공하는 것처럼 보일지 모르지만, 그것을 지속하기는 쉽지 않다. 퍼플 스완은 자신의 강점으로 제 분야를 개척한 사람이다. 강점에 집중하는 것은 더 나은 성과, 지속 가능한 동기, 고유한 경쟁력을 통해 성공에 가까워지는 가장 효과적인 전략이기 때문이다.

넷째, 시스템을 만들어 조직화한다Organize.

한 번의 성공으로 부와 명예를 얻은 듯하다가도 사라지는 사람들이 얼마나 많은가. 오롯이 자기 능력으로 성공한 것이 아니라 운이 따랐다면 그 성공은 오히려 독이 될 수도 있다. 자신을 능력 이상 과대평가하는 우를 범하기 때문이다. 성공하는 것보다 성공을 지속해서 유지하고 발전시켜 나가는 것이 중요하다. 이 성공을 유지하기 위해서는 시스템을 만들어야 한다. 시스템은 일하지 않아도 굴러가는 구조를 만드는 것이다. 이것이 퍼플 스완이 추구하는 탁월함에 이르는 길이다.

다섯째, 언제나 변화를 감행한다Timeless.

퍼플 스완이 입버릇처럼 말하고 실천하는 피벗 전략의 핵심은 한마디로 '변화와 혁신'이다. 귀가 닳도록 듣는 단어다. 하지만 이건 시대를 막론하고 불변의 진리이다. 안전지대에 오래 머무르지 않고, 언제든 위험 지대로 발길을 옮기는 것이다. 동물의 생태계가 그렇듯, 인간 세상도 매 순간이 변화의 연속이다. 어제의 해결책이 오늘의 문제가 될 수도 있다. 퍼플 스완의 사전에 영원한 것이란 없다. 그들이 학습에 목을 매는 것은 바로 이 때문이다.

변화는 삶의 유일한 상수이다. 우리는 변화를 통해 더 강해지고 성숙해진다. 그런 의미에서 우리 인생은 끊임없이 변화하는 대서사시와 같다. 매 순간 한 줄씩 써 내려가고 있다. 날과 달, 해가 바뀌듯,

우리도 변화하며 새로운 이야기로 행과 장을 채워간다. 우리는 각자 대서사시의 주인공이면서 시인이다. 당신은 앞으로의 삶을 어떤 스토리로 시를 써가고 싶은가? 이왕이면 가슴 설레는 이야기로 아름다운 시어詩語들이 진주처럼 박힌 시를 써야 하지 않겠는가?

Key Message

◆ 3장 ◆
우리를 벗어나 푸른 빛 하늘로

| 미운 오리 새끼 vs. 퍼플 스완 |

미운 오리 새끼	퍼플 스완
안전지대에 자족한다.	안전지대는 위험 지대라고 자각한다.
두려움으로 변화를 기피한다.	두려움 뒤에 숨은 보물을 본다.
외로움을 피해 무리 지어 다닌다.	대중을 떠나 고독을 즐기는 단독자이다.
안정적인 평생직장을 꿈꾼다.	변화에 맞춰 피벗 플레이에 능하다.

| 퍼플 스완의 교훈 |

퍼플 스완이 되기 위한 질문 Question	"안주할 것인가? 변화할 것인가?"
퍼플 스완이 되기 위한 마인드 Mind	**떠남**: 퍼플 스완 여정의 출발은 '떠남'이다. **두려움**: 두려움은 허상이며, 그 뒤에는 보물이 숨겨져 있다. **고독**: 고독을 즐기며 나만의 스타일로 산다.
퍼플 스완이 되기 위한 도구 Tool	극복해야 할 10가지 두려움 고독 Solitude 커리어 피버팅 Career Pivoting

2부

후회 없는 삶인가?
담대하게 도전하라

PURPLE SWAN

삶의 캔버스에
꿈을 채색하다

"비관주의자는 별의 비밀을 발견할 수도, 미지의 땅으로 항해할 수도, 사람의 영혼으로의 문을 열 수도 없다."

_헬렌 켈러Hellen Keller, 미국 작가

미국의 전설적인 장거리 수영 선수이자 작가, 동기부여 연설가인 다이애나 나이애드Diana Nyad 이야기다. 그녀는 돌아가신 어머니의 유품을 정리하던 중 우연히 메리 올리버Mary Oliver의 시집을 발견한다. 책장을 넘기던 그녀는 마음을 사로잡는 한 구절을 만나게 된다.

"격정적이고 귀중한 한 번 뿐인 삶을 어떻게 쓸 것인가?"

이 질문은 그녀의 마음에 잔잔한 파문을 일으켰고, 잊고 있던 젊은 시절의 꿈을 떠올리게 했다. 그것은 바로 쿠바 하바나Havana에서 플로리다 키웨스트Key West까지, 누구도 성공한 적 없는 바다를 수영으로 종단하는 도전이었다. 당시 그녀의 나이는 60세, 이 꿈을 위해 곧장 수영장을 예약하고 본격적인 준비를 시작한다. 주변의 만류에도 불구하고 그녀는 포기하지 않는다. 마침내, 5번째 도전 끝에 2013년 64세의 나이로 하바나에서 키웨스트까지 마라톤을 4회 연속 뛴 거리인 165킬로미터의 바다를 52시간 54분 만에 헤엄쳐 나가는 데 성공한다.[22]

만약 나이애드가 타인의 목소리에 귀를 기울였다면, 그 도전은 영영 꿈으로만 남았을 것이다. 하지만 그녀는 자신을 믿고 가슴이 명령하는대로 후회하지 않을 선택을 한다. 퍼플 스완은 나이애드처럼 인생 여정 가운데 선택의 기로에서 담대하게 의사결정하고 행동하는 사람이다. 그들은 한 번 뿐인 삶을 미련 대신 꿈으로 채색하려고 한다. 이번 장에서는 마음을 '후회 저장소'가 아니라 '희망 저장소'로 활용하며 살아가는 퍼플 스완의 이야기를 해보려고 한다.

마음을 후회 저장소로 쓰지 마라

"지나간 슬픔에 새로운 눈물을 낭비하지 말라."

_에우리피데스Euripides, 고대 그리스 시인

외할머니의 손주 사랑은 각별하셨다. 명절이면 외할머니는 낡은 속치마에서 구깃구깃 해진 지폐를 꺼내 용돈을 주곤 하셨다. 외할머니의 깊은 사랑이 담겨있었다. 시간이 흘러 어른이 된 나는 어느 명절에 용돈을 챙겨 외할머니를 찾았다. 그런데 외할머니는 손주를 몰라보셨다. 치매에 걸리신 것이다. 낯선 얼굴을 보는 듯한 외할머니의 눈빛에 묘한 슬픔이 스쳐 지나갔다. 그 순간, 나는 지난 세월의 놓쳐버린 시간이 한없이 후회스럽게 느껴졌다. 그때의 마음을 다음의 짧은 시로 남겨두었다.

외할머니

"내 새끼 왔냐?"
정말 반기셨다
허리춤에서
돈을 꺼내주셨다

"저 왔어요"
봉투에 용돈을 드린다
그래도 모르신다

너무 늦어버렸다

사람들은 주로 어떤 후회를 할까? 이 물음에 대한 연구가 있었다.

| **후회의 종류 4가지** |

거짓말 등 도덕적 기준에 어긋나거나 자신의 가치관이나 신념에 맞지 않은 행동으로 인한 후회
"옳은 일을 했더라면"

건강, 경제적 안정, 교육 등 주로 더 나은 미래를 위한 기반을 마련하지 못한 것에 대한 후회
"그걸 했더라면"

도덕성 후회 Moral
기반성 후회 Foundation
관계성 후회 Connection
대담성 후회 Boldness

가족, 친구 등 중요한 사람들과 단절되거나 그들과 관계를 소홀히 한 것에 대한 후회
"먼저 손을 내밀었더라면"

연애, 사업 등 주로 모험을 시도하지 않았거나, 기회를 잡지 않은 것에 대한 후회
"위험을 감수했더라면"

미래학자 다니엘 핑크Daniel Pink가 2020년부터 2022년까지 105개국 19,000여 명을 대상으로 실시한 '세계 후회 설문조사World Regret Survey'에 바탕을 둔 연구이다. 이 연구 결과를 담은 책이 《후회의 재발견》이다. 이 책에서는 후회를 4가지 유형으로 분석했는데, 기반성 후회, 대담성 후회, 관계성 후회, 도덕성 후회가 그것이다.

연구 결과, 기반성 후회와 대담성 후회가 4분의 3 이상이었다. 특히 건강, 경제적 안정, 교육 등 더 나은 미래를 위한 기반을 마련하지 못한 것에 대한 기반성 후회가 절반(50.1%)을 차지했다. 다음으로 연예, 사업 등 모험을 시도하지 못했거나 기회를 놓친 것에 대한 대담성 후회가 많았다(25.6%).

그럼, 후회가 덜한 삶을 살기 위해 어떻게 해야 할지 시사점이 명확해진다. 할지 말지 고민이라면 되도록 하면 되고, 이왕이면 망설이지 말고 용기를 내서 도전하고, 먼저 손을 내밀어 화해하고, 부도덕

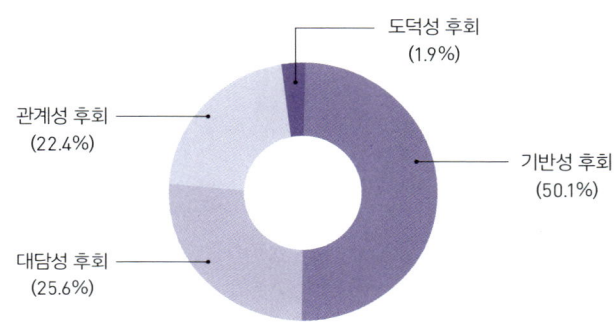

| 어떤 후회를 많이 하는가? |

한 일은 하지 않고 옳은 일을 하면 된다. 한 번 사는 인생, 마음을 후회를 쌓는 저장소로 활용하지는 말아야 한다.

이 장의 시작에서 소개한 수영 선수 다이애나 나이애드를 기억할 것이다. 그녀는 환갑을 훌쩍 넘긴 나이에, 저체온증, 바다 상어, 해파리, 악천후와 같은 숱한 난관을 극복하며 전인미답의 기록을 세웠다. 플로리다 키웨스트 해변에 모인 인파 앞에서, 그녀는 다음의 세 가지 메시지를 남겼다.

"절대 포기하지 마라."
"꿈을 좇기에 늦은 나이는 없다."
"수영은 고독한 스포츠 같지만, 팀이 필요하다."

✏️ 인생에서 가장 후회되는 것

지금껏 인생을 살면서 가장 후회되는 것은 무엇인가? 그 후회는 네 가지 후회 중 어느 것에 해당하는가? 앞으로 후회하지 않으려면 어떻게 해야 할까?

인생에서 가장 후회되는 것은?	어떤 후회인가? (기반성, 대담성, 관계성, 도덕성 후회)	후회하지 않으려면?

"절대 후회하지 마라. 좋았다면 추억이고, 나빴다면 경험이다."

_캐롤 터킹턴 Carol A. Turkington, 미국 의학 저술가이자 편집자

후회 최소화를 위한
10가지 원칙

"낭비한 시간에 대한 후회는 더 큰 시간 낭비다."

_메이슨 쿨리Mason Cooley, 미국 격언가

영화 〈양들의 침묵〉에서 흐대의 살인마 '한니발 렉터'를 기억하는 이도 있을 것이다. 한니발로 깊은 인상을 남긴 배우는 바로 '앤서니 홉킨스Anthony Hopkins'다. 그는 젊은 시절 알코올 중독으로 삶의 균형이 무너졌고, 성공의 그림자 속에서 깊은 공허함을 느꼈다. 술에 의지하며 방황했던 그는 자신이 사랑하는 사람들과 멀어진 것을 후회했다. 그리고 그는 금주를 결심하고 새로운 삶을 살기로 다짐한다. 이내 가족과의 관계를 회복하고, 배우로서도 다시 정상에 서게 되는데, 그는 이런 말을 남겼다. "인생은 너무 짧다. 자신과 주변 사람들을 사랑하지 않으면 결국 후회만 남는다."

한국인이 가장 후회되는 것은 다음으로 요약할 수 있다. 건강에 소홀했던 것, 가족과의 시간에 소홀했던 것, 자신의 꿈을 포기했던 것, 자신을 위한 삶을 살지 못한 것, 인간관계에 소홀했던 것, 충분히 노력하지 않았던 것, 다른 사람들에게 충분히 베풀지 못했던 것이 대표적이다. 다른 국가와 비교해 보면, 앞서 살핀 네 가지 후회 중 관계성 후회 비중이 크다. 관계 지향의 문화 때문일 것이다. 그럼 후회를 어떻게 줄일 수 있을까? 완전하게 후회 없는 삶을 살기는 힘들더라도 어느 정도 후회를 최소화할 방법은 있다. 네 가지 후회에 기반하여 바람직한 전략과 실천해야 할 10가지를 정리하면 다음과 같다.

1. 기반성 후회 최소화 전략: 장기적 시각 유지하기

1) 중장기적 관점을 유지한다.

단기적인 이득보다 장기적인 실익을 선택하는 것이 삶의 지혜이다. 현재의 선택이 장기적인 관점에서 미래에 영향을 미친다는 점을 상기해야 한다. 미래의 자신을 상상하면서 가치관을 명확히 하면 그에 맞는 합리적인 선택을 할 수 있다.

2) 계획과 목표를 구체적으로 설정한다.

앞서 2장에서 목표의 유익을 언급하며 강조했듯, 구체적인 목표와 계획은 성찰, 집중, 동기부여, 회복탄력성을 높인다. 자신의 재능과 상황을 고려해서 단계별 목표를 설정하고 계획을 글로 적어두면 꾸준히 실천도를 높일 수 있다.

3) 건강과 교육 등 중요한 활동에 투자한다.

건강과 교육처럼 미래에 큰 영향을 미치는 것일수록 적극적으로 투자해야 한다. 규칙적인 운동, 건강한 식습관, 지속적인 자기 개발을 통해 미래의 기반을 다지면 후회를 줄일 수 있다.

2. 대담성 후회 최소화 전략: 도전하고 위험 감수하기

4) 실패를 두려워하지 않는다.

성공을 통해 배우는 것은 별로 많지 않다. 대부분 실패를 통해 더 많은 것을 배운다. 실패는 새로운 기회를 포착하고, 자신감을 강화하며, 전반적인 삶의 만족도를 높이는 데 기여한다.

5) 도전하고 지지 네트워크를 구축한다.

도전 없이 이룰 수 있는 것은 아무것도 없다. 새로운 도전은 개인의 성장과 발전을 촉진하며, 삶을 더욱 풍요롭고 다채롭게 만든다. 지지 네트워크는 정서적·실질적 지원을 제공하여 어려움을 극복하고, 목표를 달성하는 데 도움을 준다.

6) 위험을 신중하게 평가하고 난 후 도전한다.

위험을 주의 깊게 살핀 후 도전하는 것은 성공 가능성을 높이고, 실패의 부정적 영향을 줄이며, 장기적인 목표와 조화를 이루는 선택을 가능하게 한다. 단, 평가가 끝났으면 주저하지 말고 과감하게 도전해야 한다.

3. 관계성 후회 최소화 전략: 관계를 우선순위로 행동하기

7) 적극적이고 정기적으로 소통한다.

한국인은 부모님과 가족에게 잘하지 못한 것에 대한 후회가 크다. 중요한 사람들과 적극적이고 정기적인 소통은 인간관계를 강화하고, 오해와 갈등을 줄이며, 정서적 지원과 만족을 증진하는 데 기여한다. 지금 당장 사랑하는 사람에게 연락하라.

8) 먼저 용서하고 화해한다.

용서는 상대가 아니라 나를 위해 하는 것이며, 내면의 평화를 가져다주는 열쇠이다. 용서하는 일은 좋은 일이지만 잊는 것은 더 좋은 일이다. 사람이 할 수 있는 가장 아름다운 것 중 하나는 용서이다.

4. 도덕성 후회 최소화 전략: 도덕적 일관성 유지하기

9) 자신의 가치관을 명확하게 확립한다.

가치관이 명확하지 않으면 사람과 상황에 쉽게 휘둘릴 수밖에 없다. 명확한 가치관은 윤리적 딜레마 상황에서 올바른 결정을 내리도록 돕고, 내적 일관성과 자아 존중감을 유지하며, 후회 없이 만족스러운 삶을 영위하게 한다.

10) 양심적으로 행동하고 성찰한다.

유대 격언처럼, 의지의 주인이 되고 양심의 노예가 되어야 한다. 양심적인 행동과 성찰은 개인의 정신적·심리적 건강뿐만 아니라 사회적 관계와 책임감 측면에서도 중요한 역할을 하며, 도덕성 후회를 최소화하는 데 크게 기여한다.

퍼플 스완은 후회가 없는 삶을 사는 것이 아니라 후회를 최소화하는 삶을 사는 사람이다. 당신이 과거를 부정적인 감정인 '후회'보다 긍정적인 감정인 '추억'으로 채우기를 바란다. 그러기 위해 당장 후회 최소화를 위한 10가지 원칙을 하나씩 실천하고, 나만의 원칙을 만들어보면 어떨까?

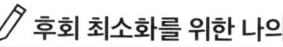 후회 최소화를 위한 나의 원칙

후회 최소화를 위한 원칙을 참고하여 앞으로 후회 없는 인생을 위해 내가 실천할 수 있는 10가지를 적어보자. 작은 것이라도 좋다. 당장 실행에 옮길 수 있는 것으로 채워보자.

후회 최소화를 위한 10가지 원칙	내가 당장 실천할 수 있는 10가지
1. 중장기적 관점을 유지한다.	1.
2. 계획과 목표를 구체적으로 설정한다.	2.
3. 건강과 교육 등 중요한 활동에 투자한다.	3.
4. 실패를 두려워하지 않는다.	4.
5. 도전하고 지지 네트워크를 구축한다.	5.
6. 위험을 신중하게 평가하고 난 후 도전한다.	6.
7. 적극적이고 정기적으로 소통한다.	7.
8. 먼저 용서하고 화해한다.	8.
9. 자신의 가치관을 명확하게 확립한다.	9.
10. 양심적으로 행동하고 성찰한다.	10.

"춤추라, 아무도 바라보고 있지 않은 것처럼. 사랑하라, 한 번도 상처받지 않은 것처럼. 노래하라, 아무도 듣고 있지 않은 것처럼. 일하라, 돈이 필요하지 않은 것처럼. 살라, 오늘이 마지막 날인 것처럼."

_알프레드 디 수자 Alfred D. Souza, 인도 신부

인생 항해 중
모비딕을 마주한다면?

"도전했는가. 그러다 실패했는가. 괜찮다. 다시 도전하라. 다시 실패하라. 더 나은 실패를 하라."

_사뮈엘 베케트Samuel Beckett, 아일랜드 소설가

퍼플 스완이 남다른 삶을 사는 것은 도전하고 위험을 감수하는 삶을 살기 때문이다. 미래에 대한 기대 덕에 퍼플 스완은 현재의 실패를 두려워하기보다 의연하게 이겨낸다. 위험을 기피하고 도전에 수동적인 일반인과 비교되는 부분이다. 지금부터 퍼플 스완이 되기 위해 실패를 어떻게 대하고 다뤄야 하는지 알아보고자 한다.

인생을 항해에 곧잘 비유하곤 한다. 삶이라는 항해를 하며, 마치 커다란 거울과 같은 바다에 비친 자신의 진짜 모습을 보며 성찰할 수 있기 때문일 것이다. 그래서 바다는 소설이나 영화의 배경으로 자주 등장한다. 해양소설로 미국의 소설가 허먼 멜빌Herman Melville의 《모비딕》이라는 작품을 빼놓을 수 없다. 이 책은 미국인들이 성경 다음으로 좋아한다고 한다. 스티브 잡스는 이 소설을 자신의 인생 바이블로 삼았고, 삶의 목적과 창의성, 완벽에 대한 집착의 중요성 등을 배웠다고 전해진다.

책은 선장 에이해브Ahab가 이끄는 피쿼드The Pequod호에 승선한 30명의 선원이 거대한 향유고래인 모비딕을 쫓으며 겪는 도전과 실패의 여정을 담고 있다. 일등 항해사 스타벅Starbuck은 능력 있고 이

성적이며 차분한 성격의 인물이다. 그는 대담성 후회를 최소화하기 위해 위험을 신중하게 평가하는 캐릭터로 등장한다. 스타벅스의 창립자인 제리 볼드윈Jerry Baldwin이 스타벅에게서 회사명을 빌린 것으로 알려져 있다. 스타벅과 달리 감정적이며 다혈질인 인물이 선장 에이해브이다.

위엄이 넘치는 선장 에이해브는 스타벅의 만류에도 자신의 한 쪽 다리를 앗아간 거대한 흰색 향유고래 모비딕과 사흘간 처절한 사투를 벌인다. 바다라는 예측 불가능한 환경에서 에이해브는 불확실성을 받아들이고 유연하게 대처한다. 어떠한 고난에도 굴하지 않고 모비딕을 잡겠다는 목표를 향해 불굴의 의지로 나아간다. 인생에서 실패라고는 없는 사람처럼. 이 장면이 《모비딕》의 핵심인데, 책의 마지막 부분에 등장한다.

이 소설 속 인물들은 고래잡이에만 전념한다. 하지만 선장 에이해브는 좀 달랐다. 자기 다리를 앗아간 모비딕을 기필코 잡겠다는 일념으로 가득했다. 그는 보트로 간신히 구조되는 장면에서 이런 말을 내뱉는다.

"나약한 사람들이 자비롭게도 평생에 걸쳐 조금씩 받는 가벼운 고통을, 위대한 사람들은 이따금 한순간에 단 한 번의 깊은 고통으로 응축시킨다."[23]

그렇다. 퍼플 스완은 응축된 고통으로 성취를 정련해 낸다. 그 과정에서 겪는 실패 따위는 중요하지 않다. 에이해브는 두려움에 굴하지 않고 자신의 목표인 거대한 향유고래 모비딕을 잡기 위해 광적이다시피 한 도전을 멈추지 않는다. 이런 에이해브의 열정이 다음의 문장에서 잘 배어난다.

"에이해브의 뼛속에는 다시 불멸의 생명수가 흐르고 있다. 돛을 올려라. 노를 저어라. 키를 잡아라!"[24]

"모든 것을 파괴하지만 정복하지 않는 고래여! 나는 너에게 달려간다. 나는 끝까지 너와 맞붙어 싸우겠다."[25]

선장 에이해브의 기개 넘치는 위 문장을 보노라면, 같은 해양소설인 어니스트 헤밍웨이Ernest Miller Hemingway의 작품 《노인과 바다》에 등장하는 어부 산티아고Santiago가 자연스레 연상된다. 그가 읊조린 다음의 익히 알려진 문장은 에이해브의 모습과 포개진다.

"인간은 패배하도록 창조된 게 아니야. 인간은 파멸할 수는 있을지 몰라도 패배할 수는 없어."[26]

이 혼잣말은 바라던 청새치를 잡았지만, 회항하는 길에 계속되는 상어 떼의 습격으로 청새치가 다 뜯기는 상황에서 노인이 떨군 말이다. 그가 탄 배는 30명이 탄 피쿼드호처럼 큰 어선이 아니다. 간신히 혼자 몸을 실을 수 있는 조각배에 불과하다. 또 그가 잡은 고기는 30미터나 되는 거대한 향유고래가 아니라 4~5미터 남짓한 청새치일 뿐이다. 하지만, 노인 산티아고는 선장 에이해브 못지않게 실패에 대해 의연하고 자신감과 희망이 넘치는 인물이다.

모든 도전은 그 자체로 후회를 최소화하는 삶으로 향하는 하나의 과정이다. 성공하지 못한 게 실패는 아니다. 다만, 도전을 멈추는 순간 실패를 확정 짓는 것이다. 실패보다 나쁜 것은 도전하지 않는 것이리라. 한 번도 실패한 적이 없다는 것은 한 번도 새로운 것을 발견한 적이 없다는 의미일 테니까. 인생에서 실패만큼 효험이 뛰어난 특효약은 없다. 타고난 재능으로 한 번에 성공한 사람이 얼마나 되겠는가? 퍼플 스완은 실패를 딛고 다시 도전해 성취를 거머쥔 사람이다.

테니스 여제 마리아 샤라포바 Maria Yuryevna Sharapova는 어린 시절 테니스 교육비조차 감당하기 힘든 러시아의 한 가정에서 자랐다. 7세 때 미국으로 이주해 낯선 환경에서 적응하느라 어려움을 겪는다. 그녀는 이런 말을 남겼다. "실패는 이기는 연습이며 승리를 위한 리허설이다." 가장 큰 실패는 도전하지 않는 것이다. 후회로 점철된 삶을 살 확률이 높기 때문이다. 당신의 재능에 먼지가 쌓이도록 내버려 두지 말아야 한다. 지금 바로 실험하고 도전해 보자. 인생은 그렇게 길지 않다.

성공 확률을 높이는 가장 확실한 방법

"실패는 견디기 힘든 고통이지만, 삶에서 단 한 번도 성공을 위해 노력한 적이 없는 것은 더욱더 견디기 힘든 일이다. 인생에서 노력하지 않고 얻을 수 있는 것은 아무것도 없다."

_시어도어 루스벨트Theodoe Roosevelt, 미국 대통령

걸핏하면 공모에 당첨됐다고 자랑하던 지인이 있다. 각종 상품권부터 두둑한 현금까지 받은 상품도 다양하다. 평소 그는 구청, 동사무소, 인터넷 사이트 할 것 없이 공모란 공모는 죄다 찾아 응모한다. 쉬는 날은 물론 틈만 나면 아이디어를 고민하고 정리한다. 그가 경품에 자주 당첨되는 것은 다름 아니라 많은 시도를 하기 때문이다. 사실 지인은 당첨이 됐을 때만 내게 소식을 전했을 뿐이었다.

어느 분야에서건 퍼플 스완이 성공하는 것은 도전의 횟수가 일반인보다 압도적으로 많기 때문이다. 세계에서 가장 영향력 있는 학술지 중 하나인 〈네이처Nature〉에 2019년 실패에 관한 흥미로운 연구 결과가 실렸다. 미국 노스웨스턴대 연구팀이 방대한 양의 자료를 바탕으로 실패와 성공의 관계를 수학적으로 표현하고 과학적 방법으로 분석했는데, 결론은 이랬다. 실패의 횟수가 성공을 담보하는 것은 아니지만, 실패의 원인을 정확하게 분석하는 것은 성공 확률을 높인다. 맞다. 실패는 시도하지 않으면 결코 배울 수 없는 학습을 하게 한다.

퍼플 스완은 도전의 횟수만큼 실패를 많이 하면서 자신만의 노하우를 쌓아간다. 그럼 성공한 사람들은 성공하기까지 몇 번 실패할까 궁금해진다. 많은 사례를 보면, 적어도 10번 이상이다. 기업은 어떨까? 한 연구에 따르면, 대부분 기업이 최종적으로 성공하기까지

평균 다섯 차례의 실패를 경험한다고 한다. 여기서 얻을 수 있는 시사점은 분명하다. 개인이든 기업이든 실패 없이 성공한 경우는 드물다는 것이다.

퍼플 스완은 어떤 성공 그래프를 그릴까? 퍼플 스완의 성공 과정은 우상향의 S자 곡선을 그린다. 무언가를 이루기 위해서는 실패라는 씨앗을 뿌리는 비교적 긴 파종기가 우선 필요하다. 파종기에는 실패가 누적되는 기간이다. 켜켜이 쌓인 실패를 통해 학습과 깨달음이 생기면서 실패의 양이 성공이라는 질로 전환된다.

양질 전환의 법칙이 일어나 성공 나침판의 움직임이 미세하게 감지되는 임계 구간에 도달할 때가 있다. 도전하고 위험을 감수하면서 현실과 일상의 간극인 불안을 인내하는 순간이다. 이때까지는 실패

| 성공 곡선 |

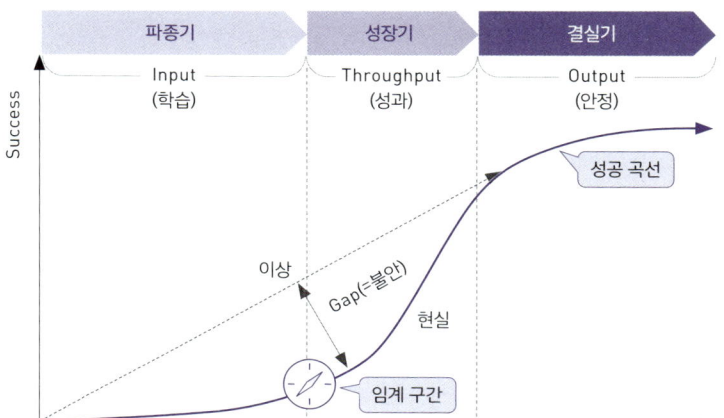

의 양을 늘리는 인풋이 필연이다. 이 구간에서는 실패의 양을 늘릴수록 성공의 확률이 높아지는 '인풋 법칙'이 적용된다. 뿌린 씨앗이 많을수록 성공이라는 결실을 수확할 확률이 높아지듯 말이다.

퍼플 스완은 긴 겨울과도 같은 이 시기를 실패라고 부르지 않는다. 계절의 순환처럼 겨울을 그저 시스템의 일부라고 생각할 뿐이다. 그들은 인생을 통으로 보면서 굴곡진 S자 곡선의 흐름을 예측하고 선순환으로 만드는 사람이다. 그러면 실패라는 성공의 씨앗을 파종하는 시기를 거쳐 성장기에 접어드는 임계 구간을 지나면 실패는 결국 성공을 낳는다. 퍼플 스완은 성공이 잉태되고 출산하는 원리를 경험으로 체득해 가기 때문에 실패에 대한 두려움이 덜하고 기꺼이 도전하는 것이다. 그래서 그들은 인생의 파고에 쉬이 무너지지 않는다.

성공의 확률을 높이고 싶은가? 그렇다면 고민할 것 없다. 많이 실패하면 된다.

희대의 바람둥이 카사노바에게 배우기

"재능이 없다고 말하는 사람들은 대부분 별로 시도해 본 일이 없는 사람들이다."

_앤드류 매튜스 Andrew Matthews, 호주 작가

작가 셰익스피어, 화가 피카소, 작곡가 바흐, 이들의 공통점은 무

엇일까?

이들은 다른 이보다 많은 작품을 만든 사람들이다. 그들은 모두 제목만 들어도 알만한 명작을 남긴 인물들이다. 그렇지만, 그들 작품의 대부분이 훌륭하고 유명한 것은 아니다. 오늘날까지 우리가 기억하는 것은 많은 작품 중 일부에 불과하다. 만약 그들 작품의 양적인 월등함이 없었다면 아마도 질적으로 탁월한 작품을 만들어내지 못했을 것이다.[27] 그들은 단지 남들보다 더 많이 실패한 사람이었다. 그 야말로 '실패 전문가'였다고 해도 과언이 아니다.

잉글랜드의 극작가 윌리엄 셰익스피어William Shakespeare의 작품은 희곡이 36편, 소네트가 154편, 장시 2편이다. 하지만 우리가 익히 아는 작품은 《햄릿》, 《오셀로》, 《리어왕》, 《맥베스》 등의 비극과 《로미오와 줄리엣》, 《베니스의 상인》, 《한여름 밤의 꿈》 등의 로맨스 정도다. 다른 대다수의 작품은 잘 알려지지 않은 것들이다.

스페인의 화가 파블로 피카소Pablo Ruiz Picasso 또한 생전에 총 3만여 점 이상의 어마어마한 수의 작품을 남겼다. 그중 그림이 1만 3,500여 점, 조각품이 700여 점이다. 하지만 우리가 잘 아는 작품은 〈아비뇽의 처녀들〉, 〈게르니카〉, 〈기타 치는 노인〉, 〈파이프를 든 소년〉 등 얼마 되지 않는다.

'음악의 아버지'라고 일컬어지는 바흐Johann Sebastian Bach는 또 어떤가? 그의 작품은 총 1,000곡이 넘는다. 오르간곡이 247곡, 칸타타가 200여 곡, 협주곡이 20여 곡, 기악곡이 400여 곡 등이다. 종교음악인 〈마태 수난곡〉, 〈요한 수난곡〉, 〈골드베르크 변주곡〉과 순수음악인 〈토카타와 푸가 다단조〉, 〈무반주 첼로 모음곡〉 등 우리가 알고 즐겨듣는 작품은 드물다.

　예술가들의 사례에서 보는 바와 같이 실패는 인생의 모든 영역에서 성장을 위한 필수 과정과도 같다. 인간관계에서도 마찬가지다. 세상은 자코모 카사노바Giacomo Casanova를 희대의 바람둥이라고 칭송하지만, 그의 마음속에는 깊은 고독이 있었다. 수많은 여성의 마음을 훔친 그였지만, 정작 진정한 사랑은 늘 그의 손아귀를 벗어났다. 끊임없는 연애 실패를 통해 카사노바는 깨닫는다. 사랑은 단순한 정복이나 쾌락이 아니라는 것을. 진정한 사랑은 서로를 이해하고 존중하며, 함께 성장해 나가는 것이라고. 그는 실패를 통해 사랑의 깊은 의미를 깨닫고, 진정한 사랑을 갈망하는 성숙한 남자로 거듭났다.

　우리가 아는 훌륭한 운동선수들도 많은 실패 경험으로 만들어졌다. 그들은 하나같이 실패 위험을 무릅쓰고 새로운 기술을 도전하면서 결국 그 기술을 익혔다. 피겨스케이터인 김연아 선수는 2010년 밴쿠버 올림픽에서 트리플 악셀을 성공하기까지 약 10년 동안 연마했다. '도마의 신'이라고 일컬어졌던 양학선 선수는 2012년 런던 올림픽에서 그의 이름을 딴 기술 '양학선'을 성공하기까지 약 3년 동안 연마했다.

　혼다의 창업자 혼다 소이치로本田宗一郎는 "내가 지금까지 한 일 중에서 99%는 실패였다."라고 했다. 위안이 되는 말이다. 사람은 성공보다 실패를 통해 더 많은 것을 배운다. 실패는 성공의 일부이며 과정이다. 실패가 두려워 시도조차 하지 않으면 아무것도 얻을 수 없다. 실패를 피하면 그 일은 계속 두려움으로 남지만, 실패를 용납하면 학습을 통해 성과의 질과 성공 가능성을 높일 수 있다. 가치 있는 일일수록 실패의 위험이 크다. 실패는 연약함의 증거가 아니라 학습의 필수 조건이며, 실패는 성공을 위해 꼭 지불해야 할 수업료이다.

후회가 덜한 삶을 살고 싶은가? 그렇다면 어느 퍼플 스완이 스스로에게 한 질문을 당신에게 한 번 던져보자.

"오늘 뭘 실패했는가?"

"오늘 얼마만큼 타인의 실패를 용납해 줬는가?"

🖉 내 인생 최고의 실패

살면서 한 번도 해본 적 없는 것을 시도하고 실패한 적이 있는가? 그때가 언제였는가? 그 실패를 통해 어떤 교훈을 얻었는가?

내 인생 최고의 실패	실패를 통해 얻은 교훈

🖉 꼭 해보고 싶은 도전

앞으로 꼭 시도해보고 싶은 것은 무엇인가?

일	삶

"많은 실패자는 포기할 때 자신이 성공에서 얼마나 가까이 있었는지 모른다."

_토머스 에디슨Thomas A. Edison, **미국 발명가**

후회 최소화를 위한 필살기, 일단 시작하라!

"꿈과 목표를 종이 위에 기록하는 것, 그것이 가장 원하는 사람이 되기 위한 프로세스를 가동하는 방법이다."

_마크 빅터 한센 Mark Victor Hansen, 미국 코치

지금부터는 후회를 최소화하기 위한 구체적인 방법에 관해 이야기하고자 한다. 먼저 의미 있는 연구 하나를 소개한다.

스탠퍼드대 〈인간 성장 프로젝트〉 연구팀의 공동 책임자였던 존 크롬볼츠 John D. Krumboltz와 라이언 바비노 Ryan Babineaux가 20년간 분석한 바에 따르면, 행복하고 성공적인 삶을 사는 사람들은 계획하는 시간을 줄이고 행동하는데 더 많은 시간을 할애한다고 한다.[28] 반대로, 실패하는 사람의 공통점은 준비가 덜 된 것을 시작하지 말아야 할 신호라고 여기고, 많은 시간을 준비하고 계획을 세우는 데 쏟아붓는다.

이 연구의 시사점은 일단 시작해야 한다는 것이다! 그리고 성공하고 싶다면 호기심이 생기는 흥미로운 일을 시도하라고 조언한다. 구체적인 방법을 제시하는데, 그것은 해보면 재미있을 것 같은 일들의 목록을 만들어보는 것이다. 이 방법의 핵심은 일단 작은 일이라도 시작하라는 건데, 많이 들어본 얘기 아닌가. 구체적인 방법으로 희망 목록 Wish-list 대신 지금 목록 Now-list을 만들어보라고 제안한다.[29] 예를 들면 이렇다. 하고 싶은 일이 있다면 지금 당장 실행할 수

| 일단 시작해야 하는 이유 |

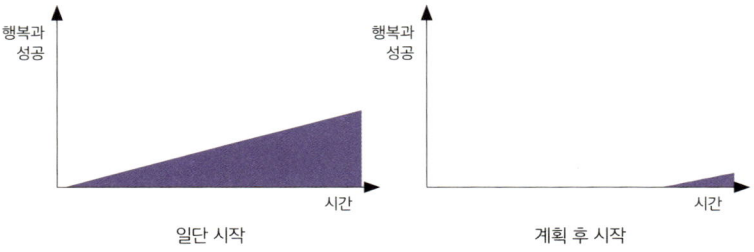

있는 것을 적는 것이다.

내 책 쓰기 → 앉아서 글을 쓴다
과수원 가꾸기 → 베란다에 과일나무를 심는다
요리사 되기 → 만들고 싶은 요리의 재료를 사서 레시피대로 요리한다

여기에 추가하자면, 해야 할 목록To-Do List 대신 되어야 할 목록To-Be List을 만드는 것이다. 이것을 적다 보면 자신이 어떤 존재가 되어야 할지 성찰하게 된다.

부모님께 자주 연락한다 → 효도하는 자식이 된다
작사하기 → 마음을 치유하는 작사가가 된다

내가 추천하고 싶은 것은 지금 목록Now-list과 되어야 할 목록To-

Be List을 합친 'Now To-Be List'이다. 나는 72개의 목록을 만다라트에 옮겨 꾸준히 업데이트하며 관리하고 있다. 해야 할 목록To-Do List보다 실천에 강한 동기부여가 된다. 뭔가를 시도하기 전까지는 누구도 자신의 잠재력을 알 수 없다. 뭐든 지금 당장 해보면 뭐가 문제인지 해볼 만한 것인지 파악할 수 있다. 그리고 내가 뭘 잘하고 못하는지도 인식할 수 있다. 시작 없이 뭔가를 이룬 사람은 아무도 없다.

독일의 문학가 괴테Johann Wolfgang von Goethe는 말한다. "시작하

| Now To-Be List 만다라트 예시 |

배려하는 Giver	긍정주의자	Roman-ticist	자원봉사자	동물보호 활동가	경험 수집가	노후 행복자	경제적 자유 실천자	기부 실천자
바이올린 연주자	2. 매력자산 관리자	의상 루틴 실천자	Visionary	1. 비전 실천자	버킷 리스트 실현자	투자 원칙이 있는 철학자	3. 경제자산 관리자	절약 실천자
유머 실천자	Heavy Reader	요리사	핵심가치 실천자	미션 실천자	인생 전략가	Trend Trekker	미국주식 장기투자자	오피스텔 투자 전문가
스트레스 관리자	건강한 식사 루티너	신실한 신앙인	매력자산 관리자	비전 실천자	경제자산 관리자	재능 나눔이	박사학위 소지자	스피치 전문가
가족 건강 관리자	4. 건강자산 관리자	영양제 루틴 실천자	건강자산 관리자	지구별 여행자	경력관리 전문가	라이프 코치	5. 경력관리 전문가	글쓰기 코치
건강 학습자	평생 운동 루티너	휴식 실천자	관계 정원사	퍼플 스완 PM	행복한 나우이스트	조직문화 전문가	HR 전문가	평생학습자
베푸는 자	겸손한 사람	유머있고 젠틀한 사람	담대한 개척자	빛나는 주인공	생존형 독서가	Smile Energizer	경험 수집가	3감 실천자
셰르파 관리자	7. 관계 정원사	좋은 친구	3D 실천자	6. 퍼플 스완 PM	7 DNA 실행자	Daily Routiner	8. 행복한 나우이스트	셀렘으로 사는 여행자
철학 있는 아빠	아내를 아끼는 남편	믿음직한 아들	창조하는 철학자	치열한 학습자	하나에 집중하는 본질주의자	Hobby Conquer	건강 루티너 (3유, 4-4-12)	시련을 즐기는 자

4장 | 삶의 캔버스에 꿈을 채색하다

라. 그 자체가 천재성이고 힘이며 마력이다." 가장 큰 시간 낭비는 시작하지 않는 시간이다. 미국의 소설가 마크 트웨인은 또 말한다. "앞서가는 비결은 시작하는 것이다. 시작하는 비밀은 복잡하고 과중한 작업을 내가 감당할 수 있을 만큼의 작은 업무로 나누어, 그것의 첫 번째 업무부터 시작하는 것이다."

우리는 〈토끼와 거북이〉라는 이솝 우화를 잘 안다. 거북이가 토끼를 이긴 건 무엇 때문이었는가? 거북이가 끝까지 포기하지 않고 완주했기 때문이다. 거북이에게 경쟁 상대는 토끼가 아니라 자신이었다. 우리가 명심할 것은 단기간에 할 수 있는 게 있고, 1~2년이 걸리는 게 있고, 10~20년이 걸려야 이룰 수 있는 것도 있다. 인생은 긴 마라톤이다. 자신을 과소평가하지 말고 포기하지 않아야 한다. 포기만 하지 않는다면 언젠가는 결승선을 통과할 수 있다.

과정에서 겪는 실패는 위대함을 위한 하나의 디딤돌일 뿐이며, 실패는 자신을 더 강하게 만든다. 가혹한 말처럼 들릴 수도 있겠지만, 가능한 한 더 빨리 시작하고 최대한 더 많이 실패해야 한다. 시작하기에 늦을 때란 없다. 무엇을 하든 시작할 용기만 있으면 그것으로 충분하다. 세월이 지나 "위험을 감수했었더라면"이라는 후회가 입에서 터져 나오지 않게 주저하는 것이 있다면 지금 당장 도전하기를 응원한다.

✎ 나의 Now To-Be List

후회 없는 삶을 위해 살아있는 동안 꼭 실천하고 싶은 Now To-Be List를 적어보자. 머지않아 기록한 것처럼 되어 있는 자신을 발견하게 될 것이다.

🖉 나의 만다라트 mandalaart

Now To-Be List를 작성했다면, 다음 단계는 이를 몇 개의 카테고리로 나누어 만다라트에 옮기는 일이다. 만다라트의 셀을 채우기 위해서는 Now To-Be List를 추가하면 된다. 만다라트는 한 번 작성하고 끝내는 것이 아니라, 지속적으로 보완하고 업데이트하는 것이 중요하다.

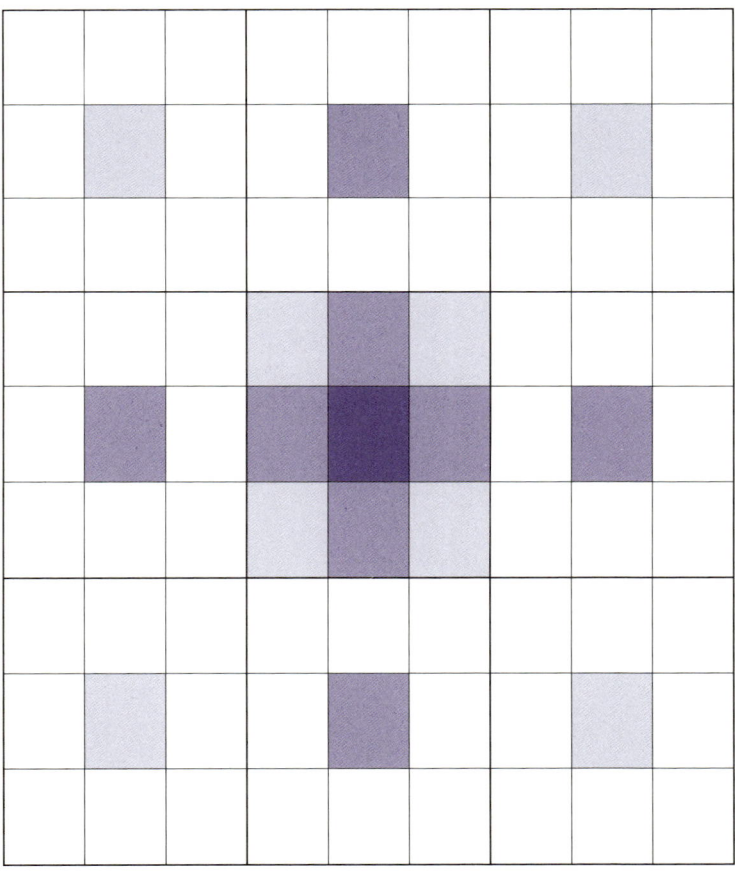

영화 〈라스트 홀리데이〉의
비밀 노트

"너무 소심하고 까다롭게 자신의 행동을 고민하지 말라. 모든 인생은 실험이다. 더 많이 실험할수록 더 나아진다."

─랠프 월도 에머슨 Ralph Waldo Emerson, 미국 시인

이제 4장을 마무리해 보자. 시작이 그랬듯 마무리도 후회를 주제로 이야기를 맺을까 한다. 누구도 후회를 가득 안고 임종의 순간을 맞이하고 싶지는 않을 것이다. 모두 건강하게 노년까지 향수하길 바라지만, 사람의 일이라는 게 그렇듯 언제 어떻게 될지 모른다. 만약 당신이 불치병으로 갑작스럽게 한 달 시한부 판정을 받게 된 상황이라고 가정해 보자. 당신은 마지막 한 달 동안 무엇을 하고 싶은가?

영화 〈라스트 홀리데이〉에 등장하는 주인공 조지아 버드의 사례는 남은 생을 후회 없이 살기 위해 무엇을 해야 할지 의미 있는 교훈을 준다. 어느 날, 그녀는 떨어진 물건을 줍다가 열린 수납장 문 모서리에 머리를 부딪혀 병원에 실려 간다. 정밀검사 결과 청천벽력과 같은 소식을 듣게 된다. 희귀 뇌종양 판정을 받은 것이다. 당장 수술하지 않으면 길어야 3주밖에 못 산다. 수술해도 생존 확률은 30%도 안 된다. 34만 달러라는 거액의 수술비는 엄두도 나지 않는다.

그녀는 이루고 싶은 소원들을 담은 '가능성Possibilities'이라고 적힌 비밀 노트Scrapbook가 있었는데, 그 소원을 이루지도 못한 채 죽는 것을 슬퍼하며 샴페인을 들이킨다. 먼저 직장부터 그만두기로 마음

먹는다. 적금, 퇴직연금, 어머니의 유산인 주식까지 모두 끌어모아 평생의 소원이었던 체코 카를로비바리로 떠난다. 비행기는 일등석을 타고, 헬기로 이동해 호텔에 도착한 후 스위트룸을 잡는다.

소원대로 포프 호텔에 묵으며 유명 쉐프 디디에도 만난다. 하고 싶은 것들을 즐기며 그렇게 시간을 보낸다. 다행히도 여행 중 기기 오류로 뇌종양 판정이 잘못되었음을 알게 된다. 이후 조지아는 짝사랑하던 숀과 약혼하고 소원대로 식당을 차리는 꿈도 이룬다. 조지아의 꿈을 담은 비밀 노트는 하나씩 현실로 바뀌며, 숀과 함께 스카이다이빙 하며 결혼하는 조지아의 모습을 마지막으로 영화가 끝난다.

영화 속에서는 시한부 선고가 해프닝으로 끝났지만, 사실 우리 모두 태어난 순간부터 이미 '사망선고'를 받은 셈이다. 단지 그날이 언제일지 모를 뿐이다. 그렇기에 우리 각자는 시한부 인생을 살고 있다. 주인공 조지아가 뇌종양 판정을 받은 후 인생을 바라보는 눈이 바뀌었듯, 우리 또한 그녀처럼 삶을 대해야 하지 않을까? 조지아가 비밀 노트에 적었던 소망을 망설임 없이 실천한 것처럼, 마음속에 품은 소원이 있다면, 더 이상 미루지 말고 지금 당장 시작해야 한다. 삶은 우리를 기다려주지 않으니까.

미국 프린스턴대의 연구에 따르면, 1985년에 버킷리스트를 작성하게 하고 2000년 4월 2일에 버킷리스트를 작성한 사람과 그렇지 않은 사람의 결과를 조사했다. 결과는 놀라웠다. 버킷리스트를 성실하게 작성한 사람이 사회적 위치가 높았고, 재산은 평균 2.8배 많았다. 또 90% 정도가 현재의 삶에 만족하고 있고, 큰 불화 없이 행복한 가정생활을 하고 있었다.

앞서 소개한 'Now To-Be List'를 만든 후 만다라트에 옮기고, 각각의 소원을 이룬 모습을 생생한 사진으로 스크랩해서 나만의 비밀 노트를 만들어보자. 영화 속에서 조지아가 소원들을 사진 앨범으로 만든 것처럼. 나는 72개의 'Now To-Be List'를 각각의 관련 이미지나 정보와 함께 자주색 3공 바인더에 넣어뒀다. 수시로 비밀 노트를 꺼내보면서 업데이트하고 실천 여부를 확인한다. 잘 알듯이 우리의 뇌는 경험과 상상을 구분하지 못한다. 우리가 흔히 사용하는 꿈의 시각화Dream Visualizing는 뇌를 속이는 것이다. 바라는 것을 마치 이룬 것처럼 상상하고 도전하면 차츰 설렘은 희열로 변한다.

과거에 대한 설렘이 추억이라면 미래에 대한 설렘은 소망이다. 지금 삶이 지루하게 느껴진다면, 소망이 없기 때문이다. 당신을 설레게 하는 소망은 무엇인가? 소풍이나 여행을 떠나기 전 설렘처럼, 이 세상을 설레는 마음으로 살고 싶다면 소망으로 가득 채운 나만의 비밀 노트를 당장 만들어 보는 건 어떨까?

우리는 모두 마음속 어딘가에 소망의 목록을 품고 살아간다. 문제는 그 소망이 구체적이지 않고 매번 '언젠가'로 미뤄진다는 점이다. 마치 끝없는 내일이 우리를 기다려줄 것처럼. 하지만 영화 속 조지아 버드의 이야기에서 보듯, 인생은 예고 없이 찾아오는 돌발 상황으로 가득하다. 그렇기에 지금 이 순간, 우리 각자는 자신에게 물어야 한다. 만약 내일이 오지 않는다면, 오늘 무엇을 하고 싶은가?

나의 비밀 노트 Scrapbook

Now To-Be List를 작성하고 만다라트까지 채워냈다면, 이제 3공 바인더에 당신이 소망을 이룬 순간의 모습과 가장 가까운 사진과 자료들을 모아 스크랩한다. 바인더는 영화 〈라스트 홀리데이〉의 조지아가 만든 것을 참고하면 된다. 만다라트를 꾸준히 보완하듯, 바인더 역시 지속적으로 생생한 이미지들로 업데이트해야 한다. 그렇게 한 장 한 장 채우다 보면, 어느 순간 당신의 소원들이 현실에서 서서히 모습을 드러내는 놀라운 경험을 하게 될 것이다.

| 영화 〈라스트 홀리데이〉 속 비밀 노트 |

"목표에 정성을 쏟으면 목표도 그 사람에게 정성을 쏟는다. 계획에 정성을 쏟으면 계획도 그 사람에게 정성을 쏟는다. 무엇이든 좋은 것을 만들어내면, 결국 그것이 그 사람을 만드는 법이다."

_짐 론 Jim Rohn, 미국 동기부여 강연가

Key Message

✦ 4장 ✦
삶의 캔버스에 꿈을 채색하다

| 미운 오리 새끼 vs. 퍼플 스완 |

미운 오리 새끼	퍼플 스완
마음을 후회 저장소로 활용한다.	마음을 희망 저장소로 활용한다.
도전 최소화 전략으로 산다.	후회 최소화 전략으로 산다.
위험을 기피하며 수동적이다.	위험을 감수하며 능동적이다.
시도와 실패를 안 하거나 적게 한다.	시도와 실패를 더 많이 한다.
소망을 마음속으로만 품는다.	소망을 기록하고 실행·관리한다.

| 퍼플 스완의 교훈 |

퍼플 스완이 되기 위한 질문 Question	"후회하지 않을 삶을 살고 있는가?"
퍼플 스완이 되기 위한 마인드 Mind	**후회**: 마음을 후회 저장소가 아니라 희망 저장소로 활용한다. **도전**: 실패보다 나쁜 것은 도전하지 않는 것이다. **실패**: 실패의 양이 늘어날수록 실패의 양질 전환으로 성공 확률이 높아진다.
퍼플 스완이 되기 위한 도구 Tool	후회 최소화를 위한 10가지 원칙 Now To-Be List 만다라트 Mandalaart 비밀 노트 Scrapbook

5장
비가 내리거든 춤을 춰라

> "때때로 바다에 끊임없이 폭풍우가 몰아칠 때도 있다. 만약 그런 상황에서 목적지에 도달해야 한다면, 당신은 항해를 계속해서 그 폭풍우를 당신의 길로 여기고 나아가야 한다."
>
> _메흐메트 무라트 일단 Mehmet Murat ildan, 튀르키예 극작가

"여보! 우리 비행기가 피랍됐어. 아무래도 여기 탄 사람 모두 죽을 것 같아. 나하고 다른 두 명 하고 뭔가 상황을 수습해 보려고 해. 사랑해. 여보!"

"엄마! 이 건물이 불길에 휩싸였어. 벽으로 연기가 들어오고 있어. 도저히 숨을 쉴 수가 없어. 엄마, 사랑해. 안녕."

"여보, 사랑해. 뭔가 엄청난 일이 벌어진 것 같아. 나는 아마 살 수 없을 것 같아. 여보 사랑해. 아기들 잘 부탁해."

"여보! 나, 브라이언이야. 내가 탄 비행기가 피랍됐어. 그런데 상황이 아주 안 좋은 것 같아. 여보, 나 당신 사랑하는 거 알지? 당신 다시 볼 수 있게 되면 좋겠어. 만약 그렇게 안 되면… 여보, 인생 즐겁게 살아. 최선을 다해서 살고… 어떤 상황에서도 내가 당신 사랑하는 것 알지? 나중에 다시 봐."

"엄마! 나, 마크야. 우리 납치당했어. 저기 세 명이 있는데 폭탄을 가졌대… 엄마, 사랑해! 사랑해! 사랑해!"

"난 여기서 빠져나갈 수 없을 것 같아. 넌 정말 좋은 친구였어…"

2001년 9·11 테러 당시 사망한 희생자들이 사고 직후 휴대전화와 이메일을 통해 남긴 유언이다. 이들은 세계무역센터에서 근무하던 직장인과 납치당한 유나이티드 항공 93편 비행기 승객이었다. 죽음을 직감한 절체절명의 위기 상황에서 희생자들이 가족이나 친구들에게 전한 마지막 메시지가 사랑 일색이라는 것이 공통점이다. 같은 상황이라면 당신은 어떤 말을 남길 것 같은가?

사건 발생 후 2년 동안, 이 테러로 사랑하는 사람을 잃고 시련을 겪은 240명을 대상으로 한 연구가 있었다. 그들은 "9·11 이후 당신은 어떻게 성장해 왔는가?"라는 질문에 41%의 응답자가 타인에 대한 관용과 연민을 갖게 됨으로써 삶을 더 올바르게 이해할 수 있었다고 답했다. 29%의 응답자는 의지와 결심, 회복탄력성이 이전보다 강해지는 등 개인적으로 성장했다고 답했다.[30] 이처럼 극한의 상황에서 사랑과 희망을 꽃피우듯, 우리는 고난 속에서도 더 성장하고 아름다워질 수 있다.

미운 오리 새끼에서 퍼플 스완으로 변신하는 노정은 결코 평탄하지만은 않다. 그것은 필연적으로 시련과 마주하는 과정을 비껴갈 수 없기 때문이다. 그러나 우리는 바로 그 시련 속에서 배우고 성숙하게 된다. 이번 장에서는 퍼플 스완이 인생의 거친 파도를 어떻게 헤쳐 나가는지, 그리고 비가 내리는 날조차도 그 빗속에서 어떻게 춤추며 살아가는지, '시련'에 관해 이야기해 보려고 한다.

우리는 모두 각자만의 고유한 아름다움을 지니고 있지만, 때로는 세상의 시선과 환경에 의해 그 빛을 감추게 된다. 그러나 잊지 말아야 한다. 모든 아름다운 변화는 시련의 과정을 통해 이루어진다는 것을. 마치 미운 오리 새끼가 찬란한 백조로 변신하기 위해 고초를 겪던 시간처럼 말이다. 지금 당신이 겪고 있는 어려움은 결코 헛된 것이 아니다. 분명 이 시련을 통해 당신은 더 강하고 빛나는 존재로 거듭날 것이다.

시련을 통해 더 단단해지는 법

"비행에 필요한 조건이자 저항인 공기와 마찬가지로 인간의 삶에 장애물은 성공을 위한 필요조건이다."

_존 맥스웰 John Calvin Maxwell, 미국 작가

9·11 테러의 사례처럼, 살다 보면 누구나 필연적으로 사고, 이별, 질병, 상실, 낙방 등 크고 작은 시련을 맞이하게 된다. 하지만 시련에 직면했을 때의 반응은 사람마다 다르다. 미국의 커뮤니케이션 이론가인 폴 스톨츠Paul G. Stoltz 박사는 그의 저서에서 역경 지수AQ, Adversity Quotient를 등반Climbing에 비유하여 설명한다. 그에 따르면 역경을 맞이하면 사람은 세 가지 유형으로 반응한다. 포기하는 자Quitter, 안주하는 자Camper, 극복하는 자Climber가 그것인데, 이 중 극복하는 자는 역경 지수가 높은 사람이다.

폴 스톨츠 박사가 제시한 유형을 더 단순화해 보면, 시련을 통해 성장하는 사람과 시련으로 인해 좌절하는 사람 두 종류로 구분할 수 있다. 주목할 사실은 시련을 통해 성장하는 사람은 3분의 1, 시련으로 인해 좌절하는 사람은 3분의 2 정도 된다. 시련이 사람에게 만만찮은 도전임에 틀림없다. 세상에 성공하는 사람이 적은 이유이기

| 시련을 통한 성장과 좌절 |

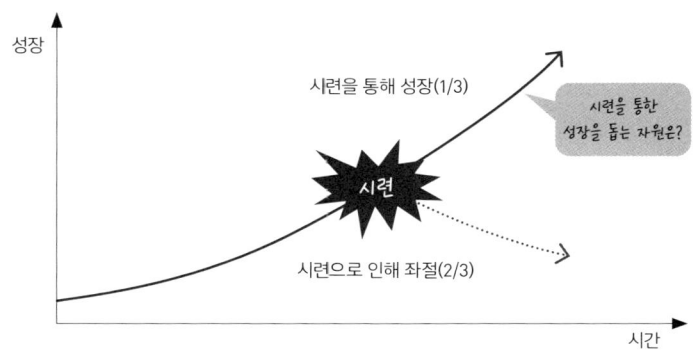

도 하다. 시련은 성공의 발판이 될 수도 있고, 실패의 늪에 빠지게 할 수도 있다. 선택은 우리에게 달렸다.

그렇다면 생각해 보자. 시련을 통해 성장한 사람의 비결은 무엇일까? 또 시련을 통한 성장에 영향을 미치는 요소는 무엇일까? 이 질문에 대한 답을 찾을 수만 있다면 시련이 찾아왔을 때 어떻게 대응해야 할지 실마리를 얻을 수 있지 않겠는가.

'시련을 통한 성장'에 관한 연구에 따르면, 정서적·사회적으로 지지가 많을수록 시련을 통한 성장의 가능성이 높았다. 시련 중일 때 지지자의 역할이 얼마나 중요한지 알 수 있다. 한편, 사건에 대해 인식하고 사건을 통제할 수 있는 가능성이 클수록 높은 수준의 시련 후 성장을 보였다. 갑작스러운 사고보다 의도된 시련일수록 극복 가능성이 높은 것으로 해석할 수 있는 대목이다.

캔자스대 교수인 셰인 로페즈Shane J. Lopez는 '시련을 통한 성장 GTLA, Growth through Loss and Adversity'에 영향을 미치는 요인을 'OTHERS 모델'로 요약했다. 그는 시련을 통한 성장을 촉진하는 핵심적 요소로 8가지 자원에 주목했다. 시련을 통해 성장한 사람은 낙관성Optimism, 타인과의 관계Others, 진정한 의미True Meaning, 유머Humor, 정서 지능Emotional Intelligence, 회복탄력성Resilience, 영성Spirituality, 자기 확신Self-confidence이 높았다. 예를 들면, 9·11 테러 때 사랑하는 사람을 잃은 사람들의 시련을 통한 성장을 가장 유의미하게 예측하는 변인은 회복탄력성과 정서 지능이었다.

시련을 통한 성장을 증진하는 8가지 자원은 당신에게 시련이라는 불청객이 찾아왔을 때, 시련의 유형에 맞게 꺼내 쓸 수 있는 해결

| 시련을 통한 성장을 돕는 8가지 자원 |

책이기도 하다.

1. 낙관성: 긍정적 시각 유지하기
   희망을 잃지 않고 긍정적인 결과를 기대하는 자세를 유지한다. 예) 감사 일기
2. 타인과의 관계: 관계 강화하기
   지지와 위안을 주고받을 가족, 친구, 동료, 커뮤니티와 돈독한 관계를 유지한다. 예) 지지자 그룹 만들기
3. 진정한 의미: 삶의 목적 명확히 하기
   교훈과 성장의 기회를 발견하는 데 초점을 맞춘다. 예) 봉사활동 참여, 목표나 가치관 만들기
4 유머: 유머 감각 익히기

유머를 유지하고 웃을 수 있는 능력을 키운다. 예) 코미디 영화나 책을 보거나 유머 감각이 있는 사람들과 시간 보내기
5. 정서 지능: 자신과 타인의 감정 이해하기
자신의 감정을 이해하고 조절하며, 타인의 감정을 이해하고 공감하는 능력을 키운다. 예) 감정 일기, 명상, 심호흡
6. 회복탄력성: 시련에서 배우고 스트레스 관리하기
어려움에 직면했을 때 쉽게 굴하지 않고 시련에서 배울 점을 찾아 다시 일어설 수 있는 능력을 키운다. 예) 스트레스 관리 기술 익히기
7. 영성: 영적인 생활하기
자신보다 더 큰 힘을 지닌 존재를 통해 문제 해결의 방법을 찾는다. 예) 기도, 명상, 신앙생활
8. 자기 확신: 자신의 가치와 능력 키우기
자신의 가치와 능력을 믿는 자신감을 키운다. 예) 자신의 강·약점 인식, 자기 대화

당신은 8가지 중에서 몇 가지 무기를 장착하고 있는가? 평소 시련의 터널을 지혜롭게 지나는 방법을 터득해 두기를 바란다. 그렇게 해서 시련 속에서도 춤을 출 수 있고 더 일취월장하기를 응원한다.

시련을 기회로 바꾸는
낙관성의 힘

"역경은 영웅을 만들고 행운은 괴물은 만든다."

_프랑스 속담

어떤 어려운 상황에서도 희망을 잃지 않고 낙관성을 유지하는 태도는 시련을 대하는 퍼플 스완의 모습이다. 시련을 발전의 기회로 승화시키는 것은 진정한 '시련을 통한 성장'의 진수라고 할 만하다. 퍼플 스완의 노정 가운데 이런 사례를 어렵지 않게 확인할 수 있다. 시련이 오히려 축복이 되는 반전 말이다.

바흐, 모차르트와 함께 인류 역사상 가장 위대한 작곡가이자, 음악사에서 악성樂聖, 음악의 성인으로 불리는 '루트비히 판 베토벤Ludwig van Beethoven'의 이야기를 해보려고 한다.

"한때 내가 가장 완벽하다고 인정받았던 청각이, 이제는 가장 치명적인 것이 되고 말았어. 다른 사람들과 즐겁게 이야기할 때 위축된다는 사실을 생각하면 정말 몸서리치고 가슴 아픈 일이야…"[31]

이제 기껏 26세, 명석한 두뇌와 탁월한 절대 음감으로 인정받던 그에게 청각을 점차 잃어가는 엄청난 시련이 찾아온다. 위 유서를 쓰기 불과 2년 전만 하더라도 그는 가장 화려한 젊은 시절을 보내던 잘나가는 예술가 중 한 명이었다. 처음에는 귀가 잘 들리지 않고 이명 현상이 생기는 듯했다. 하지만 시간이 지나면서 음악 감상뿐 아니라 대화마저 어려워진다. 청각 장애가 심해지자 고립감을 느끼고 예민해지면서 주변 사람들과 다투는 일도 잦아진다.

흥미를 끄는 건 베토벤의 생애를 연구하는 이들에 따르면, 그가 청력을 잃고 난 후부터 그의 음악이 새로 시작되었다고 평가한다. 무슨 일이 일어난 것일까?

그는 청력을 잃기 전 가진 것 없던 20대까지 대중을 설득하기 위해 고민하며 완벽하게 짜인 삶을 사는 천재 작곡가이자 성실한 예술가였다. 그러나 청력을 잃고 난 후 새로운 삶을 만들어간 시기부터는 인생이 180도 바뀌었다. 절망의 낭떠러지까지 이르렀던 음악가가 본격적으로 진정한 자기 내면을 표출하기 시작한 것이다. 시련의 절벽에서 새롭게 희망의 날개를 단 격이다. 비록 걱정과 좌절로 점철되는 삶이었지만, 자신의 정체성을 찾는 낭만적인 작곡가로 변모했다.

이때부터는 단순히 대중이 흥미를 느낄만한 작품을 만들기보다는 자신의 스타일과 관점을 정확하게 반영한 작품을 선보이기 시작한다. 그는 자신의 과거와 차별화할 뿐 아니라 동시대의 인물과도 전략적 거리Strategic Distance를 둘 수 있는 초격차를 실현하는 성인의 경지에 이르게 된다. 그리하여 명실상부한 고전 음악의 거장이라는 반열에 오른다.

예컨대 그의 교향곡 5번 〈운명〉은 강렬한 선율과 극적인 전개로 자신의 운명에 대한 의지를 응축하고 있다. 또 기존 음악의 형식에 얽매이지 않고 자유로운 형식과 실험적인 시도를 한다. 기존 교향곡과 차원이 다른 변화를 준 그의 교향곡 9번 〈합창〉이 대표적이다. 한

편 새로운 음악적 언어도 만들어내는데, 베토벤 소나타 23번 〈열정〉은 리듬과 화성의 사용에 있어서 이전에는 시도한 적도 없는 독특한 것이었다.

30대가 되어 청력을 잃은 베토벤과 같이 누구에게나 예기치 않게 삶의 시련이 찾아올 수 있다. 하지만 베토벤이 청력 상실이라는 시련을 정면 돌파한 것처럼, 시련을 새로운 기회와 역전의 발판으로 삼을 수 있다. 다만 그 선택은 어디까지나 자신에게 달렸다.

"바다는 비에 젖지 않는다."라는 말이 있다. 비에 젖지 않는 바다와 같은 넓은 내면의 바다를 가진 사람이 되어야 하리라. 어떤 시련이 와도 시련에 젖지 않는 사람. 어떤 부정적인 상황에서도 낙관성을 잃지 않는 사람!

📝 내 인생 최악의 시련

인생 최악의 시련의 순간은 언제였는가? 시련의 순간은 영원하지 않으며, 더 큰 행복을 위한 디딤돌이 될 것이다.

인생 최악의 시련의 순간	시련을 통해 배운 점

"긍정적인 마음가짐은 영혼을 살찌우는 보약이다. 이러한 마음가짐은 우리에게 부, 성공, 즐거움과 건강을 가져다준다. 반대로 부정적인 마음가짐은 영혼의 질병이며 쓰레기다. 이는 부, 성공, 즐거움과 건강을 밀어내고 심지어 인생의 모든 것을 앗아간다."

_나폴레옹 힐Napoleon Hill, 미국 작가

신은 선물을 시련이라는 포장지에 싸서 준다

"바람과 파도는 항상 유능한 항해사의 편에 서 있다."

_에드워드 깁번 Edward Gibbon, 영국 역사가

시련 없이 성공한 사람은 드물다. 퍼플 스완은 굴곡진 시련 속 담금질의 시간이 지나면서 순금처럼 단련된 사람이다. 퍼플 스완에게 시련은 마치 피할 수 없는 관문과도 같다. 지금 소개하는 인물도 그렇다. 그를 통해 시련을 이겨내기 위해 삶의 명확한 목적이 얼마나 중요한지 깨달을 수 있다.

어린 시절 부모를 잃고 보육원에서 자란 그는 사제의 길을 꿈꿨으나, 현실의 벽에 부딪혀 신학교를 그만두고 해병대에 입대한다. 군 생활 중 모은 2,000달러로 석유 투자에 뛰어든 그는 곧바로 좌절의 쓴맛을 본다. 그러나 포기하지 않는다. 이후 동생과 함께 피자 가게를 인수한다. '무료 배달 시스템'이라는 혁신적인 아이디어를 접목하며 성공의 문턱을 넘는다.

새로운 세 곳의 피자 가게를 인수한 그는 1주일에 백 시간을 넘게 일하는 혼신의 노력으로 수요를 맞춘다. 하지만, 동업자의 배신으로 다시 빚더미에 앉는다. 그는 모든 채권자에게 빚을 갚겠다는 맹세를 하고, '도미니크'라는 가게 이름을 '도미노'로 바꾼다. 그리고 점포마다 배달 시간이 30분을 넘지 않는 것을 철칙으로 삼는데, 이 전략이 적중한다. 그래서 그의 피자 회사는 엄청난 성공을 거둔다.

주인공은 세계 최대 피자 배달 전문 브랜드 도미노피자의 창업자 '톰 모나건Thomas S. Monaghan'이다. 이야기는 여기서 끝이 아니다. 그는 무리한 사업 확장으로 다시 150만 달러의 부채를 짊어지고 경영권을 잃을 위기에 처한다. 하지만 그는 다시 한번 기적적으로 재기에 성공한다. 모나건은 말한다.

"성공으로 가는 길에 나는 여덟, 아홉 번 좌절을 겪었는데 그중 두세 번은 심각했고 마지막은 정말 위험했다. 그 밖의 경우는 마지막에 비하면 길에 있는 돌부리에 발이 걸린 정도밖에 안 되었다. 하지만 나는 결코 내가 원하는 바대로 이뤄질 것이라는 기대를 버린 적이 없다."

톰 모나건의 삶은 성공하는 사람에게 시련은 필연이라는 것을 다시금 일깨워준다. 그는 앞서 'OTHERS 모델'에서 언급했듯 삶의 '진정한 의미True Meaning'를 쫓아서 만든 명확한 인생 목표가 있었다. 작은 피자 가게를 시작했을 때부터 이를 성공적인 프랜차이즈로 키우고 싶었고, 그것이 시련을 이겨내게 했다.

시련 때문에 힘든 상황에 처해 있다면, 헤로도토스Herodotos가 쓴 《역사》에 등장하는 다음 문장에 귀 기울여 보자.

"태어날 때부터 자기 몫의 행운에 불행이 섞이지 않은 인간은 아무도 없었고 또 없을 것이요. 그리고 위대한 인간일수록 더 큰 불행을 당하는 법이요."[32]

헤로도토스의 표현처럼 누구나 자기 분량의 불행을 겪는다. 위대한 사람일수록 하나같이 큰 시련을 겪었다. 하지만 불행이라는 시련을 통과한 자는 그 크기만큼 큰 복을 누린다.

시련은 두 가지 관점에서 해석할 수 있다. 하나는, 세상에서 성장과 성취를 위해 극복해야 할 관문으로서 겪는 시련이다. 예를 들면 '헬렌 켈러Helen Adams Keller'와 같은 인물이다. 그녀는 선천적으로 시력과 청력을 잃은 장애인이었다. 하지만 앤 설리번Anne Sullivan Macy이라는 탁월한 가정교사의 도움으로 학업에 매진한다. 그 결과 하버드대 부속 여대였던 레드클리프대를 졸업할 수 있게 된다. 그리고 졸업 후 작가와 사회 운동가로서 왕성하게 활동한다.

다른 하나는, 죗값을 치르거나 죄를 깨닫는 과정으로 겪는 시련이다. 흔히 신화나 종교에서 등장한다. 《그리스 신화》에서 여신 헤라가 자신의 아이들을 죽인 헤라클레스에게 죗값을 치르도록 교활하고 악한 에우리스테우스 아래에서 12년간 겪게 한 시련이 대표적이다. 만약 그가 시련을 통과하면 자신의 죄를 씻고 불멸자가 될 자격이 주어진다. 헤라클레스는 힘과 지혜를 발휘하여 12가지 시련을 통과하고 영웅으로 귀환한다.

시련 중에 희망마저 없다면 이 세상이 지옥처럼 느껴질 것이다. 다시 강조하지만, 역설적으로 시련은 신이 준 최고의 선물이다. 동기부여 전문가 브라이언 트레이시Brian Tracy의 말대로, 신은 우리에게 선물을 줄 때 시련이라는 포장지에 싸서 준다. 퍼플 스완은 시련과 축복의 원리를 깨달은 사람들이다. 그래서 그들은 힘들더라도 시련을 담담하게 맞이할 수 있는 것이다.

지금 시련 중에 있는가? 그렇다면 시련 이후에 받을 축복을 생각하며 미리 감사하자. 시련이 클수록 더 크게 감사하자. 시련이 큰 만큼 커다란 축복이 기다리고 있으리라고 믿고 말이다. 연구에 따르면, 위협과 손해의 수준이 높을수록 성장의 수준이 높았다. 큰 시련을 극복했을 때 그만큼 얻는 열매도 크다. 칼릴 지브란의 표현처럼 고통이라는 것은 우리 안의 의사가 아픈 자아를 치유하기 위해 지어준 쓴 약이다. 그러니 의사를 믿고, 그가 준 약을 묵묵히 먹으면 된다.

유머 감각이 없는 사람은 스프링 없는 마차와 같다

"나에게 유머를 즐길 수 있는 센스가 없었다면 자살하고 말았을 것이다."

_마하트마 간디 Mahatma Gandhi, 인도 시인

당신은 하루에 얼마나 웃는가?

아이는 하루에 350번, 어른은 10번 정도 웃는다고 한다. 인간은 어른이 되면서 점차 웃음을 잃어간다. 여론조사기관 갤럽Gallup에서 174,000명을 대상으로 조사한 바에 따르면, 직장생활을 시작하는 23세 전후부터 본격적으로 웃음을 잃어가기 시작한다. 그러다가 은퇴 후쯤이 되어서야 다시 웃음을 되찾는다. 또 같은 조사에서 일을 하는 주중보다는 일터가 아닌 곳에서 지내는 주말에 더 웃는 것으로 나타났다.

| 연령별 웃음 |

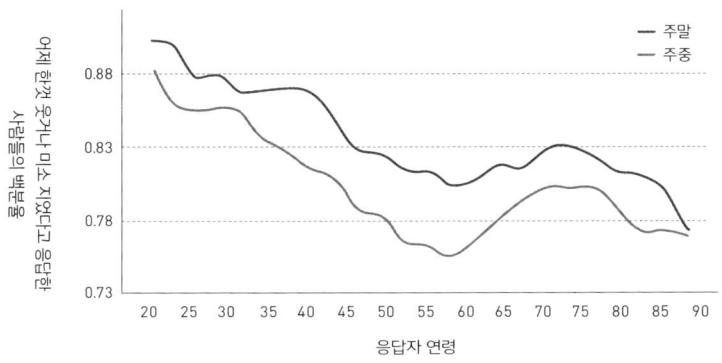

결과가 이렇다면 일터는 웃음을 잃게 하는 시련의 공간이며, 성인이라는 시기는 웃음을 잃어가는 시련의 시간인 셈이 된다. 성인이 되어 일을 하다 보면 으레 진지함으로 무게 중심이 옮겨가면서 웃음이 차츰 줄어든다. 그렇기 때문에 성인일수록 필연적으로 갖춰야 하는 능력 중 하나가 '유머 감각'이다. 유머 감각은 의미를 쫓느라 자칫 놓치기 쉬운 재미를 되찾고, 삶의 건강한 균형을 유지하게 하는 필수적인 능력이다. 영국 속담에도 "신사는 우산과 유머를 가지고 다녀야 한다"라고 하지 않는가.

심리학의 여러 연구 결과를 보면, 웃으면 행복과 인생 만족도가 높아진다. 그래서일까? 연령별 웃음 그래프는 연령별 인생 만족도 그래프와 얼추 일치한다. 따라서 만족도 높은 인생을 위해서는 유머 감각을 장착해 웃는 시간을 늘려야 한다.

한 연구에 따르면, 사람은 웃을 때 4가지 효과를 얻을 수 있다.[33]

| 연령별 인생 만족도 실제치와 기대치 |

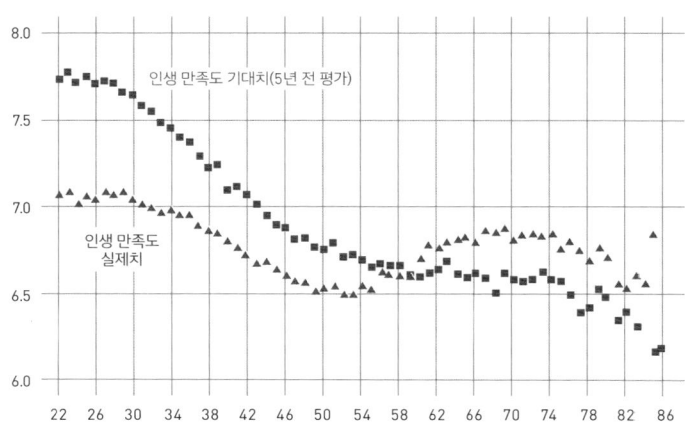

 첫째, 회복력을 높인다. 순간의 스트레스를 줄여 시련을 더 빨리 극복할 수 있게 한다. 웃음은 스트레스를 줄이고 시련을 이기게 하는 에너지를 제공한다. 둘째, 창의성을 높인다. 웃음은 심리적 안전감을 느끼게 하고 고정관념에서 벗어나게 한다. 그래서 창의성의 최대 적인 두려움을 없애고 좋은 아이디어가 생각나게 돕는다. 셋째, 유대감을 높인다. 웃음은 신뢰 형성과 자기 개방을 촉진해 시간이 지날수록 유대 관계를 돈독하게 만든다. 넷째, 영향력을 갖게 한다. 유머 감각이 있으면 주변 사람들로부터 매력과 호감을 얻어 지위와 영향력을 가질 수 있다.
 상대에게 웃음을 유발하고 즐거움을 제공하는 능력인 유머 감각은 시련의 상황에서 더욱 빛이 난다. 나치 강제 수용소에서 살아남

은 정신의학자 빅터 프랭클도 수용소 같은 가혹한 시련의 상황에서도 유머 감각이 삶을 지탱하는 중요한 능력임을 강조한다.

> "유머 감각을 키우고 사물을 유머러스하게 보려는 시도는 우리가 세상을 살아가는 기술을 배우면서 터득한 하나의 요령이다. 고통이 도처에 도사리고 있는 수용소에서도 이런 삶의 기술을 실행하는 것이 가능하다."

그렇다. 유머 감각은 시련 가운데 더 귀하게 빛을 발한다. 영화 〈인생은 아름다워〉에 등장하는 다음 장면처럼 말이다.

주인공 귀도 오레피체는 유대계 이탈리아인으로 아들 조슈아와 유대인 수용소에 갇히게 된다. 귀도는 아들에게 이 수용소는 단지 게임일 뿐이고, 최초로 1,000점을 따는 사람에게 탱크를 준다고 거짓말을 한다. 귀도는 분장을 한 채 아내 도라를 찾아다니다 나치군에게 붙잡힌다. 잡혀가는 도중에 자신을 보고 있을 아들 조슈아에게 게임처럼 보이기 위해 아들의 시야에서 사라질 때까지 우스꽝스럽게 병정놀이하듯 걷는다. 하지만 그는 아들이 볼 수 없는 곳으로 끌려간 뒤 이내 총살당하고 만다.

영화 속 귀도처럼 퍼플 스완의 유머에는 몇 가지 원리가 숨어있다. 첫째, 의외성이다. 유머는 상대의 기대치에 반하는 부조화의 반전이 있다. 둘째, 자기 비하이다. 유머는 자기 비하로 상대에게 우월감을 느끼게 하는 배려가 있다. 셋째, 긴장 완화. 유머는 긴장 상황에서 정서적 압박감을 완화한다. 귀도가 아들 조슈아를 안심시키기 위해 병정놀이를 하듯 걸은 것처럼 말이다. 넷째, 진실성이다. 유머는 진실과 사실에 기반으로 할 때 그 효과는 배가 된다.

시련이라는 소용돌이를 만나 제자리를 빙빙 도는 것이 아니라, 시련 중이더라도 한바탕 웃고 전진할 수 있게 하는 것은 유머 감각이다. 언제라도 조우하게 될 시련이라는 불청객을 맞이했을 때를 대비해 웃음으로 돌파할 수 있는 유머 감각을 미리 익혀두자. 다행인 건, 유머 감각은 타고나는 것이 아니라는 점이다. 얼마든지 학습과 훈련을 통해 기를 수 있다. 그러려면 유머 감각이 있는 사람을 가까이하고, 유머 감각을 기를 수 있는 정보부터 하나씩 섭렵해 보자.

모닝 포엠, 시련을 시에 담으면 보석이 된다

> "시는 가장 행복하고 가장 선한 마음의 가장 선하고 가장 행복한 순간의 기록이다."
>
> _셸리 Mary Wollstonecraft Shelly, 영국 소설

퍼플 스완이 시련의 바다를 지혜롭게 건너는 비결의 하나는 평균 이상의 정서 지능 Emotional Intelligence이다. 그들에게는 자신뿐 아니라 타인의 감정을 이해하는 능력이 있다. 시련을 통한 성장을 위해서는 자신뿐만 아니라 타인의 감정을 이해하고 공감하는 능력을 키우는 것이 효과적이다. 정서 지능을 높이는 방법으로는 글쓰기, 감정 일

기, 명상, 심호흡 등이 대표적이다.

연구에 따르면, 내가 느끼는 것에 대해 말하듯 생각나는 대로 써 내려가는 지극히 개인적이고 감정적인 글쓰기 방법인 '표현적 글쓰기 Expressive Writing'는 정신 건강뿐 아니라 신체 건강에도 긍정적이었다.[34] 방법은 어렵지 않다. 삶에 영향을 준 매우 중요한 감정적인 문제에 대해서 3~5일 동안 당신의 마음 깊은 곳에 있는 생각과 감정을 글로 옮기는 것이다. 맞춤법, 띄어쓰기 등에 대한 걱정은 내려놓아도 된다. 유일한 규칙은 일단 쓰는 것이다. 한 번 쓰기 시작하면, 시간이 다 될 때까지 계속 써 내려가는 것이다. 솔직한 자신의 감정과 생각을 탐험하고 표현하는 것이 핵심이다.

표현적 글쓰기의 방법으로 시 쓰기를 권한다. 왜냐하면 다른 문학이나 예술에 비해 쉽게 접근할 수 있고, 짧은 시간 안에 울림과 치유를 얻을 수 있는 유용한 도구이기 때문이다. 시 쓰기로 최악의 인생에서 벗어나 살아갈 힘과 용기를 얻어 삶의 전환점을 맞은 인물을 소개한다.

미국 미주리주 세인트루이스의 목화밭 노동자의 못생긴 딸로 태어난 그녀는 어려서 부모의 이혼으로 할머니 집에서 살게 되었다. 그녀는 어머니에게 보내졌지만 여덟 살 때 어머니의 남자 친구에게 성폭행당한다. 그 후 실어증에 걸려 다시 할머니 집에서 자란 그녀는 시를 가까이하면서 시 낭송하는 자기 모습을 상상하며 서서히 말을 되찾는다. 16세에 처음으로 시를 쓰기 시작했는데, 그녀에게 시는 자신의 감정을 표현하고 시련을 극복하는 안식처가 되었다. 시를 통해 자신을 돌아보고 세상을 이해하며 내면의 강인함을 발견했다.

40대 초반, 그녀는 세상을 뒤흔드는 자전적 소설을 발표한다. 《새장에 갇힌 새가 왜 노래하는지 나는 아네》라는 제목의 이 작품은 시적인 묘사와 섬세한 감성으로 독자들의 마음을 사로잡았다. 특유의 입담과 뛰어난 표현력은 단순한 자전적 소설을 넘어 문학의 새로운 지평을 열었다는 평을 받았다. 이 책은 뉴욕타임스 최장기 베스트셀러로 2년 연속 1위를 지키며 세계 17개국에 번역되었고, 그녀는 세계적인 작가의 반열에 올랐다. 그녀의 책은 하퍼 리Harper Lee의 《앵무새 죽이기》와 함께 미국 고등학생들의 필독서가 되었다.

　주인공은 작가 토니 모리슨Toni Morrison, 방송인 오프라 윈프리Oprah Winfrey와 함께 가장 영향력 있는 흑인 여성이자 시인인 '마야 안젤루Maya Angelou'이다. 시는 마야 안젤루에게 고통을 치료하고 자신과 세상을 관조하는 무기가 되었다. 시는 내게도 의미가 남다르다. 직장 생활 중 가장 힘든 시기를 지날 때 틈틈이 시집을 사고 시를 읽었다. 비록 습작이긴 했지만, 500여 편의 시를 쓰기도 했다. 시를 읽고 쓰는 순간만큼은 마음의 위로를 넘어 심리 치료를 받는 느낌이었다. 게다가 창의적으로 사유하고 글을 쓰는 역량을 키우는 일석삼조의 효과가 있었다.

　시는 시련처럼 마음이 겪는 어려움을 치유하는 데 효과가 있다. '시 치료Poem therapy'라는 영역도 있는데, 시를 매개로 인간의 여러 가지 마음의 문제를 어루만지고 해결하는 활동을 일컫는다. 심리학자이자 의사인 잭 리디Jack J. Leedy가 최초로 '시 치료'라는 용어를 사용했고, 1950년대 후반에 미국 정신과 의사인 엘리 그라이퍼Eli Greifer가 시 치료를 시작했다. 1960년대 이후 정신적 어려움과 적응의 문제를 극복하는데 시 치료를 비롯한 문학 치료가 효과적이라는 결과가 많은 연구를 통해 검증되었다.

이른 아침을 '모닝 포엠Morning Poem'으로 하루를 시작해 보는 것은 어떨까? 처음부터 시 쓰기가 부담이라면 필사도 좋다. 시와 친해지기 위해 '모닝 포엠 필사'도 효과적이다. 시간을 내어 서점에서 마음에 드는 시를 골라보자.《어쩌면 별들이 너의 슬픔을 가져갈지도 몰라》,《딸아 외로울 때 시를 읽으렴》,《시를 잊은 나에게》,《한국인이 가장 좋아하는 명시 100선》,《시편》,《윤동주 시집》,《김소월 시집》,《릴케 시집》,《롱펠로 시선》 등 추천하고 싶은 좋은 시집이 많다.

중요한 건, 마음이 끌리는 좋은 시를 묵상하고, 시련의 감정을 시에 담는 것이다. 사유라는 언어의 정련 과정을 통해 시련이 보석으로 바뀌는 경험을 할 것이다. 모닝 포엠은 영혼의 언어를 부정에서 긍정의 언어로 바꾸는 것이 핵심이다. 공기 속 먼지를 공기정화기가 걸러내듯, 포닝 포엠은 마음속 부정의 언어를 정화해 낸다. 시를 통해 또 다른 나를 만나고 삶에 의미 있는 변화를 맞이할 수 있을 것이다.

✏️ 모닝 포엠 Morning Poem

매일 아침 빈 노트에 시 한 편을 남겨보자. 시는 어렵고 거창한 것이 아니다. 우리가 경험하는 삶의 순간순간 일어나는 감정이나 떠오르는 생각을 글로 표현하면 시가 된다. 모닝 포엠은 당신의 무의식과 잠재의식을 그대로 담아내는 그릇이며, 아이디어와 치료의 보고가 될 것이다.

"시란 강력한 감정이 자연스럽게 흐르는 것이다. 그것은 고요한 가운데 회상되는 감정에서부터 솟아난다."

_윌리엄 워즈워드 William Wordsworth, 영국 시인

빗속에서도 춤추는 법을 배워야 한다

"지금 스트레스를 받고 있다면 한 가지 질문을 하라. "5년 후에도 이것이 문제가 될 것인가?" 만약 그렇다면 그 상황을 해결하기 위해 노력하고, 아니면 넘어가라."

_캐서린 펄시퍼 Catherine Pulsifer, 미국 작가

노란 레몬을 힘껏 쥐어짜면 두 눈이 감기도록 시큼한 레몬즙이 흘러나오듯, 사람도 압박을 받으면 그 사람의 내면에 있는 것이 밖으로 새어 나오게 마련이다. 사람은 누구도 스트레스가 가해지기 전까지는 내면에 어떤 것이 잠재해 있는지 다 알 수는 없다. '팽팽하게 죄다'라는 어원처럼, 스트레스는 인간 내면의 잠재력을 흡착해 내는 긍정적인 역할을 하기도 한다. 그래서 스트레스가 항상 나쁜 것만은 아니다. 부정적인 스트레스인 디스트레스distress뿐 아니라 긍정적인 스트레스인 유스트레스eustress도 있으니 말이다. 스트레스를 잘 활용하면 긍정적인 효과를 기대할 수도 있다.

한 연구에 따르면, 적당한 수준의 시련으로 인한 스트레스는 성장의 촉진제가 되며 삶의 행복도를 높인다. 뉴욕 주립대 버펄로 캠퍼스 심리학과 마크 시어리Mark Seery 교수는 그의 논문에서 이를 검증했다. 중간 수준의 시련을 겪은 사람은 우울증에 걸릴 위험이 가장 낮았고 신체적 건강 문제도 가장 적었으며 삶의 만족도는 가장 높았다. 일반적으로 시련이 없는 인생이 이상적이라는 고정관념을 뒤집

은 것이다. 실제 연구에서도 시련이 없는 사람이 평균적인 수준의 시련을 경험한 사람보다 삶에 대한 만족감이 현저히 떨어졌다.[35]

스트레스는 받아들이는 사람의 태도에 따라 오히려 건강에 좋을 수도 있다. 위스콘신대 아비올라 켈러Abiola Keller 교수 연구팀에서 3만 명을 8년에 걸쳐 추적 조사했다. 그 결과 지난 1년간 매우 많은 스트레스를 받았더라도 스트레스가 건강에 별로 해롭지 않다고 믿는 그룹은 평균보다 사망위험률이 17% 감소했다. 스트레스가 건강에 해롭다고 믿는 그룹의 사망률이 43% 증가한 것과 대조되었다. 연구는 스트레스에 대한 마음가짐이 얼마나 중요한지를 보여준다.

스트레스는 받아들이는 사람이 긍정적인 태도를 유지하면 성장에도 긍정적이다. 직무 스트레스 상황을 예로 들어보자. 직무 관련

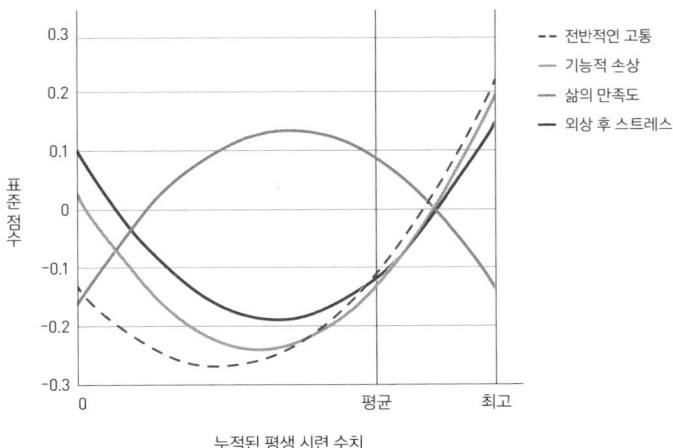

| 시련에 따른 삶의 만족도 |

스트레스 요인은 두 가지가 있는데, 하나는 많은 업무와 책임 같은 도전적 스트레스 요인Challenge Stressor, 이하 도전 요인이고, 다른 하나는 형식적인 절차나 사내 정치와 같은 방해적 스트레스 요인Hindrance Stressor, 이하 방해 요인이다.

국내 한 연구에 따르면, 방해 요인이 많을수록 직무 몰입, 건강, 수면에 부정적이었지만, 도전 요인은 반대로 긍정적이었다. 또 긍정 정서가 높은 사람일수록 도전 요인을 좋게 받아들였다.[36] 직무 스트레스가 모두 부정적인 것만은 아니다. 제아무리 어려운 도전 과제를 마주하더라도 마음가짐이 긍정적이면 직무를 통해 자신을 성장으로 이끌 수 있다는 결론에 이르게 된다.

어둠이 짙게 깔린 거리, 빗방울이 쏟아지는 밤. 우산 없이 비를 맞으며 춤추는 진 켈리Gene Kelly의 모습을 기억하는 사람도 있을 것이다. 1952년에 개봉한 뮤지컬 영화 〈사랑은 비를 타고〉에서 그의 신나는 탭 댄스는 오늘날까지도 동일한 여운을 준다. 때론 억울하고 힘든 순간들이 찾아와 마음을 짓누르기도 한다. 그러나 진 켈리가 보여준 것처럼, 비는 슬픔의 상징이 아닌 오히려 춤을 추며 즐기면 되는 새로운 시작의 신호가 될 수도 있다.

삶은 언제나 맑은 날만 있는 게 아니다. 때론 소나기처럼 예기치 않은 어려움이 닥쳐오기도 한다. 하지만 그 비를 피하려 애쓰기보다, 빗속에서 춤추는 법을 배우는 것이 더 현명한 선택일지도 모른다. 스트레스는 우리를 넘어뜨리기 위해 찾아오는 것이 아니라, 그 속에서 더 강해지고 더 유연해지라고 요구하는 시험이다. 빗속을 두려워하지 말자. 오히려 그 빗방울이 내리는 순간을 즐기며, 그 속에서 새로운 리듬을 찾아 춤출 수 있는 용기를 내보자.

인생은 언제나 도전과 시련을 품고 있지만, 결국 그것을 어떻게 받아들이느냐에 따라 우리 삶의 이야기는 전혀 다른 결말을 맞이하게 된다. 만약 당신이 비를 마주한다면, 춤추는 법을 배워보자. 그곳이야말로 당신만의 빛나는 무대가 될 수도 있을 테니까.

지금 있는 곳에서 빛나면 된다

> "인생은 초콜릿 상자에 있는 초콜릿과 같아. 어떤 초콜릿을 선택하느냐에 따라 맛이 달라지듯이, 우리의 인생도 어떻게 선택하느냐에 따라서 인생의 결과도 달라질 수 있어."
>
> _영화 〈포레스트 검프〉 중 검프에게 전한 엄마의 대사

인생 영화 중 하나를 꼽으라면 이 영화를 빼놓을 수 없다. 아이큐 75의 경계선 지능을 가진 주인공이 등장한다. 그는 꾸준한 근성 덕에 미식축구 선수와 탁구 국가대표로 활동하게 되고, 베트남 전쟁에 나가서는 무공훈장까지 받은 공을 세운다. 영화 〈포레스트 검프〉의 포레스트Forrest 이야기다. 이 영화가 좋은 건 배경음악도 그렇지만, 주인공이 일과 삶을 대하는 태도 때문이다. 그는 계산적이지도 않고 부정적이지도 않다. 태생이 느린 학습자이지만, 누구보다 성실하며 열정이 있고 가슴이 따뜻하다.

포레스트는 낮은 지능이라는 한계에도 불구하고 성실함이라는 강점을 극대화한다. 매사에 최선을 다하는 태도로 자신의 핸디캡을 극복한다. 그는 뭘 하든 불평불만 없이 어려운 시련의 상황을 이겨낸다. 그래서 있는 자리에서 늘 빛난다.

만약 지금 취업을 못 하고 변변찮은 알바를 하더라도 임시직처럼 시간 때우 듯 일하지 말고 최선을 다해야 한다. 그 일을 통해 얼마든지 배울 수 있기 때문이다. 어떤 일이 적성인지 찾을 수 있고, 뭘 좋아하고 싫어하는지 알 수도 있다. 혹시 아는가. 사장이 당신에게 급여를 올려주겠다거나 계속 같이하자고 권유할지. 그런 태도면 어디에서 뭘 하든 포레스트처럼 빛날 것이다. 이런 면에서 퍼플 스완의 자질은 능력보다는 태도에 가깝다.

세상에 어떤 일도 사소한 것은 없다. 세상이 아름다운 것은 각자 맡은 일에 열정으로 임하는 사람들이 많기 때문이다. 환경미화원 덕에 지저분한 쓰레기가 없는 깨끗한 도로를 달릴 수 있고, 출퇴근길에 맛있는 음식과 따뜻한 미소, 친절한 서비스를 제공하는 노점상 아주머니 덕에 허기를 달랠 수 있다. 이른 아침, 안전한 교통 환경을 만들기 위해 헌신하는 교통순경이 제 역할을 다하기에 교통 체증 없이 운전할 수 있다.

우리는 직접 과수원을 경영하지 않아도 과일을 먹을 수 있고, 옷을 손수 만들지 않지만 편하고 멋진 옷을 입을 수 있고, 집을 짓는 수고 없이도 좋은 집에 살 수 있다. 누군가 땀 흘리고 일해준 덕분에 우리는 그것들을 누리고 사는 것이다. 지금 있는 자리에서 빛이 나는 퍼플 스완이 많기 때문에 세상은 살만한 것이다. 칼릴 지브란Kahlil Gibran은 《예언자》에서 일에 대하는 마인드에 관하여 이렇게 묘사한다.

"그대들은 일이란 저주이며 노동은 불운이라고 말을 언제나 듣습니다. 허나 그대들에게 말하노니, 그대들은 일함으로써 이 땅의 머나먼 꿈의 한 조각을 이룰 것입니다. 그 꿈은 태초에 태어날 때부터 그대들에게 주어진 몫이었으니, 그대들이 쉬지 않고 일할 때 진정 삶을 사랑하는 것입니다. 더 나아가 일을 통해 삶을 사랑하는 길은 삶의 깊숙한 비밀에 다가서는 것입니다.

(중략)

그대들은 삶이 어둠이라고 들었으니, 그대들이 지쳐있을 때 지친 자가 했던 말을 그대로 되풀이할 수밖에 없습니다. 허나 그대들에게 말하노니. 열망이 없는 한 삶은 진정 어둠에 불과하며, 지식이 없는 한 모든 욕망은 맹목적인 것입니다. 모든 지식은 노동이 없는 한 헛된 것이며, 모든 노동은 사랑이 없는 한 공허한 것입니다. 사랑으로 일할 때 그대들은 스스로를 감싸 안고, 서로서로 감싸 안으며, 신까지 감싸 안을 것입니다."[37]

지금 시련 중이더라도 당신이 하는 일을 사랑하고 현재 서 있는 자리에서 빛나면 된다. 그러면 당신의 따뜻한 온기로 주위에 반짝이는 사람들이 하나둘 채워질 것이다. 칼릴 지브란의 말처럼, 우리는 모두 삶이라는 거대한 그림 속 한 조각을 담당하고 있다. 붓 터치 하나하나로 그림을 완성하듯, 당신의 열정적인 작은 몸짓이 세상을 밝

힐 것이다.

대나무에게 배운다

"어렸을 때 산에 살며 눈이 쌓이면 삼나무는 부러지고, 대나무는 마디가 있고 탄력이 있어 휘어지지만 절대 부러지지 않는 것을 보았다."

_스즈키 오사무鈴木修, 스즈키 회장

    대나무는 씨를 뿌린 후 한동안 자라지 않는 것처럼 보인다. 그러다 3년이 되어서야 죽순이 나기 시작한다. 그래봐야 고작 30센티미터 정도다. 4년이 되어도 성장하지 않기는 마찬가지다. 5년째가 되면 비로소 엄청난 성장을 시작한다. 그동안 넓고 깊게 뻗은 뿌리에 비축해 놓은 영양분을 활용하여 하루에 30센티미터 이상, 최대 120센티미터까지 급성장한다. 그야말로 퀀텀 점프를 한다!

    대나무가 가늘고 길게 커가면서 거센 비바람에 흔들려도 부러지지는 않는 건 두 가지 이유에서다. 하나는 '뿌리' 때문이다. 4년 넘게 자라는 동안 뿌리의 깊이는 2미터 이상, 뿌리 넓이는 50제곱미터 이상 뻗는다. 그렇게 내린 뿌리는 물과 영양분을 흡수하고 비바람에도 넘어지지 않게 지지해 준다. 또 하나는 '마디'와 관련이 있다. 대나무는 날씨가 나쁘거나 수분이 부족하면 성장을 멈춘다. 이때 마디가 생긴다. 악천후일 때는 힘을 모았다가 날씨가 좋아지면 몸집을 키워간다. 이 과정을 반복하면서 부러지지 않고 꼿꼿하게 자라는 것이다.

당신은 대나무가 꽃을 피운다는 것을 알고 있는가? 일반적으로 대나무는 30~60년에 한 번 꽃을 피우지만, 종류에 따라 120년 만에 개화하기도 한다.[38] 대나무꽃은 한 번에 모든 줄기에서 피어나며, 꽃이 지면 대나무는 죽는다. 생의 마지막을 화려하게 꽃피우고 장렬하게 전사한다. 대나무의 생을 보노라면 우리의 인생을 닮았다.

어느 날, 딸내미가 아빠랑 같이 잠을 자겠다며 이불 속으로 들어왔다. 그리고 자신의 고민을 털어놓았다. 최근에 학원을 다니면서 수학 문제를 열심히 푸는데도 실력이 늘지 않는 것 같다고 했다. 누구나 노력해도 정체해있다고 생각되거나 나만 성장하지 않는 것처럼 느낄 때가 있다. 나도 틈만 나면 책 원고를 쓴다지만 좀체 진도가 나가지 않을 때가 있다. 그 시기는 참 힘들다. 불안이 엄습해 오기도 한다. 견디다 못해 지레 포기할 때도 있다.

하지만 대나무에게 배워야 한다. 씨를 뿌린 지 3년이 지나서야 뾰족한 끝으로 지구의 껍질을 뚫고 나와 빼꼼히 자신의 존재를 세상에 알린다. 눈에 보이는 것은 연하고 작은 죽순이지만, 그 밑은 어마어마하게 넓고 깊게 뿌리를 뻗고 있다. 성장을 위한 무한한 에너지를 집적하고 있는 것이다. 칼을 가는 긴 응축의 시간은 성장을 벼리는 시간이다. 그러다 때가 되면 보란 듯이 비약적인 성장을 구가한다.

성장은 저항점에서 일어난다. 안전지대는 익숙하고 편안한 영역이며, 여기에 머무는 것은 안정적이지만 발전은 없다. 반면, 저항점은 낯설고 불편하며 어려움을 느끼는 영역이다. 이 영역에서 끊임없이 시도하고 실패하며 배우는 과정을 통해 성장한다. 그래서 저항점을 겪는 과정은 새로운 인생 근육을 만드는 것이기에 지루하고 고통스러울 수밖에 없다.

대나무가 날씨가 좋지 않을 때는 힘을 모았다가 날씨가 좋을 때 몸집을 키우듯, 적절한 스트레스와 휴식이 사람을 성장하게 한다. 이 이치를 실천한 사람이 있다. 그는 세계 체스 챔피언과 세계 태극권 일인자로 전혀 다른 분야에서 성공을 거둔 '조시 웨이츠킨Josh Waizkin'이라는 퍼플 스완이다. 그는 전혀 다른 두 영역에서 성공할 수 있었던 비결에 대해서 이렇게 말했다.

"무거운 긴장감 속에서 네다섯 시간 체스 게임이 이어질 때면, 자리에서 일어나 경기장을 나와서 50미터쯤 전력 질주를 하거나 6층 계단을 내달리곤 했다. 그런 뒤에 돌아와서 얼굴을 씻으면 완전히 새로운 기분이 됐다. 몸을 단련하는 요즘도 내 훈련의 거의 모든 요소를 크게 보면 스트레스와 회복을 오가는 형태로 돌아간다… 정말로 성과를 끌어 올리고 싶다면, 삶의 모든 측면에서 스트레스와 회복의 리듬을 접목하라고 말하고 싶다."[39]

60년, 120년이 되어야 꽃을 피우는 대나무를 생각해 보자. 당신의 인생에 꽃을 활짝 피우는 전성기는 아직 오지 않았을 수도 있다. 성장이 더디다고 느껴지더라도 조바심 내지 말자. 아직 뿌리를 내리는 시기일 수도, 마디를 만드는 단계일 수도 있으니 말이다. 너무 이르게 축배를 들지도 말자. 오히려 당신에게 독이 든 성배가 될지도 모르니까. 당신이 오른 산의 정상은 항상 다음 산의 시작이다. 계속 전진하면 된다. 진정한 성공은 인생 황혼 녘에 저무는 붉은 석양을 보며 미소 지을 수 있는 것 아니겠는가.

삶을 바꾸는 것은 꿈보다 시련이다

"고난이 있을 때마다 그것이 참된 인간이 되어가는 과정임을 기억해야 한다."

_괴테 Johann Wolfgang von Goethe, 독일 작가

"만일 겨울이 없다면 산뜻한 봄날의 즐거움도 없을 것이다. 역경의 겨울을 치른 자가 번영의 새봄을 즐기게 된다. 만일 우리로 하여금 고난으로부터 엄청난 축복을 얻게 하시려는 하나님의 특별한 계획이 없다면, 그분은 우리에게 어떠한 고난도 허락지 않으신다. 많은 고생을 겪어야 훌륭한 사람이 된다. 많은 난관을 거친 사람은 아는 것도 많다."

기원전 8세기경 고대 그리스에서 활동했던 전설적인 시인 호메로스 Homeros가 남긴 말이다. 고난이라는 것은 본질적으로 축복이며, 하나님이 쓰시고자 하는 자에게 주시는 사랑의 표현 방법이다. 그래서 고난 즉, 시련을 이겨낸 자는 상응하는 축복을 받게 된다. 동양에서 맹자도 비슷한 말을 남겼다. 《맹자》고자장告子章에 등장한다.

"하늘이 장차 그 사람에게 큰일을 맡기려 하면, 반드시 먼저 그가 마음의 뜻을 세우기까지 괴로움을 주고 그 육신을 피곤케 하며 그 몸을 굶주리게 하고 그 생활을 궁핍하게 하고, 그가 하려는 바를 힘들게 하고 어지럽게 한다. 그 이유는 마음을 쓰는 중에도 흔들리지 않을 참된 성품을 기르고, 불가능하다던 일도 능히 해낼 수 있도록 키우기 위함이다."

시련이 축복이라고? 맞다. '시련이 변장 된 축복이다.'라는 명제는 만고불변의 진리이기 때문이다. 옛 선인뿐 아니라 지금도 많은 사람이 이를 증명하고 있다. 이 원리를 몸소 체득한 사람이 다름 아닌 퍼플 스완이다. 영국 문학의 거장 찰스 디킨스Charles John Huffam Dickens의 소설 《올리버 트위스트》의 고아 소년 올리버가 그 주인공이다.

올리버는 태어나면서부터 보육원에서 가혹한 대우를 받고 자란다. 그는 따뜻한 가정을 꿈꿨지만, 현실은 혹독하고 불평등했다. 그를 끊임없이 괴롭히고 학대하며, 심지어 살해하려고까지 한 장인의 조카 노아 클레이폴을 피해 런던으로 도망친다. 그렇지만, 거리에서 범죄 조직에 휘말리고 악당 페이긴에게 착취당한다. 그는 끊임없이 위험과 어려움에 부닥치지만, 희망을 버리지 않고 꿈을 향해 나아간다.

그러던 어느 날, 그는 우연히 친절한 노인 브라운로우 씨를 만나 따뜻한 가족을 얻게 된다. 올리버는 시련을 극복하고 자신의 출생 비밀이 밝혀지면서 친척도 찾고 합법적인 유산 상속자가 되는 것으로 소설은 끝이 난다. 올리버는 시련을 통해 인간의 선함과 악함을 경험하면서 자신의 힘과 용기를 발견하고 어려움에 맞서 싸우는 법을 터득하게 된다. 그는 시련을 통해 더욱 강하고 성숙한 인간으로 변모한다.

《올리버 트위스트》는 찰스 디킨스의 자전적 소설이다. 디킨스의 위대한 작품과 업적 뒤에는 그가 십 대 시절 겪었던 암울한 그림자가 드리워져 있다. 12살의 어린 나이에 빚에 시달리는 아버지를 대신해 차가운 공장에 들어갔다. 먼지와 소음, 고된 노동은 어린 그의 영혼에 깊은 상처를 남겼다. 하지만 구두약 공장의 암흑 속에서도 디킨스는 희망의 불씨를 놓지 않았다. 거리로 나가 구두닦이 소년으로 살아가면서 그는 세상의 숨겨진 모습을 직접 목격했다.

15살, 변호사 사무실의 사환으로 일하며 그는 세상의 또 다른 모습을 경험한다. 법정의 속기사, 신문사의 통신원 등 다양한 직업을 전전한다. 그는 끊임없이 관찰하고 배우며 자기 경험을 글로 담아냈다. 어린 시절의 역경은 그의 작품에 생생하게 반영되었다. 1837년, 《픽윅 클럽 여행기 The Pickwick Papers》의 출간으로 엄청난 성공을 거둔다. 이어 출간한 《올리버 트위스트》는 그의 이름을 전 세계에 알려지게 한다.

뼈저리게 경험한 가난과 사회의 어두운 면을 섬세하게 표현한 디킨스의 작품은 오늘날에도 여전한 감동을 선사한다. 이는 시련이 아니었다면 불가능했을 것이다. 삶을 바꾸는 것은 꿈보다는 시련이다. 그의 작품 속에는 시련의 용광로를 통해 정제해 낸 세상을 향한 따뜻한 시선이 녹아있다. 독자들이 그의 작품에 빠져드는 이유일 것이다.

시련은 삶의 정원사와 같다. 거친 손길로 가지를 다듬고 잎에 상처를 내지만, 그 결과 더욱 아름다운 꽃으로 어우러진 정원을 만든다.

찰스 디킨스는 바로 그러한 정원사였다. 고난의 씨앗을 심고 정성껏 가꾼 결과, 인류의 마음을 사로잡는 아름다운 문학 정원을 만들어낸 것이다. 디킨스의 작품 속에 담긴 따뜻한 인간애와 사회 비판은 그의 고난스러웠던 어린 시절 경험이 없었다면 불가능했을 것이다.

Key Message

◆ 5장 ◆
비가 내리거든 춤을 춰라

| 미운 오리 새끼 vs. 퍼플 스완 |

미운 오리 새끼	퍼플 스완
시련으로 인해 좌절한다.	시련을 통해 성장한다.
시련 앞에서 긍정적인 마음을 잃는다.	긍정, 유머 등 시련을 이겨내는 비결이 있다.
스트레스에 내성이 약하다.	나만의 스트레스 해소법이 있다.
시련 속에서 자신의 약점을 자책한다.	시련 속에서 강점과 능력을 키운다.
어디에 있든 불평거리를 찾는다.	지금 있는 곳에서 빛난다.

| 퍼플 스완의 교훈 |

퍼플 스완이 되기 위한 질문 Question	"시련은 나에게 어떤 의미인가?"
퍼플 스완이 되기 위한 마인드 Mind	**시련**: 삶을 바꾸는 것은 그럴듯한 꿈보다 '시련'이다. **성장**: 안전지대를 벗어나 새로운 도전의 과정에서 겪는 저항점에서 성장한다. **빛나는 법**: 지금 하는 일, 지금 서 있는 자리에서 최선을 다한다.
퍼플 스완이 되기 위한 도구 Tool	시련을 통한 성장을 돕는 8가지 자원 모닝 포엠 Morning Poem

6장

등대 불빛 같은 스승과 조우하다

"홀로 배우고 다른 사람들과 어울리지 않으면 식견이 좁아지고 견문이 좁아진다 獨學而無友, 則孤陋而寡聞."

— 공자 孔子, 중국 정치가

스승은 마치 등대와도 같은 존재다. 그들은 칠흑 같은 어둠 속에서 빛나는 희망의 불빛을 비추며, 우리의 마음을 어루만질 뿐 아니라 올바른 선택을 할 수 있도록 길을 제시한다. 때로는 쉼과 재충전의 시간을 제공하고, 안전하게 항구에 닿을 수 있도록 우리를 이끈다. 그리고 크고 작은 모든 배에 차별 없이 길을 안내하며, 각자의 개성과 능력을 최대로 발휘할 수 있게 돕는다. 그 등대 같은 존재는 부모일 수도, 친구나 선생님, 혹은 전혀 예상하지 못했던 누군가일 수도 있다.

미운 오리 새끼의 문제는 그 주변에 긍정적인 영향을 주는 등대 같은 존재가 없었다는 점이다. 만약 그에게 길을 비춰줄 스승이 있었다면, 그는 오랫동안 현재의 처지를 한탄하며 외롭고 비참하게 살지는 않았을 것이다. 당신은 힘들 때 위로와 힘을 주는 사람이 있는가? 인생의 거친 파도를 마주했을 때, 당신을 올바른 길로 인도해 줄 그런 스승 말이다.

그런 존재가 곁에 있다면, 그것은 분명 큰 축복이다. 만약 없다면, 지금 당장 그런 스승을 찾아야 한다. 이번 장에서는 미운 오리 새끼가 퍼플 스완으로 거듭나는 변화의 여정에서 왜 스승이 필요한지 살펴보려고 한다. 스승은 우리 내면의 숨겨진 잠재력을 발견하고, 그 가능성을 현실로 이끄는 여정에서 언제나 앞을 비추는 밝은 등대와 같은 존재다.

언제나 나를 지지해 주는 스승이 있는가?

"무엇을 가르치느냐보다 어떤 스승이냐가 중요하다."

_칼 메닝거 Karl Augustus Menninger, 미국 정신과 의사

시련 중 스승 같은 존재가 얼마나 중요한지 보여주는 유명한 연구

가 있다. 1959년 하와이가 미국의 50번째 주로 편입되기 전 1954년에 야심 찬 종단연구가 시작되었다. 하와이 군도 중 북서쪽에 위치한 인구 3만 여명의 카우아이Kauai라는 섬이 대상이었다. 1955년에 카우아이섬에서 태어난 모든 신생아 833명이 어른이 될 때까지 추적 조사하는 대규모 프로젝트였다.

연구를 주도했던 심리학자 에미 워너Emmy E. Werner 교수는 833명의 아이들 중 열악한 환경에서 자란 201명의 고위험군을 분류했다. 하지만 예상과 달리 고위험군에 속한 아이들 중 3분의 1에 해당하는 72명은 별문제를 일으키지 않았고 밝고 건강한 청년으로 성장했다. 자료를 조사하던 중 마이클이라는 한 아이에게 주목했다. 그 아이의 엄마는 가족을 버리고 섬을 떠났고 할아버지 집에 얹혀살 정도로 가정은 엉망이었다. 이쯤 되면 마이클은 사회 부적응자가 되어야 했다. 하지만 그렇지 않고 그는 잘 성장했다.

시련 속에서도 아이가 정상적으로 성장하도록 한 것은 무엇이었을까? 어려운 환경 속에서도 꿋꿋이 성장한 아이들이 예외 없이 지니고 있는 공통점이 하나 발견되었다. 그것은 "그 아이의 입장을 무조건 이해해 주고 받아주는 어른이 적어도 그 아이의 인생에서 한 명은 있었다."라는 점이다.[40] 에미 워너 교수는 이 연구를 통해 '회복탄력성Resilience'이라는 개념을 최초로 확립했고, 40년에 걸친 연구 끝에 회복탄력성의 핵심 요인은 '인간관계Relationship'라고 결론지었다.

시련 중에도 스승의 역할을 하는 존재가 얼마나 중요한지를 보여주는 연구다. 앞서 5장에서도 시련 중 지지자의 역할을 언급했듯, 인생에서 지지자로서 스승의 역할은 필수적이다. 하지만 많은 사람이 그런 스승을 가지지 못한 게 현실이다. 직장인을 대상으로 한 설문조사에서 스승이 필요하다는 응답은 89.1%였지만, 실제로 인생의 스승이 있다고 응답한 비율은 34.3%에 불과했다.[41]

인생에서 스승의 역할은 시련의 순간에만 빛을 발하는 것이 아니다. 우리를 일상의 감옥, 즉 안전지대에서 벗어나도록 이끌어주며, 성장과 배움을 위한 길잡이가 된다. 그런 의미에서 스승은 밤하늘의 북극성처럼 우리를 끊임없이 올바른 방향으로 인도하는 존재다. 진정한 스승을 만나는 것은 인생의 큰 축복이다. 하지만 그런 만남은 흔치 않다. 모든 스승이 우리에게 긍정적인 영향을 주는 것은 아니다. 가슴에 불을 지펴줄 위대한 스승이 있는가 하면, 차라리 만나지 않았으면 좋았을 스승도 있기 때문이다.

살아오면서 당신에게 영향을 준 스승은 누구였으며, 그는 어떤 스승이었는가? 스승은 다섯 가지 유형의 별로 비유할 수 있다.

나쁜Bad 스승은 '어둠 속의 함정'이다. 잘못된 지식과 정보를 전달해 잘못된 길을 가게 한다. 격려보다는 잘못을 지적하는 데 익숙하다. 영혼을 파멸의 길로 인도하는 악한 이단의 교주와 같은 사람이다.

평범한Ordinary 스승은 '흐릿한 별빛'이다. 기본적인 지식을 전달하지만, 흥미를 갖게 하거나 잠재력을 발휘하도록 돕지는 못한다. 소통이 부족하고 개인적인 관심을 보이지 않는다. 세상의 많은 스승이 여기에 속할 것이다.

좋은Good 스승은 '따뜻한 햇살'이다. 정확하고 유용한 지식을 전달하고 사람의 개성과 능력을 이해하려고 노력한다. 안네에게 일기를

| 스승의 유형 |

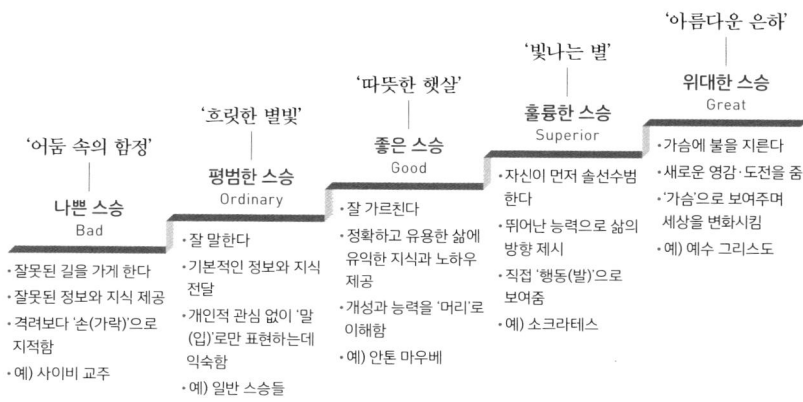

쓰도록 격려하고, 그녀의 창의성과 상상력을 키울 수 있도록 도운 안네 프랑크Annelies Marie Frank의 아버지 오토 프랑크Otto Heinrich Frank와 같은 스승이다.

훌륭한Superior 스승은 '빛나는 별'이다. 뛰어난 능력으로 삶의 방향을 제시하는 멘토 역할을 한다. 솔선수범하면서 직접 행동으로 보여준다. 소크라테스와 같은 인물이다. 그는 문답법을 통해 제자들에게 비판적 사고와 논리적 사고를 가르쳤으며, 진리와 정의를 추구하도록 격려했다.

위대한Great 스승은 '아름다운 은하'이다. 많은 사람들에게 새로운 도전과 영감을 주고 세상을 변화시키는 데 영향을 미친다. 예수 그리스도와 같은 스승이다. 그는 사랑과 구원의 메시지를 전파했으며, 사람들에게 새로운 삶의 방식을 제시했다. 그의 가르침은 기독교를 비롯한 수많은 종교에 영향을 미쳤으며, 지금도 전 세계 사람들에게 영감을 주고 있다.

당신의 삶에 희망의 땅거미가 지고 어둠이 드리워진다고 느껴질 때, 당신의 마음을 비쳐줄 수 있는 아름다운 은하와 같은 스승이 있는가?

✏️ 내 인생의 스승

살아오면서 나를 변화시키고 지금의 나를 있게 한 스승은 누구인가?

나를 있게 한 스승은?	그는 어떤 스승이었는가?
1.	
2.	
3.	
4.	
5.	

"평범한 스승은 말하고, 괜찮은 스승은 설명하고, 뛰어난 스승은 증명하고, 위대한 스승은 영감을 준다."

_윌리엄 아서 워드 William Arthur Ward, 미국 저술가

나쁜 스승은
녹슨 나침반과 같다

"최악의 스승은 문을 열어주지 않고, 학생 스스로 들어가도록 강요한다."

_엘리자베스 스톤 Elizabeth Stone, **영국 작가**

마중지봉麻中之蓬이라는 한자 성어가 있다. '삼밭에 나는 쑥'이라는 뜻을 지닌 이 한자는 《순자荀子》의 권학勸學에 등장하는 말이다. 뜻을 풀이하면, 구부러진 쑥도 삼밭에서 자라면 자연히 꼿꼿이 자라듯이 사람도 주변 환경에 따라 심성이 다르게 될 수 있음을 비유한다. 사람도 선한 사람과 함께 있으면 선하게 되고 악한 사람과 있으면 악해진다.

반면, 반대의 의미를 가진 근주자적, 근묵자흑近朱者赤, 近墨者黑이라는 잘 알려진 한자도 있다. 진나라 학자 부현傅玄이 편찬한 잠언집 《태자소부잠太子少傳箴》에 등장하는 말이다. "붉은색을 가까이하는 사람은 붉은색으로 물들고, 먹을 가까이하는 사람은 검어진다."라는 의미다. 모름지기 사람은 가까이하는 사람의 영향을 받는다. 특히 긍정적인 것보다 부정적인 것에 영향을 쉽게 받는다. 과학 저널리스트 존 티어니John Tierney는 이를 '부정성 편향Negativity Bias'이라고 표현했다. 부정적인 사건이나 정서가 긍정적인 그것보다 우리에게 더 강력한 영향을 미친다는 것이다. 사람은 좋은 스승보다 나쁜 스승의 영향을 더 크게 받을 때가 많다. 그래서 좋은 스승을 잘 만나는 것 못지않게 나쁜 스승을 피하는 것이 더 중요하다.

나쁜 스승은 마치 녹슨 나침반과 같다. 녹슨 나침반이 방향을 제대로 가리키지 못하여 여행자를 잘못된 길로 인도하듯, 나쁜 스승은 잘못된 지식과 가치관을 심어주고 올바른 길을 찾지 못하도록 방해할 수 있다. 나는 잘못된 스승의 투자 권유로 적지 않은 손실을 본 적이 있다. 또 젊은 시절 지혜롭지 못한 스승의 영향으로 형성된 잘못된 경제관에서 중년이 다 되어서야 어렵사리 벗어날 수 있었다.

영적으로 잘못된 스승은 더 치명적이다. 그들은 우리의 인생을 나락으로 빠뜨릴 수 있기 때문이다. 사이비 교주의 그릇된 가르침에 빠져 가정과 삶이 파괴된 사람들의 이야기를 드물지 않게 접한다. 지금 당신 곁에 있는 스승은 어떤 사람인가? 만약 그가 나쁜 스승이라면, 더 늦기 전에 단호히 결별해야 한다. 다시 말하지만, 좋은 스승을 찾기 전에 나쁜 스승을 멀리하는 것이 먼저다. 그들을 반면교사 삼아야 한다.

한 방울의 잉크로도 맑은 물은 단숨에 흐려진다. 그러나 그 물을 다시 맑게 돌리는 일은 아무리 많은 물을 쏟아부어도 쉽지 않다. 잘못된 스승을 만나서 그릇된 사상을 받아들이는 것은 잠깐이면 충분하다. 그러나 그 생각을 바로잡는 데는 긴 시간이 필요하다. 몸의 건강을 위해 음식을 가려먹듯, 영혼의 건강을 위해서도 받아들이는 지식을 신중히 골라야 한다. 몸을 다스리는 다이어트보다 더 어려운 것이 바로 영혼을 정화하는 것이다. 나쁜 스승은 멀리하고 좋은 스승은 가까이해야 하는 이유다.

좋은 스승을 만나면 방황이 끝난다

"사실이 드문 곳에 전문가가 많다."

_도널드 R. 개논Donald R. Gannon, 미국 저술가

1882년 어느 봄날이었다. 석탄 광산 노동자로 일하던 29세의 청년은 유명한 화가였던 안톤 마우베Anton Mauve의 작품을 우연히 접하게 된다. 마우베의 화려하고 감성적인 작품은 청년의 영혼을 사로잡는다. 그는 망설임 없이 마우베를 찾아갔고, 자신의 열정과 꿈을 담은 그림을 보여주며 의견을 구했다. 마우베는 청년의 눈빛 속에서 타오르는 예술혼을 발견하고, 그에게 따뜻한 손길을 내밀었다. 마우베는 단순히 기술적인 지도를 넘어, 예술의 본질과 예술가로서의 태도에 대한 가르침도 아낌없이 베풀었다. 그는 청년에게 색채의 힘과 감정을 표현하는 방법을 알려주었고, 예술가로서 끊임없이 노력하고 성장해야 한다는 것을 강조했다.

마우베의 격려와 지도 아래 청년은 자신감을 얻어 석탄 광산 노동자의 삶을 버리고 전문적인 화가의 길을 걷기 시작했다. 청년의 그림은 점점 더 생생하고 감성적으로 변화했고, 독창적인 스타일로 발전했다. 마치 어두운 밤하늘에서 피어나는 별처럼, 청년은 마우베의 따뜻한 빛 아래 예술의 꽃봉오리를 틔웠다. 그의 삶은 스승과의 만남을 통해 완전히 바뀌었다. 그는 결국 세계적인 화가로서 명성을 얻게 된다. 혹시 누구인지 짐작했는가? 서양 미술사상 가장 위대한 화

가 중 한 사람으로 꼽히는 '빈센트 반 고흐Vincent Wilem van Gogh'의 이야기다.

고흐가 그의 스승 마우베를 만났듯, 나도 한때 마우베와 같은 훌륭한 스승을 간절히 찾던 때가 있었다. 다름 아닌 투자의 고수를 말이다. 부동산과 주식 시장이 폭등하는 모습을 지켜보면서, 나도 어쩔 수 없이 투자의 세계에 발을 들이게 된 시점이었다. 제대로 공부해야겠다는 결심을 하고, 책과 유튜브를 뒤져가며 믿을 만한 고수를 찾아 나섰다. 그러던 중 한 투자 고수의 책을 읽고 그와 연락이 닿아, 강남 모처에서 직접 만나기도 했다. 물론 자문 비용을 지불하고서 말이다.

하지만 그렇게 제한된 정보와 고수에 대한 맹신으로 시작한 첫 투자는 처참하게 실패했다. 철학도 원칙도 없이 그저 고수라는 타이틀을 가진 사람들의 의견에 휩쓸렸던 것이 화근이었다. 나중에야 깨달았지만, 소위 고수라 불리는 이들의 시장 분석과 처방은 제각각이었다. 초보 투자자가 그 속에서 진짜 신뢰할 만한 전문가를 선별해 낸다는 것은 결코 쉬운 일이 아니었다.

수업료를 톡톡히 치르고 나서야 정신이 바짝 들었다. 그때부터 나만의 투자 철학과 원칙을 세우는 데 집중하기 시작했다. 학습 시간과 실전 경험이 쌓이면서 진짜 고수를 가려낼 수 있는 안목도 차츰 생겼다. 투자의 고수를 찾아가는 과정에서 깨달은 사실이 있다. 진정한 고수는 정확하고 실질적인 지식과 노하우를 제공하며, 그들의 주장은 언제나 일관성이 있다는 점이었다. 실력 있는 고수 중에는 대중에게 잘 알려지지 않고 외면받는 경우도 많았다. 마치 호불호가 갈리는 향신료 '고수'처럼 말이다. 나는 시행착오를 겪으면서 투자의 고수가 중수나 하수와 다른 점을 발견할 수 있었다.

> 고수는 행동과 결과로 증명하며, 하수는 말로 주장한다.
> 고수는 거짓을 드러내려고 하며, 하수는 거짓을 감추려고 한다.
> 고수는 배우려고 하고, 하수는 가르치려고 한다.
> 고수는 철학이 있고, 하수는 기술이 있다.
> 고수는 자신을 숨기려 하고, 하수는 드러내려고 한다.
> 고수는 책임을 지며, 하수는 핑계를 댄다.
> 고수는 사실을 솔직하게 말하고, 하수는 사실을 교묘히 숨긴다.

고수는 좋은 스승이다. 되도록 '평범한Ordinary 스승'보다는 '좋은Good 스승'을 만나야 한다. 비록 만나기 쉽지는 않지만, 본질적인 원리를 깨치고 경지에 오른 고수는 많다. 고수를 분별하는 안목이 생기면서 나는 명의를 만나 지긋지긋한 수년간의 허리 통증에서 해방됐고, 참 목회자를 만나 신앙의 방황을 끝냈다. 또 투자의 고수를 만나 투자의 원리를 깨우치고 성공적인 투자를 하고 있다.

당신 곁에 스승 역할을 하는 사람이 있다면, 그 관계를 신중하게 점검해 보자. 만약 그와의 만남 이후로 당신의 삶이 복잡해지고 꼬인다고 느껴진다면, 과감히 인연을 끊어야 한다. 진정한 스승은 당신의 삶을 풀어주는 사람이 되어야지, 결코 혼란에 빠뜨리는 사람이 되어서는 안 된다. 스승을 선택할 때는 최대한 냉정하고 신중하게, 그리고 눈높이를 높여야 한다. 그 선택이 당신의 인생 항로를 완전히 바꿔놓을 수 있기 때문이다.

전기가오리 같은
훌륭한 스승과 함께하라

"서툰 의사는 한 번에 한 사람을 해치지만, 서툰 교사는 130명을 해친다."

_어니스트 보이어 Ernest L. Boyer, 미국 교육자

플라톤의 대화편은 2,400년이 지난 오늘날에도 여전히 세월을 초월하여 변함없는 지혜를 우리에게 전해준다. 그중 주목할 만한 작품이 바로 초기에서 중기로 넘어가는 과도기적 시기의 대화편인 《메논》이다. 이 작품은 '탁월함에 대하여'라는 부제처럼, 인간의 탁월함을 주제로 4명의 인물이 펼치는 대화를 담고 있다. 65세의 소크라테스, 귀족 청년 메논, 메논이 데려온 노예 소년, 그리고 훗날 소크라테스를 신앙과 젊은이들을 타락시킨다는 죄목으로 고발한 정치가 아뉘토스가 그 주인공이다. 이 대화 속에서 우리는 철학적 탐구와 인간의 본성에 대한 깊이 있는 질문이 어떻게 시대를 넘어 공감을 불러일으키는지 엿볼 수 있다.

《메논》의 대화 초반쯤에 호기심 많고 오만한 성격의 젊은 메논이 나이 든 평민 출신의 소크라테스에게 다음과 같이 말하는 장면이 나온다.

"존경하는 소크라테스 선생님, 제가 선생님을 처음 만나기 전에 선생님은 어리석은 사람들을 더욱 어리석게 만드는 존재라고 들었습니다. 하지만 오늘 선생님의 말씀을 듣고, 저는 마치 마술에 걸린 듯 꼼짝도 못 하게 되었어요.

혹시 농담으로 해석해도 괜찮다면, 선생님은 제 눈에는 바다에 사는 저 넓적한 전기가오리처럼 보이십니다. 전기가오리는 가까이 다가가는 자를 마비시키는 것으로 유명하지만, 선생님 역시 저에게 그런 짓을 하신 것 같아요.

저는 선생님의 질문에 대한 답변을 생각해 보려 노력했지만, 혼과 입이 마비되어 아무런 말도 떠오르지 않았습니다. 그동안 저는 수많은 기회를 통해 허다한 사람들에게 탁월함에 대한 유창한 연설을 했던 기억이 떠오르기도 했지만, 지금은 탁월함이 무엇인지조차 정의할 수 없을 정도로 혼란스러워요."[42]

모름지기 탁월하기를 원한다면 탁월한 스승을 만나야 한다. 메논에게 소크라테스는 그런 존재처럼 느껴진 셈이다. 전기가오리처럼 자신의 지성을 마비시킬 정도였으니 말이다.

내가 대학과 대학원 시절에 만난 교수님 중에는 전기가오리처럼 내 지성과 혼을 흔들어 깨운 훌륭한 스승들이 여럿 있었다. 그들은 지적 호기심이 미약했던 내게 새로운 시야를 열어주었고, 지식인으로 성장하는 데 큰 디딤돌이 되었다. 그들의 삶은 단순한 학문적 가르침을 넘어 내가 미래의 꿈을 그려볼 수 있게 해준 살아 있는 본보기였다.

특히 학부 시절, 실력과 인품을 모두 갖춘 교수님 한 분이 계셨다. 많은 학생이 그를 존경했는데, 그의 연구실 문은 언제나 열려 있었다. 상담을 원하는 학생이라면 누구든지 편하게 들어올 수 있도록 배려한 것이다. 그의 연구실 서재는 책으로 가득했으며, 모든 책은 손때가 묻어 있었다. 그의 유학 시절 일화는 전설처럼 전해 내려오는데, 그는 아침마다 서재에 들어가 아내에게 자신을 의자에 쇠사슬로 묶게 하고는 저녁까지 책과 씨름했다고 한다. 나는 이 교수님에게서 단순한 학문적 가르침을 넘어 인생을 대하는 태도까지 배울 수 있었다.

물론 직접적인 가르침을 받은 스승도 있지만, 대부분의 경우 책과 작품을 통해 사숙私淑한 스승들에게서 더 많은 것을 배웠다. 나만의 '인생 교수진Life Faculty'을 구성한 것은 내 성장을 위한 한 수였다. 꼭 직접 사사師事하지 않더라도, 훌륭한 스승이 쓴 책이나 영상을 통해 배울 수 있다면 그 자체로도 값지다. 모든 분야에서 많은 스승을 따를 필요는 없다. 각 분야에서 두세 명 정도의 스승을 깊이 있게 만나면 된다. 그들이 반드시 해당 분야의 최고일 필요도 없다. 내가 본받고 배울 수 있는 사람이라면, 누구든 좋은 스승이 될 수 있다.

한 퍼플 스완은 자신의 거실 곳곳에 존경하는 스승들의 사진을 액자에 담아두었다. 그들과 자주 대화하며, 끊임없이 영감을 받기 위해서다. 당신 곁에는 전기가오리처럼 당신의 혼을 자극하고, 입을 마비시킬 정도로 강력한 스승이 있는가?

✏️ 나의 인생 교수진 Faculty

당신의 인생에 스승으로 삼고 싶은 사람은 있는가? 분야별로 인생 교수진 Faculty을 구성해 보자. 그리고 그에게 배우고 싶은 벤치마킹 포인트를 적어보자. 위기나 기회의 순간마다 당신에게 지혜를 줄 것이다.

분야	교수진	배우고 싶은 벤치마킹 포인트

"훌륭한 스승은 학생들로 하여금 최선을 다하게 하는 법을 알고 있다."

_찰스 쿠럴트 Charles Kuralt, 미국 언론인

물음표를 느낌표로 바꾸는
영감을 주는 스승

"좋은 스승은 양초와 같아서 스스로를 태워 다른 이들의 길을 밝힌다."
_무스타파 케말 아타튀르크Mustafa Kemal Atatürk, 튀르키예 정치인

여기 한 사람의 인생을 바꾼 영감과 도전을 준 남다른 스승을 한 명 소개하고자 한다.

새벽 서너 시, 어둠에 잠긴 도시가 아직 꿈에 취해 있을 때, 한 청년은 뜨거운 탱고의 선율로 밤하늘을 물들였다. 그의 이름은 아스토르 피아졸라Ástor Pantaleón Piazzolla. 낮에는 당대 최고 작곡가들의 작품을 탐구하고, 밤이 되면 열정적인 연주로 관객들을 열광시켰다. 이렇게 열정으로 10년을 보낸 피아졸라에게 드디어 기회가 찾아왔다. 프랑스 정부의 장학금을 받아 그는 프랑스 음악의 거장, 나디아 불랑제Nadia Boulanger를 찾아간다.

피아졸라는 떨리는 마음으로 지난 10년간 갈고 닦은 곡들을 불랑제 앞에서 연주했다. 하지만 그의 노력에 쏟아진 답은 냉혹했다.

"어디에도 피아졸라가 보이지 않아."

불랑제는 피아졸라에게 어떤 음악으로 생계를 이어왔는지 물었다. 피아졸라는 클럽에서 연주하던 탱고 음악 말고는 딱히 내세울 것

이 없었다. 그는 탱고가 '수준 낮은 음악'이라는 편견이 있던 터라 이 사실을 숨기려 한다. 하지만 불랑제의 추궁에 피아졸라는 탱고를 연주했던 것을 털어놓는다. 이에 불랑제는 곧바로 탱고를 연주해 보라고 한다. 그러자, 피아졸라의 연주를 듣고 불랑제는 이렇게 외친다.

"이게 바로 피아졸라야!"

피아졸라는 자신이 10년간 투자해 작곡한 모든 곡을 버린다. 그리고 18개월이라는 시간 동안 불랑제에게 혹독한 가르침을 받는다. 그 후 그는 발로 공연하는 탱고가 아닌, 귀로 듣는 새로운 탱고를 탄생시킨다. 스승 불랑제는 탱고 음악과 클래식 음악 사이에서 방황하고 혼란스러워하던 피아졸라에게 탱고만이 그의 음악적 정체성이자 잠재된 열정을 불러일으킬 근원이라는 것을 알아본 것이다. 불랑제의 조언과 격려는 피아졸라에게 어울리는 음악이 무엇인지 일깨워주었고, 창의성을 꽃피우도록 도왔다.

피아졸라와 그의 스승 불랑제의 이야기는 한 사람의 인생에 영감을 주는 스승의 가르침이 얼마나 큰 영향을 미칠 수 있는지 보여주는 에피소드이다.[43]

동서고금을 막론하고 모범적인 사제지간의 사례는 많다. 소크라테스와 플라톤, 플라톤과 아리스토텔레스, 아리스토텔레스와 알렉산더대왕, 레오나르도 다 빈치와 프란체스코 멜지, 아인슈타인과 막스 탈무드, 공자와 제자들, 주희와 이천, 사마담과 사마천, 순자와 이

사, 이황과 기대승, 정약용과 제자들, 신사임당과 이이, 박지원과 박제가 등 다양하다.

기회라는 것은 사제지간처럼 사람과의 만남을 통해서 온다. 세계적인 동기부여가 토니 로빈스Anthony Jay Robbins는 17살 때 짐 론Jim Rohn의 세미나를 들으면서, 두말이 필요 없는 세계적인 투자자 워런 버핏Warren Edward Buffett은 스무 살 때 데일 카네기Dale Carnegie의 강좌를 들으면서부터 영감을 얻고 도전을 받게 된다.[44] 조선 후기의 문인 황상黃裳도 열다섯 살 소년 때 마흔둘의 정약용을 만나면서부터 학문이 일취월장하기 시작했다.

스승은 제자에게 일과 삶뿐 아니라 모든 영역에서 영감을 준다. 또 제자를 겸손하게 만든다. 반면 스승이 없는 인생은 교만해지기에 십상이다. 사람이 교만해지는 것은 멘토 역할을 하는 사람이 없기 때문인 경우가 많다. 과거 대통령이나 왕 중에 끝이 좋지 않은 인물들을 보더라도 그렇다. 주변에 좋은 스승보다는 언제든 뒤통수를 칠 수 있는 간신들이 득세했다.

사람은 가까이하는 이가 중요하다. 도둑을 가까이하면 담을 넘게 마련이고, 참스승을 가까이하면 지혜의 집으로 이끌리게 마련이다. 우매한 스승을 따라가면 물음표만 늘어나고, 지혜로운 스승을 따라가면 느낌표가 많아지게 된다. 당신이 지금 가까이하는 스승은 누구인가?

만나지 못할 스승은 없다

"가르침은 다른 사람들에게 그들도 당신만큼 잘 알고 있음을 상기시켜 주는 것이다."

_리처드 바크 Richard David Bach, 미국 작가

한 작가를 만났을 때의 일이다. 그 작가와 친분이 있던 회사 동료가 내게 함께 만나자며 스치듯 말을 건넨 지 며칠 후의 일이었다. 막연히 책을 쓰고 싶다는 동경이 나를 그 자리로 이끌었던 듯싶다. 그분을 만나기 전까지는 소위 베스트셀러 작가를 만난 적이 없었다. 그는 이름만 대면 알만한 책으로 수십만 부 판매고를 올린 적이 있는 작가였다.

편한 캐주얼 정장에 검은색 띠 장식이 있는 펠트 재질의 노란 중절모를 쓴 그는 잘 다듬어진 희끗희끗한 턱수염이 인상적이었다. 입으로 내뱉는 확신에 찬 말투에는 자신감이 묻어났다. 당시 그와 다양한 주제로 대화를 나눴지만, 무슨 얘길 했는지는 잘 기억나지 않는다. 다만, 그의 한 마디는 선명하게 기억한다. 내가 그에게 이런 질문을 했을 성싶다. "글을 쓰려면 어떻게 해야 하나요?" 그는 단언하듯 이렇게 대답했다.

"그냥 오늘부터 바로 쓰세요!"

그의 한마디가 내 마음 어디엔가 자리를 틀었던 것 같다. 그로부터 몇 년 후 내 이름이 새겨진 책을 서점에서 볼 수 있게 되었다. 직접 그 작가를 만나려고 했다면 애당초 힘들었을 것이다. 그 작가와 인연이 있던 동료 덕분에 자연스럽게 만남이 이뤄졌다. 공교롭게도 그 작가와의 만남을 주선해 준 동료도 얼마지 않아 책을 냈고 직장 생활을 그만두고 독립했다.

스승을 만나는 가장 현실적인 방법은 지인의 소개를 통한 만남이다. 최대한 주변 지인을 활용해야 한다. 왜냐하면 성사 가능성이 높기 때문이다. 나도 지금 여러 권 책을 낸 작가가 되고 나서 느낀 거지만, 신뢰할 수 있는 지인의 요청은 거절하기 힘들다. 친분이 있는 지인의 요청일수록 더욱 그렇다. 한편, 작가로서 그런 만남이 꼭 싫지만은 않다. 애독자와의 만남은 항상 즐거운 일이다.

독자의 요청을 거절하지 못할 때도 있다. 《데일리 루틴》 출간 이후 한 고등학생에게 받았던 메일을 아직도 또렷이 기억한다. 메일 내용은 길지 않았지만, 솔직하고 니즈가 명료했다. 그는 내 책에서 소개한 100세 플랜을 직접 적용해 보고 싶은데 작성 방법이 궁금하다며 메일을 보냈다. 학생이 기특하게 느껴졌고, 돕고 싶은 마음이 생겼다. 나는 전화번호와 함께 답장을 보냈다. 그리고 '김 OO 학생의 멋진 인생을 응원하며'라는 제목으로 그 학생만을 위한 파워포인트 자료를 만들어 전화로 한 시간 동안 원포인트 레슨까지 해줬다.

"안녕하세요. 저는 작가님의 '데일리 루틴'을 읽은 고등학생 독자입니다.
작가님의 책으로 저는 삶이 크게 변화했습니다.
맨날 늦게까지 게임만 하던 제가 새벽에 일어나 묵상을 하기 시작했고, 평소 하고 싶었던 피아노와 그림 공부도 시작했습니다.

그러고 나니 지금까지 낭비했던 시간이 아깝게 느껴지더라고요.

그래서 저는 저의 하루를 낭비하지 않기 위해
인생 목표를 세우고 100세 계획을 세우려고 했습니다.

그런데 막상 하려고 보니 저는 사회도 경험해 보지 못하고 당장 내일의 계획도 세워본 경험이 없는 풋내기일 뿐이었습니다.
그래서 계획을 세워보면 허무맹랑한 망상처럼 느껴지고, 결혼이나 가정에 대한 계획은 전혀 감도 안 잡히더군요.

100세 플랜을 세우는 팁이 있을까요?
플랜이 어긋나거나 실패하면 어떡하나요?
첨부 사진은 저의 인생 목표입니다.

끝으로, 다시 한번 제 삶을 변화할 수 있게 해주었던 작가님께 정말 감사드립니다."

스승을 직접 만나고 싶다면, 스승이 으레 품을 수밖에 없는 다음의 생각을 어떻게 극복할 것인가를 대비해야 한다.

"내가 이 사람을 왜 만나야 하지? 시간 아까운데…"

스승과의 만남에 성사 확률을 높이는 방법은 세 가지가 있다. 첫째, 인맥을 활용하는 것이다. 약한 연결이라도 지인을 활용하는 것이 효과적이다. 성사 확률이 꽤 높다. 둘째, 이성적인 전략이다. 스승이 납득할 수 있도록 만남의 충분한 명분과 실리를 제시하는 것이다. 성공한 스승일수록 바쁘고 시간 관리에 철저하다. 한가롭게 모르는 사람에게 시간을 뺏기고 싶어 하지 않는 게 당연지사다. 따라서 시간 낭비라고 느끼지 않도록 이성적인 논리를 개발하는 것이 핵심이다. 셋째, 감성적인 전략이다. 팬심Fan 心을 활용하거나 돕고 싶은 마음이 들게 하는 정성스러운 사연으로 설득하는 것이다.

만나지 못할 스승은 없다. 만나지 못하는 건 단지 시도하지 않거나 간절함이 부족해서다.

누군가에게 좋은 스승이 되겠다고 결심하라

"제자가 계속 제자로 남는다면 스승에 대한 고약한 보답이다."

_프리드리히 니체Friedrich Wilhelm Nietzsche, **독일 철학자**

루이 암스트롱Louis Daniel Armstrong은 세계적인 재즈 음악가로, 그의 트럼펫 연주와 독특한 목소리는 재즈 역사에 큰 발자취를 남겼다. 하지만 그가 성공할 수 있었던 배경에는 헌신적인 스승, 피터 데이비스Peter Davis가 있었다. 암스트롱은 가난한 뉴올리언스에서 태어나 거친 환경 속에서 자랐다. 문제아로 낙인찍혀 소년원에 보내졌을 때, 그는 음악 교사 피터 데이비스를 만났다. 데이비스는 암스트롱의 음악에 대한 열정을 발견하고, 그의 재능을 키워주기 위해 모든 노력을 기울였다. 데이비스는 "음악은 네가 누구인지, 무엇을 느끼는지를 보여주는 최고의 방법이다."라며 단순한 연주 기술을 넘어 음악을 통해 자신의 감정을 표현하고 소통하는 법을 가르쳤다.

암스트롱은 데이비스의 가르침 아래 트럼펫 연주에 몰두하며, 음악적 열정과 헌신을 배웠다. 그는 나중에 "데이비스 선생님은 내 인생을 바꿔주신 진정한 스승이었다."라고 회상했다. 세계적인 명성을 얻은 후에도, 암스트롱은 언제나 자신의 음악적 기초를 다져준 스승의 은혜를 잊지 않았다. 은퇴 후 그는 자신이 받은 가르침을 이어받아 어린 음악가들을 지도하며 그들이 자신의 길을 찾도록 도왔다. 그는 "내가 배운 것을 나누는 것만큼 기쁜 일은 없다"며 후배 음악가들에게 끊임없이 영감을 주는 스승이 되었다.

이야기 속 주인공 루이 암스트롱처럼 만약 당신이 어떤 분야에서 크든 작든 영향력 있는 사람이 되었다면, 그것은 결코 혼자만의 힘이 아니다. 영화 속 주인공이 스크린 뒤에서 수많은 스태프와 관계자들의 도움으로 빛날 수 있었던 것처럼, 당신 또한 곁에서 묵묵히 힘이 되어준 사람들 덕분에 지금의 자리에 설 수 있게 된 것이다. 그래서 퍼플 스완의 진정한 목표는 멋진 제자가 되는 것으로 만족하지 않는다. 성장한 후에는 가지가 되어 다른 이들이 더 높은 곳으로 나아갈 수 있도록 돕는 것이다. 맞다. 성장은 혼자가 아닌 함께하는 아름다운 여정이다.

훌륭한 스승은 단지 제자에게 동기부여Motivation 하는 것에 그치지 않는다. 그들은 엄격한 규율과 깊이 있는 훈육Discipline을 통해 제자Disciple 스스로 성장할 수 있는 단단한 토대를 마련해 준다. 스승의 가르침은 단순한 지식 전달이 아닌, 또 다른 스승을 키워내는 숭고한 과정이다. 자신이 배운 것을 그대로 또 다른 사람에게 베푸는 것, 그것이 바로 선한 영향력의 본질이다. 이때 가장 큰 혜택을 누리는 사람은 자신이다. 시카고대 심리학과 에드 오브라이언Ed O'Brien 교수팀의 연구에 따르면, 다른 사람에게 도움을 주는 사람은 도움을 받는 사람보다 더 큰 행복감과 그 행복이 오래 지속된다고 한다.

NBA 농구 스타 르브론 제임스LeBron James는 어릴 적 한 부모 가정 출신이라는 이유로 친구들로부터 괴롭힘을 당했다. 하지만 친구 디에고Diego Holm는 그를 대신해 싸워주곤 했다. 르브론은 그 은혜를 잊지 않고 있었다. 친구 디에고가 사업 실패로 어려움을 겪는다는 소식을 우연히 전해 듣자, 친구가 진 빚을 모두 갚아주고 그를 연봉 100만 불에 보디가드로 채용한다. 은혜를 잊지 않고 도움이 필요한 누군가에게 기도의 응답이 되는 삶을 살자. 비록 당신이 작은 한 사람일지라도 누군가에게는 세상의 전부가 될 수도 있다.

당신이 가진 능력, 지식, 재물도 좋지만, 무엇보다 당신의 진정성 있는 존재 그 자체를 나누어 보자. 누군가가 당신의 든든한 스승이자 멘토가 되어주었듯이, 당신도 누군가에게 신뢰할 수 있는 든든한 스승이 될 수 있다. 좋은 스승이 되는 법이 궁금하다면, 당신에게 힘이 되어준 그 스승에게 그 비결을 물어보자.

누군가에게 좋은 스승 되기

당신은 누군가에게 좋은 스승이 되고 있는가? 당신이 가진 가장 좋은 것을 다른 사람과 함께 나누자. 당신의 나눔과 헌신이 세상의 한구석을 환하게 밝힐 수 있을 것이다.

스승이 되고 싶은 사람	도움을 줄 방법

"가르친다는 것은 곧 두 번 이상 배우는 것이다."

_조셉 주벨 Joseph Joubert, 프랑스 철학자

가장 신뢰할 수 있는 스승, 100년 후 나에게 묻다

"무엇인가를 의논할 때는 과거를, 무엇인가를 누릴 때는 현재를, 무엇인가를 할 때는 미래를 생각하라."

_A. 쥬벨Joubel, 프랑스 작자

이제 시간을 100년 후로 돌려보자.

그때의 나는 이미 이 세상을 떠난 지 오래다. 익숙했던 사람들, 사랑했던 가족들, 내 곁을 지켰던 친구들도 모두 사라지고, 내가 살던 집은 흔적조차 남아 있지 않다. 그 자리엔 누군가의 새로운 집이 들어섰다. 내가 애지중지했던 물건들은 없어졌거나 낯선 이들의 손에 쥐어졌을 것이다. 우리가 이름조차 모르는 먼 조상들처럼, 나의 후손들도 아마 내 존재를 잊었을 것이다. 명절에 잠시 떠오르는 추억 속 한 조각이 될 수는 있겠지만, 그마저도 시간이 지나면 기억 속에서 흐려질 것이다.

이 시점에서 스스로에게 질문해 보자. 지금, 나는 어떤 삶을 살아야 하는가?

이 질문의 본질은 타인이 아닌, 오직 나 자신에게 답을 구하는 데 있다. 100년 후의 나를 만나는 상상을 해보자. 아니, 굳이 100년일 필요도 없다. 10년 후, 20년 후의 나를 떠올리며 그와 대화해보자. 빅터 프랭클이 그랬고, 마르쿠스 아우렐리우스가 그랬듯, 미래의 나를 소환해 그에게 물어보자. 진정 무엇이 소중한가? 지금 내가 집중해야 할 것은 무엇인가? 그 물음이 그들에게 더 깊은 통찰을 주었듯, 우리에게도 삶의 방향을 제시해 줄 것이다.

돌아보면, 나는 내 인생에 후회는 많지 않다. 매 순간 최선을 다했고, 때론 행운이 따랐으며, 많은 이들의 도움을 받았다. 특히, 선택의 기로에 설 때면 미래의 나를 소환해 그에게 조언을 구했다. 그는 지금의 나를 만들어준 스승이었다. 지구에 존재하는 80억 인구 중 나와 똑같은 사람은 단 한 명도 없다. 나만의 목소리, 나만의 습관, 나만의 길이 있다. 그러니 결국 내 인생의 최종 결정은 스스로 해야 한다. 나 자신이 가장 신뢰할 수 있는 스승이 되어야 하는 이유다.

혹시 지금 불안과 고민 속에 있다면, 잠시 멈춰서 미래의 나를 소환해 그와 대화를 나눠보자. 빈 의자와 따뜻한 차 한 잔이면 충분하다. 아마도 미래의 나는 이렇게 말해줄 것이다. 마치 영화 〈벤자민 버튼의 시간은 거꾸로 간다〉에서 벤자민이 딸에게 남긴 말처럼.

> "가치 있는 것을 하는 데 있어서 늦었다는 건 없어. 하고 싶은 것을 시작하는데 시간 제약은 없어. 넌 변할 수 있고 혹은 같은 곳에 머물 수도 있지. 규칙은 없는 거니까, 최고로 잘할 수도 있고 최고로 하지 못할 수도 있지. 난 네가 최고로 잘해 주길 바란다."

✎ 100년 후의 나에게 쓰는 편지

조용한 공간에서 스스로와 마주할 시간을 가져보자. 따뜻한 차 한 잔에, 잔잔한 음악이 흐른다면 더 좋다. 깊게 숨을 들이쉬고 내면의 소란을 가라앉히고, 100년 후의 나를 떠올려 보자. 그때의 나에게 전하고 싶은 말들을 자유롭게 적어 보는 것이다. 그러면 자기 객관화는 물론 나의 선택에 대해 확신을 가지는 의미 있는 시간이 될 것이다.

"지금의 자신이 미래의 자신을 만드는 대장장이다."

_톰 플레밍 Tom Fleming, 미국 마라톤 선수

Key Message

✦ 6장 ✦
등대 불빛 같은 스승과 조우하다

| 미운 오리 새끼 vs. 퍼플 스완 |

미운 오리 새끼	퍼플 스완
자신보다 못하거나 평범한 사람만 만난다.	자신보다 나은 좋은 스승을 찾아 만난다.
나쁜 스승을 만나 삶이 꼬인다.	좋은 스승을 만나 삶이 긍정적으로 변화한다.
가까운 주변 지인들에게 의견을 구한다.	분야별 나만의 인생 교수진에게 배운다.
제자가 되는 데서 머무른다.	누군가에게 힘이 되는 좋은 스승이 된다.
'미래의 나'에 대해 관심이 덜하다.	'미래의 나'와 대화하고 스승으로 삼는다.

| 퍼플 스완의 교훈 |

퍼플 스완이 되기 위한 질문 Question	"내 삶에 영향을 미치는 존재는 누구인가?"
퍼플 스완이 되기 위한 마인드 Mind	**스승**: 퍼플 스완의 인생길에는 변화의 촉매 역할을 하는 스승이 있다. **고수**: 고수를 엄선해 좋은 스승으로 삼고, 나만의 인생 교수진을 만든다. **제자**: 성장한 후에는 다른 제자를 양성하는 스승이 된다.
퍼플 스완이 되기 위한 도구 Tool	나의 인생 교수진 Faculty 100년 후의 나에게 쓰는 편지

3부

남들과 다른 삶인가?
자신을 차별화하라

PURPLE SWAN

퍼플 스완의 깃털로 날아오르다

"만약 내가 당신에게 한 가지 능력을 줄 수 있다면, 나는 내 눈을 통해 당신 자신을 볼 수 있는 능력을 주고 싶다. 그를 통해 당신이 나에게 얼마나 특별한 존재인지를 알 수 있도록 말이다."

_프리다 칼로Frida Kahlo, **멕시코 초현실주의 화가**

나는 뼛속까지 교육쟁이다. 첫 취업 때부터 지금까지 외길을 걸으며 업계를 떠난 적이 없다. 직업의 형태는 확장되었을지라도 본질은 변함없이 교육과 컨설팅이다. 이젠 지나는 누구나 붙잡고 "교육을 아십니까?"라고 할 수 있을 것도 같다. 내가 교육 컨설팅을 하면서 많이 활용하는 방법론 중 하나가 역량모델링Competency Modeling이다.

| 퍼플 스완의 7가지 DNA: FEATHER |

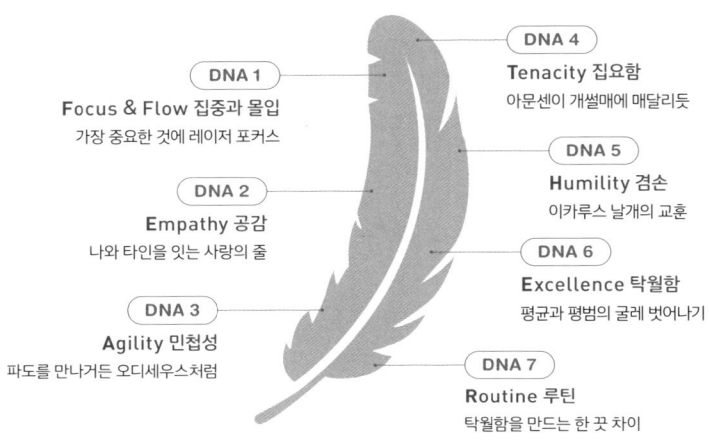

이는 조직 내 우수한 구성원을 선별해 그들이 꾸준히 보이는 행동 특성Typical Action을 찾는 것이 핵심이다.

이 기법을 적용해 퍼플 스완이라 불릴만한 이들이 공통으로 보이는 7가지 역량을 도출했다. 이 역량을 DNA로 표현하고, 퍼플 스완의 '깃털'을 상징하는 'FEATHER'로 각 DNA를 요약했다. 과거 3차 산업 시대까지와는 다르게 인공지능 시대는 개인화, 지능화, 초 연결이 핵심이다. 여기에 고령화까지 추가되어 지금 우리가 사는 시대는 과거와는 사뭇 다른 능력이 요구되고 있다. 지금부터 인공지능 시대의 필수 역량이라고 할 수 있는 퍼플 스완의 7가지 DNA 중 첫 번째 유전자인 '집중과 몰입'부터 살펴보려고 한다.

가장 중요한 것에 레이저 포커스, 집중과 몰입 Focus & Flow

"자신이 하는 일에 열중할 때 행복은 자연히 따라온다. 무슨 일이든 지금 하고 있는 일에 몰두하라."

_오쇼 라즈니쉬 Osho Rajneesh, 인도 철학자

내 이야기를 좀 더 이어가 보려고 한다. 직장생활을 마치고 내가 매달린 한 가지는 바로 '글쓰기'였다. 일정이 없는 날이면 아침 7시부터 저녁 10시까지 원고와 씨름했다. 글이 막히거나 아이디어가 떠오르지 않을 때면 산책을 했다. 걷다 보면 해결되지 않던 문제가 풀리거나 새로운 아이디어가 떠오르곤 했다. 수도승처럼 루틴을 철저히 지키며 매일 몰입 상태에서 하루하루를 보냈다.

그 시기에는 오직 글쓰기에만 집중했고, 사람들은 되도록 만나지 않았다. 다만 친한 지인들의 요청까지 뿌리치기는 어려웠다. 시간을 아끼기 위해 늘 글을 쓰던 카페로 그들을 불렀고, 자주 걷던 산책로를 함께 걸으며 대화를 나눴다. 그렇게 오직 글쓰기에만 집중했다. 결국 3개월 만에 초고를 완성했고, 교정과 탈고를 거쳐 6개월 만에 원고를 마무리했다.

몇몇 출판사에 출간을 의뢰했지만, 뜻대로 되지 않았다. 그러다 지인의 추천으로 연결된 출판사를 통해 2018년 2월에 책을 출간하게 되었다. 운 좋게도 이 책은 출간 즉시 베스트셀러가 되었고, 그 후 많은 기회가 찾아왔다. L그룹 상무 승진자 과정의 강사로 초청받았

고, KBS 다큐멘터리 PD로부터 TV 프로그램 출연 요청을 받았다. 다른 방송과 라디오에도 잇달아 출연하게 되었고, 또 다른 출판사에서는 다음 책 출간을 제안해 왔다. 교육 콘텐츠 촬영과 칼럼, 강의 등 다양한 기회들이 쏟아지면서 내 삶은 완전히 달라졌다.

이러한 전환점을 맞이할 수 있었던 것은 오로지 글쓰기에 시간과 에너지를 쏟아부은 덕분이었다. 훗날, 나는 집중과 몰입이 성공한 사람들의 공통점이라는 것을 깨달았다. 퍼플 스완의 공통점은 삶이 분주하지 않다는 점, 그리고 명확하게 선택하고 집중한다는 점이다. 그들은 어떻게 '집중'할 수 있을까? 그것은 '몰입'을 경험하기 때문이다. 몰입沒入, flow은 물 흐르듯 내면 깊숙이 빠져들어 어떤 일에 고도로 집중된 상태를 말한다.

여기서 질문이 생긴다. "어떻게 하면 몰입할 수 있을까?" 두 가지 조건이 필요하다. 하나는 명확한 목표, 그리고 다른 하나는 그 목표를 이룰 수 있는 객관적인 능력이다. 목표가 너무 낮거나 필요한 능력이 부족하면 몰입하기 어렵다. 미하이 칙센트미하이Mihaly Csikszentmihalyi의 몰입 모델을 적용해 현재 하는 일을 점검해 보자. 몰입을 원한다면 되도록 도전적인 일에 집중해야 한다. 그래야 비로소 몰입을 체험할 수 있다.

퍼플 스완에게 시간은 평범한 사람과 같은 속도로 흐르지 않는다. 느긋함과 안전지대에서 벗어나 도전적인 일에 몰입하기 때문이다. 행복한 사람과 함께 있으면 시간이 빨리 지나가는 것처럼 느껴지듯, 일에 몰입할 때도 상대성 원리가 적용된다. 그래서 퍼플 스완의 시간은 밀도가 높다. 그들이 과업에 집중하는 시간은 일반인보다 더

| 몰입 모델: 능력과 도전 수준 |

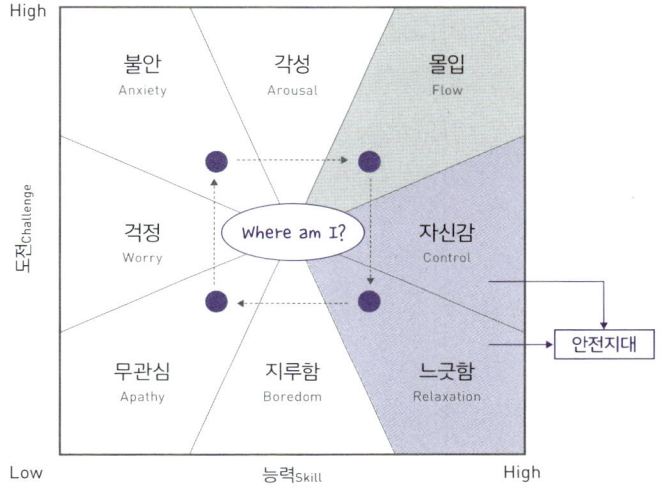

길고 깊다. 프랑스 소설가 베르나르 베르베르도 오전 8시부터 12시 30분까지 집필하는 동안 몰입의 순간을 이렇게 묘사했다. 그의 책 《베르베르 씨, 오늘은 뭘 쓰세요?》를 통해 우리는 그가 어떻게 글쓰기에 깊이 빠져드는지 엿볼 수 있다.

카페 소음이 방해되거나 지금 쓰는 장면의 생생한 시각화가 필요할 때는 헤드폰을 끼고 작업한다. 서서히 영감이 찾아와 대개 11시경에 절정에 이른다. 이때 일종의 트랜스에 빠진다. 거울 반대편으로 넘어간다. 영어로 일명 〈플로flow〉, 즉 몰입 상태. 팔다리를 휘젓지 않고 그냥 물살에 몸을 맡긴다. 트랜스의 절정에 이르면 자판을 두드리는 손놀림이 무섭게 빨라지기 시작한다. 일종의 변형된 의식 상태에서 이제 시공간 개념은 존재하지 않게 된다. 소설 속에서 등장인물들과 함께 울고 웃는다. 그들이 느끼는 것을 느끼고 그들이 듣는 것을 듣는다. 그들의 체취를 맡을 수 있다. 미친 듯이 타자한다. 빨라지는 북소리가 샤먼의 접신을 가속하듯 타자 소리가 몰입 상태를 더욱 강렬하게 만든다. 마치 영화 속에 들어온 것처럼 느껴진다. 주변 사람들은 내가 인상을 찡그리고 손사래를 치며 심각한 표정을 짓다가 갑자기 소리 내어 웃는 장면을 목격하기도 한다. 그 상태에서 누가 다가와 아는 체하면 꿈에서 깬 것처럼 화들짝 놀란다.[45]

사람은 누구나 몰입 상태를 경험한다. 운동, 게임, 섹스처럼 어떤 일에 깊이 빠져들어 시간의 흐름, 공간, 그리고 심지어 자신에 대한 생각까지 잊어버리는 상태 말이다. 퍼플 스완은 이러한 몰입을 통해 생산적인 활동에 집중하여, 투입 시간과 몰입 강도를 높여 탁월한 성과를 내는 사람들이다. 한국인 최초로 쇼팽 콩쿠르에서 우승한 조성진도 피아노 연주 중 느꼈던 몰입의 순간을 과거 한 언론과의 인터뷰에서 이렇게 묘사했다.

"그런데 네 번째였던 마지막 결선 무대에서는 신기하게 안 떨렸다. 무대에서 내가 뭘 하고 있는지 알았다. 연주는 손이 저절로 하고 있었고, 나는 내가 연주하는 음악을 즐기면서 듣고 있었다. 어떻게 이렇게 한 건지는 진짜 잘 모르겠다. 가끔 저절로 잘 풀리는 연주가 있긴 했지만, 이번 마지막 무대에는 확실히 만족스러웠고 내가 원하는 쇼팽 협주곡이 나왔다."[46]

삶에서 진정 중요한 것은 수많은 선택지를 좇는 것이 아니라, 한 가지에 집중하는 것이다. 우리에게 주어진 시간은 유한하고 에너지도 한정되어 있다. 그렇기에 모든 것을 다 잘하려고 애쓰는 대신, 가장 중요한 것에 레이저 포커스해야 한다. 우리가 몰입할 수 있는 단 하나의 목표에 마음과 시간을 쏟아부을 때, 비로소 우리가 꿈꾸던 변화가 시작된다. 무수한 가능성 속에서 이리저리 흔들릴 것인가? 아니면 단 한 가지에 온 힘을 다할 것인가? 퍼플 스완이 보여주는 길은 명확하다.

나와 타인을 잇는 사랑의 줄, 공감 Empathy

"우리는 공감을 통해 타인과 연결된다."

_브레네 브라운 Brene Brown, 미국 교수

미래학자 제러미 리프킨 Jeremy Rifkin은 책 《공감의 시대》를 통해 '설득의 시대'에서 '공감의 시대'로의 변화를 예측했다. 그는 엔트로피로 인한 환경 위기 속에서 새로운 시대에 필요한 인물로 '호모 엠파티쿠스 Homo Empathicus'를 제시한다. 이는 타인의 감정을 이해하고 공감하는 능력을 갖춘 인간을 의미한다. 이제는 과거의 경험과 지식만으로 문제를 해결하기가 점점 어려워지고 있다. 반면, 공감은 개인과 사회를 연결하며 기술이 대체할 수 없는 중요한 가치를 제공한다.

기업들도 고객 중심의 서비스 문화로 전환하며, 고객과의 관계에서 문제 해결보다 공감을 우선시하고 있다. 소셜 미디어 또한 사람들이 공감을 표현하고 감정을 공유하는 공간이 되었다. 퍼플 스완은 이러한 시대적 요구에 부합하는 공감 능력을 갖춘 사람이다.

공감Empathy은 퍼플 스완의 두 번째 DNA로, 타인의 감정을 이해하고 진정한 연결을 형성하는 능력이다. 인공지능은 결코 인간의 감정을 완벽하게 이해할 수 없다. 공감은 인간만이 가진 독보적인 강점이다. 공감 능력을 갖춘 퍼플 스완은 상대방의 말을 주의 깊게 듣고 비언어적 표현까지 포착한다. 자신의 감정을 솔직하게 표현하며, 타인의 감정을 존중하고, 상대방의 입장에서 생각해 건설적인 피드백을 한다. 이러한 공감은 인공지능 시대를 살아가는 우리가 반드시 갖춰야 할 역량이다.

영어로 '공감'을 뜻하는 단어는 두 가지가 있다. 하나는 'Empathy'이며, 그리스어로 'em(in, 안으로)'과 'path(feeing, 감정)'의 합성어다. 이는 상대의 감정 안으로 들어가 함께 느끼는 것을 의미한다. 즉, 상대의 입장이 되어 감정을 이해하는 것을 넘어 이유와 배경까지 이해하는 적극적 노력을 포함한다. 또 다른 하나는 'Sympathy'로, 'sym(with, 함께)'과 'path(feeing, 감정)'의 합성어다. 객관적인 입장에서 상대방의 어려움을 알고 안타깝게 여겨 동정하는 것이다.

《Freak》의 저자 레베카 오도넬Rebecca O'Donnell은 이 두 단어를 이렇게 구분한다. "Empathy는 누군가의 모카신을 신고 1마일(약 1.6km)을 걸어보는 것이고, Sympathy는 그들의 발 통증을 안타까워하는 것이다."라고. 퍼플 스완이 가진 공감의 DNA는 'Sympathy'

가 아니라 'Empathy'이다. 그들은 타인의 상태나 감정을 마치 자신의 문제처럼 적극적으로 느끼고 이해한다. 공감은 나와 타인, 나와 공동체를 잇는 사랑의 줄이다. 모든 관계는 공감에서 시작된다.

우리나라에도 공감의 DNA를 가진 퍼플 스완이 있었다. 바로 세종대왕이다. 그는 백성들의 어려움을 깊이 공감하며 애민 정신을 실천했다. 그의 정책의 핵심은 생명 존중과 사회적 약자 보호였다. 예를 들어, 세종은 노비를 위해 당시로서는 파격적인 출산휴가를 도입했다. 1434년 세종실록에 따르면, 세종 16년 4월 26일 여종이 아이를 낳으면 100일의 출산휴가를 주었고, 여종의 남편에게도 30일간의 부역을 면제해 가족을 돌보도록 했다. 당시 여종의 출산휴가가 1주일이었던 것을 생각하면 이는 혁신적인 정책이었다.

공감은 인류의 마지막 언어가 될 것이다. 인공지능이 세상을 지배하는 시대가 되어도 인간만이 지닌 공감 능력은 우리를 특별하게 만들 것이다. 퍼플 스완은 공감을 통해 세상과 소통하고, 변화를 만들어 나가는 사람이다. 공감의 힘을 깨닫고 세상을 더 따뜻하게 만들어가는 주인공이 되어보는 것은 어떨까?

파도를 만나거든 오디세우스처럼, 민첩성 Agility

"파도를 멈출 수는 없을지라도 그것을 타는 법은 배울 수 있다."

— 존 카밧 진 John Kabat-Zinn, 미국 교수

영웅 오디세우스와 그의 동료들은 트로이 전쟁에서 승리한 후 귀환 길에 오른다. 그러나 여정은 순탄하지 않았다. 길을 잃어 인간을 잡아먹는 거대한 외눈박이 괴물이 사는 사이클롭스 섬에 도착한다. 사이클롭스는 섬에 도착한 오디세우스와 그의 동료들을 가두고, 그들을 삶아 먹으려고 한다. 하지만 오디세우스는 도망가는 대신, 외눈박이인 사이클롭스의 약점을 파악하고 기회를 엿보기로 한다. 그는 사이클롭스에게 포도주를 건네 취하게 만들고, 잠든 사이 눈을 찌른다. 눈을 잃은 사이클롭스는 동료 사이클롭스들에게 도움을 요청하지만, 오디세우스는 그의 동료들을 숨겨 탈출한다.

오디세우스는 아내 페넬로페와 아들 텔레마코스와의 재회를 상상하며 고향 이타카로 향하지만, 이번에는 사이렌 섬에 도착한다. 반인반수의 여신 사이렌은 아름다운 목소리로 노래하며 선원들을 유혹하여 파멸에 이르게 하는 존재였다. 오디세우스와 그의 동료들은 이 유혹과 위험에 직면한다. 오디세우스는 동료들의 귀를 밀랍으로 막고 자신은 돛에 매달아 사이렌의 유혹을 이겨내려는 전략을 세운다. 사이렌의 노랫소리는 너무나 아름다웠다. 오디세우스는 그 노랫소리에 매료되어 동료들에게 풀어줄 것을 간청한다. 그러나 그의 몸은 이미 돛에 묶인 덕에 결국 유혹을 이겨낸다.

험난한 여정 끝에 20년 만에 고향에 당도한 오디세우스는 여전히 신중했다. 그는 거지로 변장하고 가족들에게 접근한다. 남편 없는 세월 동안 아내 페넬로페가 어떻게 살았는지 궁금한 터였다. 아내 페넬로페의 삶도 숱한 유혹과 위험에 시달려야 했다. 그녀는 미모 때문에 구혼하는 남자들로 하루도 편할 날이 없었다. 하지만 페넬로페는 정숙한 여인이었다. 구혼자들이 그녀에게 청혼을 해올 때마다 지혜롭게 대처했다. 시아버지에게 바칠 옷을 다 완성할 때까지 기다려달라며 남자들을 진정시킨 것이다. 낮에는 옷을 짜고 밤에는 다시 풀고 이를 반복하면서 남편의 귀향을 오매불망 기다렸다. 오디세우스가 돛대에 자기 몸을 묶었듯이 그녀는 실타래와 베틀에 자신을 동여매어 정절을 지킨 것이다.

수많은 남자들로부터 구애에 시달려왔기에 페넬로페는 남편까지 의심이 돼 선뜻 받아들이지 못했다. 그래서 그가 진짜 남편인지를 확인하기 위해 이렇게 묻는다. "침대를 이쪽으로 옮겨주실 수 있어요?" 그러자 오디세우스는 "그 침대는 옮길 수 있는 게 아니란 걸 당신도 알지 않소?"라고 답한다. 그는 침대를 직접 만들었기에 땅속에 박혀 있다는 것을 잘 알고 있었다. 비로소 페넬로페는 오디세우스가 진짜 남편이라는 것을 확인한다. 춘향전에서 이몽룡과 성춘향이 극적으로 상봉하듯, 그제야 둘은 서로를 확인하고 재회한다.

호메로스의 《오뒷세이아》에 등장하는 오디세우스가 귀환의 여정 가운데 겪는 고비와 분투는 우리의 인생 여정을 닮았다. 사람은 누구나 마음의 고향을 향해 여행하고 있다. 그렇게 살다 보면 누구든 오디세우스처럼 변화와 위기 상황을 마주하게 된다. 하지만 사람마다 대처하는 방법과 태도는 사뭇 다르다. 퍼플 스완은 오디세우스처럼 변화와 위기의 순간마다 민첩성Agility을 발휘한다.

인공지능은 예측 불가능한 변화에 취약하기 때문에, 오디세우스처럼 환경 변화에 대처하는 민첩성이 필요하다. 퍼플 스완은 인공지능, 빅데이터 등 새로운 기술에 대한 지속적인 학습을 통해 변화에 대비한다. 또 실패를 두려워하지 않고 새로운 시도를 통해 끊임없이 배우고 성장한다. 그들은 변화에 대한 피드백을 적극 수용하고 전략을 조정하며, 다양한 경험을 통해 변화에 대한 적응력을 높인다.

위기를 딛고 극적인 변화를 일구며 민첩성을 체현한 인물이 있다. 2000년대 초반, 배우 브렌든 프레이저Brendan Fraser는 영화 〈미이라〉, 〈조지 오브 정글〉 등의 히트작으로 단숨에 세계적인 스타로 자리매김했다. 그러나 화려한 조명 뒤에 그 누구도 알지 못했던 깊은 상처가 있었다. 헐리우드 내부의 부조리한 관행, 반복되는 심각한 부상, 그리고 개인적인 문제들이 그를 점점 스포트라이트에서 멀어지게 했다. 연이어 찾아온 신체적 고통과 정신적 스트레스는 결국 그를 긴 공백으로 몰아넣었고, 사람들은 그가 다시는 돌아오지 못할 것이라 입을 모았다.

그러나 프레이저는 주저앉지 않았다. 그는 내면을 단련하며 변화의 파도에 몸을 맡기기로 결심했다. 더 이상 과거의 이미지만 고집하지 않고, 새로운 도전과 변화를 받아들였다. 작품 선택의 기준을 완전히 바꿔, 이전과는 다른 깊이 있는 역할을 찾아 나섰다. 그 결심의 결정체가 바로 2022년 개봉한 영화 〈더 웨일The Whale〉이었다. 이 작품에서 그간 숨겨왔던 진중한 내면을 꺼내어 깊이 있는 연기로 관객과 평단評壇을 사로잡았다. 그는 결국 아카데미 남우주연상을 거머쥐며 화려하게 부활했다.

프레이저의 귀환은 단순한 복귀가 아닌 변화에 민첩하게 적응하고 자신을 새롭게 정의한 사례다. 그는 위기의 순간을 도약의 기회로 삼았다. 그가 보여준 민첩성과 유연함은 우리가 직면한 불확실한 시대에 꼭 필요한 교훈을 준다. 인생 여정에서 우리는 언제든 예기치 못한 파도와 마주하게 되지만, 오디세우스처럼 지혜롭게 대처하고, 프레이저처럼 끊임없이 자신을 갱신해 나갈 때, 그 파도는 새로운 가능성으로 바뀌는 법이다. 퍼플 스완은 이렇게 변화의 파도 속에서 민첩하게 균형을 잡고, 더 나은 내일을 향해 나아가는 사람이다.

아문센이 개썰매에 매달리듯, 집요함 Tenacity

"새로운 것을 시도하는 것을 두려워하지 마라. 기억하라… 아마추어가 방주를 만들었고, 프로들은 타이타닉을 만들었다."

_작자 미상

이 책을 여기까지 포기하지 않고 읽어왔다면, 당신은 이미 퍼플 스완의 기질이 다분한 것이다. 퍼플 스완과 평범한 사람을 구분하는 빼놓을 수 없는 중요한 차이 중 하나가 '집요함Tenacity'이다. 집요함은 목표를 향해 끈기 있게 노력하고 포기하지 않는 능력이다. 목표를 향한 끈기는 어려움과 장애물을 극복하고 성공을 달성하는 데 필수적인 요소이다. 네 번째 DNA '집요함'은 첫 번째인 '집중'과 짝을 이루는 것이기도 하다. 집중이 여러 대안 중에서 최적을 선택하는 것이라면, 집요함은 선택한 대안을 깊게 파고드는 것이다.

UC 버클리의 경영학과 모튼 한센Morten T. Hansen 교수는 5년간 직장인 5,000명을 대상으로 최고의 성과를 내는 사람들의 핵심 스킬을 연구했다. 연구 결과 7가지 핵심 스킬을 도출했는데, 가장 중요한 첫 번째 스킬은 "일을 줄이고 집요하게 매달린다."라는 것이었다. 그는 '집요함'의 사례로 인류 최초로 남극점 탐험에 성공한 아문센 팀의 개썰매를 제시한다.

당시 스콧Robert F. Scott 팀은 영국 정부의 지원을 받아 더 큰 배, 2배의 예산, 3배의 인력을 갖고 있어 아문센Roald Amundsen 팀보다 우위에 있었다. 스콧과 아문센의 남극점 탐험 경쟁에 대한 다양한 분석과 설명이 있지만, 모튼 한센 교수는 이동 수단에 주목했다. 모터썰매 3대, 조랑말 19마리, 시베리아산 개 33마리 등 5가지 이동 수단을 사용했던 스콧 팀과 달리, 아문센 팀은 그린란드산 허스키 100마리와 함께 단 하나의 이동 수단인 개썰매에만 의존했다.

아문센의 개썰매에 대한 집요함은 남달랐다. 그는 이미 몇 해 전 북서항로 개척 때부터 알래스카 원주민인 이누이트Inuit로부터 썰매개 다루는 법을 배웠다. 이 훈련 덕분에 남극에 도착해 그린란드산 허스키를 자유자재로 다루고 추위를 이겨낼 수 있었다. 여기에 이글루를 짓고 먹잇감을 잡는 법까지 터득했다. 특히 뛰어난 개를 확보하는 일을 강박적으로 집착했다. 또 자신보다 노련한 개몰이꾼을 팀에 합류시키기 위해 힘썼다. 이렇게 아문센 팀은 개썰매에만 집요하게 매달린 덕에 스콧 팀과의 경쟁에서 이길 수 있었다.

반면, 스콧의 모터썰매 3대 중 한 대는 배에서 내릴 때 무게를 이기지 못해 얼음을 깨고 바닷속으로 가라앉았다. 나머지 두 대도 영하 60도의 혹한에 엔진이 멈춰버렸다. 조랑말들은 눈이 많이 내리면 움직일 수 없었고, 얼마 지나지 않아 탐험에 방해가 되어 사살해야 했다. 결국 짐을 모두 개들에게 맡겼지만, 개들마저 지쳐 빨리 죽고 말았다. 스콧 팀은 끝내 맨몸으로 걸어야 했다. 그들은 1911년 11월 14일 남극점에 도착한 아문센보다 늦은, 이듬해 1월 17일에야 도착할 수 있었다. 그러나 돌아오는 길에 지친 체력으로 결국 모두 비극적인 죽음을 맞이하고 말았다.[47]

아문센이 개썰매에 매달렸다면, 프랜차이즈라는 새로운 먹잇감에 집요하게 매달리며 성공을 일궈낸 인물이 있다. 바로 밀크셰이크 믹서기 외판원에서 세계적인 패스트푸드 제국을 일군 '레이 크록Raymond Albert Kroc'이다. 52세까지 하는 일마다 실패의 연속이었던 그는 어느 날 우연히 맥도날드라는 테이크아웃 레스토랑을 발견하게 된다. 남들이 간과한 그 가치를 간박에 꿰뚫어 본 그는 바로 여기서 인생의 반전을 만들어낸다.

레이는 곧바로 맥도날드 형제에게 프랜차이즈 확장을 제안하지만, 과거 사업 확장의 실패로 이미 지쳐 있던 형제들은 이를 단호히 거절한다. 그러나 레이는 물러서지 않았다. 끊임없이 형제들을 찾아가고, 전화와 편지로 설득하며 포기하지 않았다. 그는 미국 전역에 걸친 확장의 청사진을 제시하며, 사업 확장 시 발생할 수 있는 품질 저하 문제는 표준화된 매뉴얼과 체계적인 시스템으로 해결할 수 있다고 강조했다. 그의 집요한 설득과 철저한 비전 앞에서 결국 형제들은 백기를 들고 사업 확장을 허락한다.

이후 레이는 맥도날드 사업을 완전히 장악하기에 이른다. 그의 집념은 단순한 끈기를 넘어 미래의 가능성과 사업적 기회를 절대 놓치지 않으려는 강한 의지에서 비롯된 것이었다. 레이 크록의 이야기는 한 사람의 불굴의 신념이 어떻게 세상을 바꿀 수 있는지를 보여주는 생생한 사례다.[48]

집요함의 끝판왕은 스티브 잡스가 아닐까 싶다. 17년간 애플의 광고와 마케팅을 이끌었던 켄 시걸Ken Segall의 회고록 《미친 듯이 심플》에는 스티브 잡스의 놀라운 집요함을 보여주는 일화가 담겨 있다. 잡스는 켄 시걸이 만든 광고를 2주 뒤 발간하는 타임지 00월호에 싣고 싶어 했다. 하지만 일반적인 인쇄 기간과 타임지의 마감일을 고려하면 불가능에 가까운 일이었다.

켄 시걸은 여러 번 강력하게 불가능하다고 주장했다. 이미 타임지에 확인한 결과, 00월호에는 광고 게재가 불가능하다는 답변을 받았기 때문이다. 하지만 잡스는 굴하지 않았다. 그는 꼭 00월호에 광고를 내보내길 원했고, 불가능하지 않을 것이라고 확신했다. 샤이엇 데이Chiat Day에서 해결하지 못한다면 다른 대행사를 찾겠다고 으름장을 놓으면서까지 집요하게 요청했다.

결국 켄 시걸은 타임지 담당자에게 사정해서 애플의 새로운 광고를 잡스가 원하는 00월호에 게재할 수 있도록 만들었다. 불가능하다고 단정 짓고 포기했더라면 이루어낼 수 없었던 일이었다. 이후 켄 시걸은 자신이 죽어도 안 된다고 주장했던 것에 대해 부끄러움을 느끼기도 했지만, 동시에 잡스의 집요함과 완벽주의에서 많은 것을 배웠다고 고백했다.[49]

집요함은 퍼플 스완의 핵심적인 성공 DNA이다. 그들은 불가능은 인식의 문제일 뿐, 열정과 집요함으로 극복할 수 있다는 것을 보여준다. 마치 스티브 잡스가 상상했던 것이 함께 일하는 사람들에게 전염되어 불가능을 가능으로 만들 것 같은 착각을 불러일으키고, 실제로 놀라운 결과를 만드는 '현실왜곡장 Reality distortion field'[50]처럼 말이다. 퍼플 스완의 탁월한 성과는 어디까지나 남다른 집요함의 산물이다. 끝에 도달하면 상상도 못 한 것들이 기다리고 있다는 것을 그들은 너무 잘 알고 있다. 창의적인 사람과 그렇지 않은 사람의 차이도 다름 아닌 집요함이다. 만약 당신이 퍼플 스완으로 거듭나고 싶다면, 자신에게 이런 질문을 던져야 한다.

"적절히 타협할 것인가?"
"집요하게 매달려 의미 있는 차이를 만들 것인가?"

이카루스 날개의 교훈, 겸손 Humility

"재능은 하나님이 주는 것이다. 그러니 겸손하라. 명성은 사람들이 주는 것이다. 그러니 감사하라. 자만심은 자신이 주는 것이다. 그러니 조심하라."
_존 우든 John Wooden, 미국 농구 감독

직업 특성상 다양한 분야에서 퍼플 스완을 자주 만난다. 한 번은 강의 목적으로 방문한 조직에서 잊지 못할 만남을 가졌다. 직원들이 이구동성으로 칭찬하고 존경하는 리더를 만난 것이다. 그의 뛰어난 성품과 사업 성공 스토리는 이미 여러 번 들었기에, 그를 직접 만날 날을 고대하고 있었다. 첫 만남에서 그는 독특한 복장과 깊은 눈빛으로 내 시선을 사로잡았다. 손님인 나뿐 아니라, 조직원들에게도 젠틀하고 배려심 넘쳤다. 그의 따뜻한 미소와 진심 어린 말투는 주변 사람들을 편안하게 했다.

그는 나이로는 내 아버지 세대였지만, 한참 어린 나를 작가로서 깍듯하게 대했다. 그의 말투와 태도에는 배려가 배어 있었다. 그 만남 이후, 지금까지도 매일 아침 그는 SNS로 나에게 격려와 축복의 메시지를 보낸다. 사회적으로 명망 있는 사람들을 많이 만나봤지만, 그처럼 인품이 훌륭하고 겸손한 사람은 흔치 않다. 직원들이 그를 존경하고 따르는 이유를 자연스럽게 깨달을 수 있었다. 그 리더와의 만남은 단순한 만남을 넘어 내게 큰 의미로 다가왔다. 성공의 정의는 여러 가지일 수 있지만, 진정한 성공은 겸손에서 비롯된다는 것을 다시 한번 깨달았다.

놀랍게도 많은 성공한 퍼플 스완은 자신의 성공이 운 때문이었다고 고백한다. 큰 성과를 이룬 사람일수록 더욱 그러하다. 그들은 자신의 노력과 능력을 부정하는 것이 아니라, 성공의 원인이 단순히 자신의 힘만으로 이루어진 것이 아니라는 것을 깨닫고 있다. 운이라는 요소를 인정하는 순간, 감사하는 마음과 겸손이 자연스럽게 생겨난다.

퍼플 스완의 다섯 번째 DNA는 '겸손Humility'이다. 겸손을 한마디로 정의해내기가 생각처럼 쉽지 않다. 겸손을 의미하는 영어 단어 Humility는 '땅Ground', '낮은low'이라는 의미의 라틴어에서 유래했다. 겸손은 땅처럼 자신을 낮춘다는 의미를 지닌다. 따라서 겸손은 더 많이 아는 자가 자신도 틀릴 수 있다는 것을 인정하는 것이며, 더 나은 자가 자신보다 못한 자를 존중하는 것이며, 더 가진 자가 자신의 가진 것을 기꺼이 나누며 손해를 보는 것이다.

겸손은 자신의 한계를 인정하고 끊임없이 배우려는 자세이며, 다른 사람들의 의견과 경험을 열린 마음으로 받아들이고 존중하는 것이다. 그리고 타인의 피드백을 통해 배우고 성장하는 기회로 삼는 것이다. 퍼플 스완은 "내가 틀릴 수 있다"는 것을 알고 자신의 취약성Vulnerability을 인정하는 데 주저함이 없는 사람이다. 그래서 그들에게서는 인간미가 느껴진다.

내가 만난 성공한 퍼플 스완들은 겸손한 사람이 많았다. 그 이유를 두 가지로 해석해 볼 수 있다. 첫째, 그들은 성공하기까지 시련과 실패를 겪으며 겸손의 중요성을 깨달았다. 둘째, 그들은 혼자서 성공을 이루었다고 생각하지 않고, 주변 사람들의 도움에 감사하는 마음을 가지고 있었다.

겸손은 이카루스Icarus의 날개처럼 적당한 높이 조절이 필수이다. 그리스 신화에 등장하는 다이달로스Daedalus의 아들 이카루스는 새의 날개 깃털을 모아 밀랍으로 붙여서 미궁인 라비린토스Labyrinthos에서 탈출한다. 하지만 태양까지 높게 오르려다 태양열에 날개가 녹아 에게해에 떨어져 죽고 만다. 사람도 모름지기 높아져 교만하면 한순간 추락하는 게 이치다. 반면, 지나치게 낮게 날면 습기 때문에 날개가 무거워져 바다에 떨어질 수 있다. 과한 겸손은 객관성과 신뢰를 잃기에 십상이다. 홍자성의 《채근담》에서도 지나친 겸손을 경계한다.

"겸양謙讓(겸손과 양보의 자세)은 좋은 행동이지만 도를 넘어서면 지나치게 겸손하며 소심하게 되어 기심機心(교묘한 방법으로 그럴듯하게 속임)이 생기는 경우가 많게 된다."[51]

평균과 평범의 굴레 벗어나기, 탁월함 Excellence

"탁월함이란 보통의 일을 비범하게 잘하는 것이다."

_ 존 가드너 John W. Gardner, 미국 교육자

TV 프로그램 〈생활의 달인〉을 보노라면, '탁월함Excellence'이라는 단어가 떠오를 만큼 뛰어난 퍼플 스완이 자주 등장한다. 그중에서도 메밀국수의 달인이 특히 기억에 남는다. 청어를 바닷장어 껍질에 말아 돌에 구워내는 독특한 조리법은 탁월함이 돋보였다. 달인이 만든 면은 일류 호텔의 조리장도 비법을 전수받기 위해 찾아올 정도로 특별했다.[52]

또 한 번은 떡볶이의 달인이 눈길을 사로잡았다. 그가 터득한 육수 만드는 비법이 남달랐는데, 그는 파를 잘 두들겨서 준비한 다음, 대파를 뿌리째 뜨겁게 달궈진 돌 위에 수북이 올렸다. 이 과정을 통해 파 특유의 풋내를 없애고 파에서 진액이 나와 단맛을 내는 게 핵심이었다. 이렇게 구운 대파를 다른 재료와 함께 깨끗한 면포에 넣고 푹 끓여 특제 육수를 만들어냈다.[53]

두 사례처럼 각종 프로그램에 등장하는 다양한 분야의 달인들에게 공통으로 발견되는 몇 가지 특징이 있다.

첫째, 자신이 만드는 제품이나 서비스에 대한 소명 의식 내지는 사명감이 강하다. 둘째, 품질에 대한 기대 수준이 일반인보다 더 높다. 셋째, 대중이 생각하는 평범한 것 이상의 가치를 제공하고 싶어 한다. 넷째, 새로운 시도와 실패 경험으로 자신의 제품과 서비스를 차별화한다. 다섯째, 게으르지 않고 성실하다. 여섯째, 꾸준히 연구하고 시행착오를 거치면서 터득한 자신만의 비법이 있다. 그래서 그 비법을 다 공개하지는 않는다. 일곱째, 타고난 소질이 있다. 재능을 발견하고 연마해 남다른 집념으로 한 길만 정진해 달인의 경지에 올랐다. 여덟째, 하는 일을 좋아한다. 그래서 열정적으로 일한다.

달인들에게 공통으로 나타나는 DNA를 하나 꼽으라고 하면 '탁월함의 추구'라고 할 수 있다. 그들은 만드는 제품과 하는 일에 대해 평균 이상의 수준을 목표로 한다. 이 점이 평균과 평범의 함정에 갇힌 일반인과는 비교된다. 나아가 그들은 평범함을 강하게 부정한다. 적어도 남들처럼 하고 싶어 하지 않는다. 그래서 그들은 평범한 길 대신 남들이 가지 않는 길을 선택한다.

퍼플 스완의 여섯 번째 DNA '탁월함Excellence'은 경쟁에서 상대를 앞서는 핵심 요소이며, 퍼플 스완이 성공하는 데 있어서 중요한 요인이 아닐 수 없다.

피터 드러커의 인생을 바꾼 7가지 지적인 경험 중 탁월함에 관한 한 일화를 소개한다. 고대 그리스의 위대한 조각가 페이디아스Pheidias 이야기다. 파르테논 신전 등 그의 작품들은 서구 미술 역사상 최고의 걸작으로 손꼽힌다. 기원전 440년경 작품의 제작을 의뢰받았는데, 2,400년이 지난 지금도 아테네 신전 지붕 위에 여전히 남아있다.

당시 사람들은 그의 작품을 칭송했지만, 정작 아테네 재무관은 그렇지 않았다. 그는 작품료의 지급을 거절했는데, 이유는 이러했다. "조각들은 신전의 지붕 위에 세워져 있고, 따라서 사람들은 조각의 전면밖에 볼 수가 없소. 그런데도 당신은 아무도 볼 수 없는 조각의 뒷면 작업에 들어간 비용까지 청구했소. 어떻게 생각하오?"라면서 말이다. 이에 페이디아스는 이렇게 대꾸한다. "아무도 볼 수 없다고? 당신은 틀렸소. 하늘의 신이 볼 수 있잖소."

페이디아스의 이야기는 그가 아무도 보지 않을 조각 뒷면 작업까지 심혈을 기울였듯, 우리가 어떤 일을 할 때 신이 보고 있을 것이라는 생각으로 탁월함을 추구해야 한다는 교훈을 준다.

탁월함을 추구하는 삶은 결코 쉽지 않다. 끊임없는 노력과 희생을 요구하며, 때로는 고독과 실패를 감수해야 할 수도 있다. 하지만 그 과정에서 우리는 자신을 발견하고 성장하며, 더 나은 삶을 살 수 있는 원동력을 얻을 수 있다. 탁월함은 단순한 결과가 아니라, 끊임없이 노력하고 성장하는 과정이다. 페이디아스의 이야기처럼, 우리도 작은 것 하나까지 최선을 다한다면, 분명히 자신의 분야에서 놀라운 결과를 얻을 수 있을 것이다.

탁월함을 만드는 한 끗 차이, 루틴Routine

"반복해서 실행한 것이 곧 우리 자신이 된다. 그렇다면 탁월함은 행동이 아닌 습관인 것이다."

_아리스토텔레스Aristotele, 고대 그리스 철학자

천재와 그렇지 않은 사람의 차이는 루틴Routine이다. 천재는 자신의 삶을 루틴으로 잘 조각해서 내재한 천재성을 발견한 사람이다. 절대로 하루아침에 만들어지는 것이 아니다. 의지보다는 꾸준한 루틴으로 잠자던 자기 안의 잠재력을 깨운 사람이다. 이렇듯 루틴을 통해 자신의 천재성을 깨우는 사람이 바로 퍼플 스완이다. 그래서 일반인과 달리 그들에겐 절제된 삶에서 배어 나오는 남다른 아우라가 있다.

여기 루틴으로 탁월한 삶을 살아낸 인물이 있다. 그는 20세기 최고의 과학 소설 작가 중 한 명으로 평가받고 있으며 과학 소설의 대중화에 크게 기여한 사람이다. 바로 미국의 과학 소설가 '아이작 아시모프Isaac Asimov'다. 그는 날마다 동틀 무렵 일어나서 정오까지 글을 썼다. 그것도 하루도 빠짐없이 말이다. 덕분에 정기적으로 책을 출판해서 평생 500권이 넘는 책을 출간할 수 있었다. 그는 최선을 다해 쓴 자신의 작품에 매번 감탄했다고 한다.[54] 퍼플 스완을 보노라면 두뇌가 뛰어나지 않은 경우도 많다. 다만 누구보다 자신에게 도움이 되는 기술을 꾸준하게 연마하고 자신만의 루틴을 한결같이 실천한 사람들이다.

자신만의 루틴을 실천하는 퍼플 스완은 어렵지 않게 찾아볼 수 있다. 수학계의 노벨상으로 일컫는 필즈상을 수상해 화제를 모았던 인물이 있다. 프린스턴대 수학과 허준이 교수다. 그는 한 언론과 가진 인터뷰에서 유년 시절부터 수학에 재능을 보인 것은 아니라고 했다. 초등학교 2학년 때는 구구단을 외우는 것조차 힘들어해서 부모님을 좌절시키기도 했다고 한다. '수학 머리를 타고났는가?'라는 기자의 질문에, 그는 능력의 차이라기보다는 취향의 밀도 차이일 뿐이라고 답했다. 덧붙여 만약 강력한 끌림이 있는 사랑하는 무언가가 있다면, 그 분야를 특화하고 개발하는 과정에서 천재가 될 수 있다고 말했다.[55]

허 교수는 꾸준히 루틴을 실천하는 전형적인 루티너Routiner이다. 예를 들면 그가 실천한 식사 루틴은 이렇다. 박사과정 때는 냉동 피자만 몇 달을 먹기도 했고, 한동안은 점심을 중동 음식 전문점의 '샤와르마'(케밥처럼 구운 고기를 빵에 싸 먹는 중동 요리)로만 때우기도 했다. 또 반년을 오일 파스타만 먹기도 했다. 이런 독특한 식사 루틴을 가진 이유에 대해 그는 이렇게 설명했다. "새로운 음식을 고르고 맛보면 정신이 산만해지는데, 일종의 불필요한 자극이 일상에 지장을 줄 수 있다고 생각한다."[56]

앞서 소개한 프랑스 소설가 베르나르 베르베르의 이야기를 다시 이어가 보자. 그는 일곱 살 때 글쓰기를 시작해 열여섯 살 때부터는 오전에 4~5시간 동안 글을 썼다. 소설 《아버지들의 아버지》를 쓴 이후 작가라는 직업이 장거리 마라톤임을 깨닫고, 매년 10월 첫째 주 수요일에 새 책을 선보이기로 자신과 약속한다. 그때부터 이 약속을 실천하기 위해 철저한 글쓰기 규칙을 정하고, 일과를 엄격히 관리하기 시작한다.

7시에 일어나 간밤에 꾼 꿈을 기록하고, 아침 체조를 한다. 7시 15분에 명상하고, 7시 30분에는 아침 식사를 하면서 라디오 뉴스를 듣는다. 7시 45분에 단골 카페에서 차를 마시고, 7시 45분부터 8시까지 일간지를 훑어본다. 8시부터 12시 30분에는 카페에서 하루 열 장 분량의 소설을 쓴다. 아이디어가 많아도 이 분량을 꼭 지킨다. 12시 40분부터 13시까지는 공원으로 나가 태극권으로 몸을 푼다. 13시부터 15시까지는 친구들과 점심을 먹는다. 15시부터 18시 사이에는 자료조사와 기타 작업을 하고, 18시부터 19시까지는 짧은 단편을 쓴다. 20시에 저녁 식사를 하고, 취침 시간인 23시 30분까지는 책을 읽거나 영화를 보며 하루를 마무리한다. 이런 일과로 대략 9개월 만에 소설 한 편을 집필해 낸다.[57]

후회를 줄이고 싶다면, 흔들림 없는 자신만의 루틴을 만드는 것이 필수다. 루틴을 실천하며 개선점을 찾아가는 과정이 후회 없는 삶으로 나아가는 길이기 때문이다. 성공, 부, 비전의 성취는 좋은 루틴들이 오랫동안 하나둘씩 쌓여가는 과정에서 자연스럽게 이루어진다. 풍요로운 삶도 좋은 루틴을 늘리고 나쁜 루틴을 줄여가는 과정에서 그 열매를 맺는다. 돈을 좇다 보면 돈을 벌 수 없듯, 성공을 위해 성공에만 집중하면 성공하기 어렵다.

인간의 천재성은 꾸준한 루틴을 통해서만 드러난다. 매번 새로운 시도를 하면서도 금방 포기하는 것은 의지가 부족해서가 아니라 루틴이 박약해서다. 필요한 것은 의지가 아니라 루틴이다. 루틴은 우리가 그리고 싶은 미래를 실현하기 위해 매일 반복적으로 실행하는 의도적인 행동, 목표를 이루기 위한 자동화된 시스템이다. 당신 안에 잠든 천재성을 깨우는 것은 바로 루틴이다.

당신은 지금 어떤 루틴으로 살고 있는가? 당신의 미래를 예측하는 방법은 그리 어렵지 않다. 매일 실천하고 있는 루틴을 보면 된다. 퍼플 스완은 운동, 독서 등 다른 사람들이 가끔 하는 좋은 루틴을 꾸준히 실천하는 사람일 뿐이다. 탁월함은 루틴에서 나온다.

Key Message

♦ 7장 ♦
퍼플 스완의 깃털로 날아오르다

| 미운 오리 새끼 vs. 퍼플 스완 |

미운 오리 새끼	퍼플 스완
중요하지 않은 일에 휘둘린다.	중요한 것에 집중하고 몰입한다
자신의 감정을 추스르기도 힘들다.	공감과 사랑을 실천한다.
변화와 혁신을 주저한다.	위기를 기회로 삼고 변화한다.
목표가 불분명하고 끈기가 부족하다.	목표를 향해 집요하게 매달린다.
배움에 대한 욕구가 약하고 교만하다.	자신의 취약성을 인정하며 겸손하다.
평균과 평범함에 자족한다.	평균과 평범함을 부정하고 탁월함을 추구한다.
일상 속 나쁜 루틴이 많다.	꾸준히 실천하는 좋은 루틴이 많다.

| 퍼플 스완의 교훈 |

퍼플 스완이 되기 위한 질문 Question	"나의 능력과 잠재력을 얼마나 활용하고 있는가?"
퍼플 스완이 되기 위한 마인드 Mind	집중과 몰입 Focus & Flow 공감 Empathy 민첩성 Agility 집요함 Tenacity 겸손 Humility 탁월함 Excellence 루틴 Routine
퍼플 스완이 되기 위한 도구 Tool	퍼플 스완의 7가지 DNA: FEATHER

8장
하나뿐인 퍼플 스완의 노래를 불러라

"본래의 자신을 지키면서 자기 속에 타인의 존재를 조금도 인식하지 않는 사람이야말로 훌륭한 사람이다."

_랠프 월도 에머슨 Ralph Waldo Emerson, 미국 시인

이번 장에서는 세상의 변화에 흔들리지 않고, 오직 자신만의 루틴을 지키며 성공적인 삶을 만들어가는 퍼플 스완의 이상적인 인재상을 살펴볼 것이다. 인공지능 시대에 평범하고 평균적인 일자리는 갈수록 사라지고 있다. 그 자리를 대신하는 것은 다름 아닌 AI다. 인공지능의 강력한 특징은 바로 효율성의 극대화, 정확성의 향상, 반복 작업의 자동화다. 이미 단순한 사무 작업에서부터 청소, 서빙 같은

정형화된 업무는 빠른 속도로 AI로 대체되고 있다.

인공지능 시대가 빠르게 진화할수록 창의성과 혁신, 감성과 공감 능력, 윤리적 판단이 요구되는 일은 더더욱 중요해지고 있다. 이처럼 기계가 대체할 수 없는 영역에서 자신만의 독창적 강점과 가치를 발휘해서 차별화된 자기 서사를 만들어가는 퍼플 스완이 주목받고 있다. 이제는 개인의 정체성과 재능을 발견하고, 이를 강화해 자신만의 브랜드로 차별화하는 것이 생존을 위한 선택이 아닌 필수 조건이 되어가고 있다. 인공지능 시대가 요구하는 인재는 평균이 아닌 독보적인 나만의 존재감을 지닌 퍼플 스완이다.

미래는 이미 우리 곁에 와 있다. 단지, 누구는 더 빨리 그것을 맞이하고, 누구는 늦게 알아차릴 뿐이다. 다가올 변화를 준비하려면 우리의 감각을 최대치로 열어두고 수많은 정보 속에 자신을 던져야 한다. 그리고 그 속에서 변화를 감지하고 상황에 따라 유연하게 자

| 퍼플 스완의 인재상 |

(P)ioneer 대중의 반대편에 서는 개척자

(U)nsung Hero 있는 자리에서 빛나는 영웅

(R)eader 책속에서 길을 찾는 생존형 독서가

(P)hilosopher 상상을 현실로 만드는 꿈꾸는 철학자

(L)earner 배우고 성장하는 치열한 학습자

(E)ssentialist 복잡한 세상을 단순하게 보는 본질추구자

신을 재창조할 수 있어야 한다. 지금부터는 이러한 시대의 요구에 부응해 주목받고 있는 퍼플 스완의 인재상을 'PURPLE'에 맞춰 6가지로 정리해 보겠다.

6가지 퍼플 스완의 인재상을 벤치마킹하는 것은 '미운 오리 새끼'의 사고방식에서 벗어나 당신의 잠재력을 깨우고 목표를 향해 나아가는 강력한 무기가 될 수 있다. 아인슈타인의 일화와 함께 첫 번째 인재상인 '대중의 반대편에 서는 개척자' 이야기부터 시작해 보자.

대중의 반대편에 서는 개척자 Pioneer

"다른 사람이 무엇을 하든지 신경 쓰지 마라. 더 나은 당신이 되기 위해 노력하고 매일 당신의 기록을 깨뜨려라."

_윌리엄 보엣커 William J.H. Boetcker, 미국 대중 연설가

아인슈타인이 스위스 취리히 연방공과대 재학시절, 하루는 그의 지도교수인 수학자 헤르만 민코프스키 Hermann Minkowski에게 이렇게 물었다.

"제 삶의 길과 과학 분야에서 자신만의 빛나는 족적을 남기고 뛰어난 공헌을 하려면 어떻게 해야 합니까?"

헤르만 교수는 아무 말 없이 웃기만 하다가 아인슈타인을 건축 현장에 데리고 가서 인부들이 시멘트를 바른 곳으로 걸어갔다. 인부들이 야단을 치자 아인슈타인은 당황했다. 헤르만 교수는 인부들의 야단 소리에 아랑곳하지 않고 진지하게 말했다.

"자네, 보았는가? 이런 곳에서만 발자국을 남길 수 있다네. 새로운 분야, 불안정한 이런 곳에서만 자네가 가는 곳이 어디든 깊은 발자국을 남길 수 있다네. 오랫동안 얼어있던 곳이나 수많은 사람이 걸어갔던 곳에는 발자국을 남길 수 없지 않겠는가?"

퍼플 스완은 '대중의 반대편에 서는 개척자Pioneer'다. 이들은 세 가지를 실행하는 사람들이다. 첫째, 새로운 길을 개척한다. 틀에 박힌 사고방식을 넘어 새로운 가능성을 모색하고 도전한다. 둘째, 기꺼이 위험을 감수한다. 실패를 두려워하지 않고 새로운 시도로 미래를 만들어간다. 셋째, 남들과 다른 독창적인 아이디어를 생각하고 실행한다.

용감한 개척자의 길을 가는 퍼플 스완은 이어령 교수가 생전에 한 인터뷰에서 남긴 다음의 메시지를 그대로 실천하는 사람들이다.

"천재 아닌 사람이 어디 있어요? 모든 사람은 천재로 태어났고, 그 사람만이 할 수 있는 일이 있는 거예요. 그런데 이 세상을 살다 보면 그 천재성을 남들이 덮어버려요. 학교 들어가면 학교 선생님이 덮고, 직장에 가면 직장 상사들이 덮고, 자신의 천재성을 전부 가리는 거죠.

그래서 내가 늘 하는 얘기가 360명이 뛰는 방향을 쫓아서 경주하면, 아무리 잘 뛰어도 1등부터 360등까지 있을 거예요. 헌데, 남들 뛴다고 뛰는 것이 아니라 내가 뛰고 싶은 방향으로 각자가 뛰면 360명이 다 1등 할 수가 있어요. 'Best One'이 되려고 하지 말아요. 'Only One' 하나밖에 없는 사람이 되어야 해요. 자신은 하나뿐인데 왜 남과 똑같이 살아야 하나요. 왜 남의 인생 남의 생각을 쫓아가는 거죠? 사람들이 '와'하고 몰리는 길은 내가 가고 싶은 길이 아니라는 겁니다. 대담하게 가고 싶은 길을 쓰러져 죽더라도 내가 요구하는 삶을 위해서 거슬러 가라는 거예요. 자기의 삶은 자기 것이기 때문에 남이 어떻게 할 수가 없어요. 그거 늙어서 깨달으면 큰일 나요."

자신의 분야에서 일가를 이룬 퍼플 스완을 보면, 겸손하면서도 확신에 찬 모습이 특징적이다. 남들과 같은 일을 하더라도 그들은 남다르게 해낸다. 대중과 같은 길 걷기를 피하고, 가능한 한 대중과 거리를 둔다. 유일한 존재가 되거나, 타인보다 뛰어난 존재가 되려고 한다. 이것이 바로 성공의 지름길이자, 퍼플 스완이 가는 길이다.

대표적인 인물로 미국 농구의 슈퍼스타 스테픈 커리Wardell Stephen Curry II가 있다. 그는 골 밑을 장악해야 한다는 기존의 농구 문법을 뒤집고, 압도적인 3점 슛 능력으로 자신만의 성공 방정식을 만들어냈다. 평균 키가 198cm인 NBA 선수들 사이에서 188cm의 작은 키라는 핸디캡을 자신의 장점으로 바꾼 것이다.

삶에 의미 있는 변화를 원한다면, 군중이 가는 길을 과감히 벗어나야 한다. 외롭고 낯선 길을 가야 한다. 《군중 심리》에서 귀스타브르 봉Gustave Le Bon은 이렇게 말한다. "인간은 혼자일 때는 교양 있는 개인일지 모르지만, 군중 속에서는 본능에 따라 행동하는 야만인일 뿐이다." 군중은 생각보다 우매하고, 감정적이며, 비이성적이다. 군중과 거리를 둬야 하는 이유다. 퍼플 스완은 대중의 반대편에 서는 사람이다. 그래서 그들은 경쟁자가 없거나 적고, 자신이 유일한 경쟁자일 때가 많다.

군중과 거리를 둬야 하는 이유를 '레밍 효과Lemming Effect'로 설명할 수 있다. 이는 맹목적으로 남을 따라 하는 현상을 일컫는다. 레밍은 스칸디나비아반도의 산악지역에 서식하는 작은 들쥐로, 선두 레밍First Lemming이 해안가 절벽 아래로 뛰어내리면 나머지도 줄줄이 따라 뛰어내린다고 한다. 이렇게 집단으로 목숨을 잃는 습성에서 '레밍 효과'라는 용어가 생겨났다. 그리고, 비슷한 단어로 '스템피드 현상Stempede Phenomenon'이라는 것이 있다. 이는 한 마리의 가축이 우왕좌왕하면 다른 가축들도 무리 지어 달려가다가 파국을 맞는 것을 말한다.

이에 반대되는 것이 '펭귄 효과Penguin Effect'다. 펭귄은 무리 생활을 하다가, 선두 펭귄First Penguin이 용기 있게 바다로 뛰어들면 주저하던 다른 펭귄들도 뒤따라 뛰어든다. 천적의 위험을 무릅쓴 선두 펭귄 덕분에 나머지 펭귄들은 먹이로 배를 채운다.

두 효과는 모두 정보가 부족한 상황에서 무리 심리가 작동하는 것을 보여주지만, 결과는 정반대다. 레밍 무리는 비극적인 최후를 맞이하지만, 펭귄 무리는 일부 희생이 있더라도 결국 이득이다. 퍼플 스완은 퍼스트 펭귄과 같다. 그들은 포식자가 득실대는 위험한 바다를 앞에 두고도 무한한 가능성을 바라보며 기회를 향해 과감히 뛰어드는 사람이다. 당신은 퍼스트 레밍인가? 아니면 퍼스트 펭귄인가?

있는 자리에서 빛나는 영웅 Unsung Hero

"당신 인생의 주인공은 당신이다."

_바바라 홀 Barbara Hall, 미국 각본가

영화나 연극에는 리허설이 있지만, 인생에는 리허설도 NG도 없다. 매 순간이 실전이고 생방송이다. 컷 없이 롱 테이크로 있는 그대로의 모습이 카메라에 담기고 있다. 내가 주인공이 되어 나만의 이야기를 써 내려가고 있다. 관객이 많지 않아도 희로애락의 모든 순간이 편집 없이 방영되는 장편영화다.

당신은 인생이라는 영화에서 주인공으로 살고 있는가? 조연이나 엑스트라로 살고 있는가? 비극을 쓰고 싶은가? 희극을 써가고 싶은가? 당신은 어떤 영화의 주인공이 되고 싶은가? 그 영화의 결말은 어떻게 되기를 바라는가? 혹시 관객의 시선을 의식한 나머지 정작 자신의 삶을 제대로 살지 못하고 있지는 않은가? 확실한 것은 누구도 당신에게 어떤 삶을 살라고 강요하지 않는다는 점이다. 모든 선택은 오롯이 당신의 몫이다.

지구에 사는 모든 사람이 한 팀으로 축구 경기를 한다고 가정해

보자. 모든 선수가 공격수가 될 수는 없다. 공격수, 미드필더, 수비수, 골키퍼의 수는 정해져 있다. 당신은 이 중 누가 가장 중요하다고 생각하는가?

많은 사람이 공격수라고 답할지도 모른다. 경기에 이기려면 골을 넣어야 하니까. 공격수는 가장 주목받는 인기 포지션이기도 하다. 하지만 모두가 공격수나 스타플레이어가 될 수는 없다. 경기에서 승리하려면, 모든 선수가 각자의 포지션에서 제 역할을 해야 한다. 진정한 주인공은 누구인가? 골을 많이 넣은 선수인가? 아니다. 자신의 자리에서 제 역할을 다하는 선수들이 모두 주인공이다. "나는 평범해서. 별 볼 일 없는 사람이라서."라는 핑계는 버리자. 80억 인구 모두가 각자의 자리에서 제 역할을 하며 살아갈 뿐이다.

때로는 자신의 지위나 성공에 도취해 자만심이 가득하거나, 평범한 이들을 깎아내리는 사람들을 본다. 그럴 때면, 딸에게 어릴 적 읽어줬던 동화 《입이 똥꼬에게》가 떠오른다.

"또록또록 말하고 아름다운 노래를 부르며 엄마 아빠를 기쁘게 하는 입이 자기 자랑을 늘어놓는다. 그러자 신선한 공기를 불어 넣어 주는 코가 침을 튀겨 가며 또 자기 자랑을 한다. 아름다운 것을 볼 수 있다는 눈과 소리를 듣고 균형을 잡아준다는 귀도 덩달아 자기 자랑에 나섰다. 그런데 뿡 하는 소리와 함께 똥꼬가 방귀를 뀌자 모두 더러운 똥꼬가 없어졌으면 좋겠다고 말한다.

먹거리들이 눈에 띄자 입은 바빠졌고 쉴 새 없이 먹는다. 그런데 문제가 생겼다. 먹은 음식들이 빠져나가지 못하자, 배는 더부룩해지고 입에서는 고약한 냄새들이 올라왔다. 코에선 콧물이 나오고 눈은 충혈 되고 입은 침이 흘러 처참해졌다. 그제야 똥꼬가 없어졌음을 알았다. 입은 다시 돌아온 똥꼬에게 소중한 친구라며 반갑게 맞이한다."[58]

우리가 건강을 유지할 수 있는 것은 각 신체의 부위가 제 기능을 잘 해내고 있기 때문이다. 특히 동화 속에서처럼 똥꼬와 같은 주목을 받지 못하는 많은 신체가 문제없이 기능하고 있어서다. 우리 몸에 하찮은 부위는 하나도 없듯, 사회 구성원들도 마찬가지다.

영국 프리미어리그 명문 구단 맨체스터 유나이티드에서 활약했던 박지성 선수를 기억하는 이들이 많을 것이다. 그의 별명은 여러 가지였다. '캡틴 박'은 대한민국 축구 국가대표팀 주장으로서의 활약에서 비롯된 익숙한 별명이다. '해버지'라는 별명도 있었는데, 이는 '해외 축구의 아버지'를 줄인 말이다. 하지만 나는 현지인들이 붙여 준 '이름 없이 빛나는 주인공'이라는 뜻의 'Unsung Hero'라는 별칭을 좋아한다.

박지성 선수는 현역 시절 미드필더로서 매 경기 가장 많은 활동량으로 팀의 승리에 기여했으며, 헌신적인 플레이로 정평이 났지만 저평가된 선수 중 하나였다. 박지성 선수처럼 자신의 역할을 충실히 수행하며, 있는 자리에서 빛나는 사람을 나는 퍼플 스완이라 부르고 싶다. 퍼플 스완은 각자의 자리에서 맡은 일에 최선을 다하며, 자신의 꿈과 목표를 향해 나아가는 사람이다. 그들은 묵묵히 제 역할을 다한다. 세상이 삐걱대는 것처럼 보여도 여전히 잘 돌아가는 것은 바로 이렇게 자신이 있는 곳에서 제 역할을 다하는 퍼플 스완들이 있기 때문이다.

책속에서 길을 찾는 생존형 독서가Reader

"집은 책으로, 정원은 꽃으로 가득 채워라."

―앤드류 랭Andrew Lang, 영국 작가

퍼플 스완은 '생존형 독서가Reader'이다. 독서하면 떠오르는 인물이 있다. 바로 스페인 소설가 세르반테스Miguel de Cervantes Saavedra의 《돈키호테》에 등장하는 주인공, '돈키호테'다. 이 소설은 400년이 넘은 최초의 현대소설로 노벨연구소가 선정한 최고의 도서로 꼽힌다. 소설 속 돈키호테는 기사Knight 이야기에 푹 빠져 시간만 나면 기사에 관한 책을 읽어댄다. 책에 몰두한 나머지 사냥과 농장 일 같은 다른 일들은 모두 뒷전이었다. 그는 1년 동안 기사를 다룬 책을 모조리 섭렵할 정도로 열정적이었다. 기사에 대한 그의 사랑은 끝이 없었고, 결국 그는 자신의 소장품, 가재도구, 땅까지 팔아가며 책을 사 모은다. 세르반테스는 이러한 돈키호테를 다음과 같이 묘사한다.

"마침내 잠도 안 자고 수없이 많은 책을 보더니 그의 뇌는 말라버렸고 그는 완전히 미쳐버렸죠. 그의 상상은 그가 책에서 읽은 내용으로 꽉 차버렸다. 마법, 기사와의 조우, 전투, 도전, 사랑과 고통의 이야기, 그리고 갖은 불가능한 일 같은 것들이다. 그러다 보니 이러한 허구의 일들이 진짜라고 믿기 시작했다. 그에게는 이러한 일들이 이 세상 어떤 일보다 진짜였다."

돈키호테는 책에서 배운 기사들의 행적을 스스로 실천하기로 결심한다. 그는 오래된 녹슨 창과 투구를 쓰고, 늙고 마른 말 로시난테를 타고 세상으로 나아간다. 예전에는 사회 부적응자로 보였던 돈키호테가 이제는 조금 다르게 보인다. 그는 퍼플 스완의 모습과 닮은 점이 많다. 그의 독서법도 그렇고, 현실에 안주하지 않고 꿈을 포기하지 않는 모습도 그러하다. 무엇보다 타인을 의식하며 살기보다 자신의 길을 개척하며 사는 그의 태도는 퍼플 스완의 전형처럼 보인다. 현실에 뿌리내리고 사는 '산초' 같은 많은 사람들에게 돈키호테는 이렇게 말하는 듯하다.

"인생 그 자체가 미친 것처럼 보일 때 광기는 어디에 있는지 누가 아는가? 아마도 지나치게 실용적인 게 미친 짓이겠지. 꿈을 포기하는 것, 이게 미친 짓이야. 너무 지나치게 건전한 정신상태가 미친 짓 중에 최고로 미친 짓이지. 인생을 원하는 대로 보지 않고 있는 그대로 보는 것이야말로 미친 짓이야."

퍼플 스완의 독서에 대한 태도는 일반 사람들과 다르다. 대개 사람들에게 독서는 취미다. 시간이 나면 하는 것이고, 주된 목적은 재미다. 하지만 퍼플 스완에게 독서는 생존 그 자체다. 그들은 살아남기 위해 독서를 한다. 새로운 것을 배우고 성장하기 위해 책을 읽는다. 퍼플 스완의 독서법은 남다르다.

첫째, '생존Survival을 위한 독서'다. 강의 중 만난 한 교수는 1년에 300권의 책을 읽는다고 했다. 그는 매주 읽은 책을 동영상으로 공유하며, 치열하게 책을 읽어 생존해 나갔다. 생존을 위한 독서의 대표적인 예로 워런 버핏Warren Edward Buffett이 있다. 그는 여가 시간의 80퍼센트를 독서하고 사색하며 보낸다고 알려져 있다.

퍼플 스완은 독서를 삼시세끼처럼 챙긴다. 육체가 에너지를 얻고 건강을 유지하기 위해 끼니를 챙기고 운동을 하듯, 영혼의 에너지와 건강을 위해 독서를 한다. 독서를 하지 않는 것은 영혼을 기아 상태로 방치하는 것이나 다름없다. 이렇게 방치된 영혼은 철학보다는 고집에 사로잡혀 육체의 욕망에 휘둘리며 살기 쉽다.

둘째, '목적Goal이 있는 독서'다. 보통 사람들은 그때그때 기호에 따라 책을 읽지만, 퍼플 스완은 송곳처럼 명확하게 관심 영역을 정하고 깊이 파고든다. 이들은 다독多讀보다 심독深讀을 선호한다. 그렇다고 책을 적게 읽는 것도 아니다. 일반인보다 훨씬 많이 반복해서 읽는다. 책을 깊이 있게 읽는 심독深讀은 좋은 책의 내용을 자신의 것으로 만드는 가장 효과적인 방법이며, 천재들의 독서법이기도 하다.

목적이 있는 독서는 특정 주제를 정해 그 분야의 책을 섭렵하는 것이다. 단순히 지식을 습득하는 데 그치지 않는다. 이어령 교수의 말처럼, 책을 많이 읽는다고 지혜와 창의력이 생기는 것은 아니다. 그것은 머리로 이해하고 깊은 사유를 통해 얻어지는 것이다.[59]

셋째, '아웃풋Output을 만드는 독서'다. 퍼플 스완은 독서의 목적을 아웃풋, 즉 결과를 얻고 그것을 일과 삶에 적용하는 데 둔다. 그들은 세상의 새로운 언어와 지식을 인풋Input으로 받아들여 사고의 마중물로 활용한다. 이를 통해 자신만의 메타 언어와 데이터를 만들어낸다.

퍼플 스완이 세상을 남다른 시선으로 보는 이유는 능동적인 독서, 그리고 적극적인 검색과 사색을 통해 얻은 지식을 자신의 언어와 철학으로 정리하는 아웃풋 독서를 하기 때문이다. 그들은 독서를 통해 얻은 지식을 자신의 언어로 정리함으로써, 장기 기억으로 전환되는 '인출 효과Retrieval Effect'를 경험으로 체득한 사람들이다.

퍼플 스완은 독서를 통해 변하는 것과 변하지 않는 것을 구분해 낸다. 그들은 변화와 시대정신을 읽어내기 위해 최신 도서를 탐독하고, 변하지 않는 진리를 찾기 위해 고전을 읽는다. 그래서 그들은 시간이 지나도 빛바래지 않는 고전 100권을 여러 번 읽는 것을, 평범한 1,000권의 책보다 더 가치 있게 여긴다.

퍼플 스완이 독서를 하는 이유는 적은 비용으로 큰 지혜를 얻을 수 있는 것으로 책만 한 것이 없기 때문이다. 대한출판문화협회에 따르면, 요즘 책 한 권은 1만 8천 원 정도 한다고 한다.[60] 퍼플 스완은 "세상에 책처럼 싼 가격으로 지혜를 얻는 방법이 어디 있는가?"라고 입을 모은다. 인공지능 시대가 무르익을수록 책을 읽는 자가 스마트기기를 보는 자를 지배할 것이 분명하다. 퍼플 스완은 말한다.

"삶을 바꾸고 싶다면 먼저 책을 사라. 그리고 그 책을 탐독할 시간을 할애하라!"

📝 내 인생의 책

내 인생에 영향을 크게 미친 책은 무엇인가?

책 제목	내 인생에 영향을 미친 점

✏️ 나의 고전 리스트

정성을 들여 평생 읽어야 할 나만의 고전 리스트를 만들어 보자. 그리고 책을 구입해 책장을 채워보자. 평생 머리맡에 두고 인생 항해를 동행할 고전과 함께한다면, 인생 고비마다 든든한 동반자가 될 것이다. 어떤 고전을 선택해야 할지 고민이라면, 다음에 제시한 동서양 고전 목록[61]을 참고하길 바란다.

"목적이 없는 독서는 산책이지 학습이 아니다."

_B. 리튼 Baron Lytton, 영국 소설가

동서양 고전 목록

―――――――――――| 고전 목록 1) 서양 고전(철학, 역사) |―――――――――――

- 호메로스 《일리아스》, 《오디세이아》
- 헤로도토스 《역사》
- 투키디데스 《펠로폰네소스 전쟁사》
- 플라톤 《플라톤 대화편》, 《국가》
- 아리스토텔레스 《정치학》, 《시학》, 《수사학》, 《니코마코스 윤리학》
- 마르쿠스 아우렐리우스 《명상록》
- 플루타르코스 《플루타르크 영웅전》
- 아우구스티누스 《고백록》
- 토마스 아퀴나스 《신학대전》
- 니콜로 마키아벨리 《군주론》
- 장 칼뱅 《기독교 강요》
- 르네 데카르트 《방법서설》
- 토머스 홉스 《리바이어던》
- 블레즈 파스칼 《팡세》
- 존 로크 《통치론》
- 장 자크 루소 《사회계약론》, 《인간 불평등 기원론》, 《에밀》
- 애덤 스미스 《국부론》, 《도덕 감정론》
- 존 스튜어트 밀 《자유론》
- 카를 마르크스 《자본론》
- 막스 베버 《프로테스탄티즘의 윤리와 자본주의 정신》

―――――――――――| 고전 목록 2) 서양 고전(문학) |―――――――――――

- 단테 알리기에리 《신곡》, 《새로운 인생》
- 토머스 모어 《유토피아》
- 미겔 데 세르반테스 《돈키호테》
- 윌리엄 셰익스피어 《햄릿》, 《오셀로》, 《리어왕》, 《맥베스》
- 존 밀턴 《실락원》

- 요한 볼프강 폰 괴테《젊은 베르테르의 슬픔》,《파우스트》
- 제인 오스틴《오만과 편견》
- 찰스 디킨스《올리버 트위스트》,《위대한 유산》
- 허먼 멜빌《모비딕》,《필경사 바틀비》
- 레프 톨스토이《안나 카레니나》,《부활》
- 표도르 도스토옙스키《죄와 벌》,《카라마조프 씨네 형제들》
- 마크 트웨인《허클베리핀의 모험》,《왕자와 거지》
- 빅토르 위고《레미제라블》
- 헤르만 헤세《데미안》,《싯다르타》
- 제임스 조이스《율리시스》
- 프란츠 카프카《변신》,《소송》,《성》
- 앙투안 드 생텍쥐페리《어린 왕자》,《인간의 대지》
- 조지 오웰《동물농장》,《1984》
- 알베르 카뮈《이방인》,《페스트》,《시지프 신화》
- 어니스트 헤밍웨이《노인과 바다》,《무기여 잘 있거라》

―――――――| 고전 목록 3) 동양 고전(철학, 역사) |―――――――

- 관중《관자》
- 공자《논어》
- 묵적《묵자》
- 손무《손자병법》
- 노자《도덕경》
- 맹자《맹자》
- 장자《장자》
- 순자《순자》
- 한비《한비자》
- 사마천《사기》
- 증자《대학》
- 자사《중용》
- 김부식《삼국사기》

- 오긍 《정관정요》
- 추적 《명심보감》
- 홍자성 《채근담》
- 이황 《성학십도》, 《자성록》
- 이이 《성학집요》, 《격몽요결》
- 이순신 《난중일기》
- 정약용 《목민심서》, 《경세유표》

───────────| 고전 목록 4) 동양 고전(문학) |───────────

- 굴원 《초사》
- 두보 《두보 시선》
- 백거이 《백거이 시선》
- 무라사키 시키부 《겐지 이야기》
- 소동파 《소동파 시선》
- 김시습 《금오신화》
- 일연 《삼국유사》
- 이제현 《역옹패설》
- 시내암 《수호전》
- 나관중 《삼국지연의》
- 정철 《사미인곡》
- 오승은 《서유기》
- 허균 《홍길동전》, 《임진록》
- 김만중 《구운몽》, 《사씨남정기》
- 작자 미상 《춘향전》
- 작자 미상 《흥부전》
- 조설근 《홍루몽》
- 박지원 《연암집》, 《열하일기》
- 혜경궁 홍씨 《한중록》
- 나쓰메 소세키 《마음》

상상을 현실로 만드는
꿈꾸는 철학자 Philosopher

"세상은 우리의 상상력을 위한 캔버스에 불과하다."

_헨리 데이비드 소로 Henry David Thoreau, 미국 철학자

직장인의 제복을 벗고 홀로 정글에 뛰어들었을 때, 마음을 다잡고 인생을 깊이 고민하며 세운 10가지 원칙이 있었다. 그중 하나가 "소비자가 아니라 창조하는 철학자가 된다."는 것이었다. 그동안 열정적인 소비자로 살아왔다면, 이제는 가치 있는 것을 고민하고 새로움을 만들어내며 살겠다는 결심이었다.

이 원칙은 야생에서 살아남기 위한 생존의 다짐과도 같았다. 이미 많은 퍼플 스완이 실천하고 있는 원칙이기도 하다. 퍼플 스완은 소비자가 아니라 창조하는 철학자로, 세상에 새로운 가치를 제공하는 사람들이다. 그들의 시선은 '자신'이 아니라 '타인'과 '세상'으로 향하고 있다.

2019년 겨울, 코로나19의 갑작스러운 출현은 세상을 급변시켰다. 스마트기기를 누리는 자와 그렇지 못한 자의 디지털 격차 확대, 계층 간 불평등 심화, 안전과 건강에 대한 의식 개선 등 변화의 물결이 거대한 쓰나미가 되어 밀려왔다. 인공지능 AI 기술은 새로운 시대, 즉 인공지능 시대로의 가속 페달을 밟게 했다. 산술급수에서 기하급수로의 변화는 아찔할 정도다.

지금 우리는 문제의 정답을 찾는 시대에서, 필요를 예측하고 의

미 있는 질문을 찾는 시대로, 문제해결 능력보다 과제창출 능력이 요구되는 창의성의 시대로 전환되고 있다. 이제는 키오스크와 무인점포가 일상이 되었고, 대부분의 문제 해결은 AI가 인간보다 더 탁월하게 수행한다. 더 나아가, 생산과 공급 과잉의 시대에서 수요가 다양화되고 개별화되는 개인의 시대로 변화하고 있다.

바뀌는 세상에서는 주어진 일만 빠르게 해내던 소비자가 아니라, 새로운 의미와 가치를 창조해 내는 철학자가 필요해지고 있다. 마케팅 전문가 세스 고딘Seth Godin의 주장처럼, 이제 기업은 기계가 할 수 없는 반자동화된 업무를 처리하는 값싼 노동력이 아니라 '창조성'과 '인간성'이라는 두 가지 귀한 자원을 찾고 있다.[62] 이에 따라 과거의 접근법으로는 문제를 확다 재생산할 뿐, 더 이상 새로운 가치를 창출하지 못하고 정체될 위험이 크다.

우리는 지금, 불확실성의 시대에 살아가고 있다. 더 이상 과거의 방식으로는 새로운 미래를 만들어낼 수 없다. 이 시대는 우리에게 묻고 있다. "당신은 무엇을 창조할 것인가?", "당신이 남길 수 있는 진정한 가치는 무엇인가?" 이 질문이 당신의 인생을 향한 열망을 불러일으킬 때, 당신은 이미 새로운 길을 걷기 시작한 것이다. 자신만의 색깔로 그린 삶의 그림이 세상에 어떤 흔적을 남길 것인지 상상해보라. 그것이야말로 진정한 퍼플 스완의 길이다.

배우고 성장하는
치열한 학습자 Learner

"조금 배운 것은 위험한 것이다."

_알렉산더 포프 Alexander Pope, 영국 시인

경영학의 아버지로 불리는 '피터 드러커 Peter Ferdinand Drucker'의 이야기다. 드러커는 고등학교를 졸업하고 고향인 오스트리아 빈을 떠나 열여덟 살도 되지 않은 나이에 독일 함부르크의 면제품 수출회사에서 수습공으로 일을 시작했다. 몇 년 뒤에는 프랑크푸르트로 가서 증권회사 수습생으로 일했고, 스무 살이 되던 해에는 프랑크푸르트 최대 신문사에서 금융 및 외교 담당 기자로 첫발을 내디뎠다. 기자라는 직업은 다양한 주제에 대해 글을 써야 했기에, 그는 오후 두 시 반에 일이 끝나면 밤까지 공부하며 자신만의 공부법을 개발하게 되었다. 이때부터 그는 주제를 바꿔가며 학습을 이어갔다.

나는 어느 날 서가에 꽂아두기만 했던 그의 책 《프로페셔널의 조건》을 우연히 펼쳐 들었고, 그의 독특한 공부법이 소개된 페이지에서 시선이 고정됐다. 다음의 문장이 나를 사로잡았기 때문이다.

> "나는 60여 년 이상 동안 3년 내지 4년마다 주제를 바꾸어 공부를 계속해 오고 있다."[63]

드러커는 3~4년마다 주제를 바꾸어가며 60년이 넘는 시간 동안

| 피터 드러커의 3년 공부법 주제 |

구분	주제	세부 내용	주요 결과물
유년기 시절 (1909~30년대, ~20대 초반)	인문학, 법철학	철학, 역사, 정치학, 법학	학문적 연구
젊은 연구가 시절 (20대 중반 ~30대 중반)	파시즘과 자본주의	경제학, 정치철학, 나치즘과 파시즘의 부상, 자본주의와 민주주의의 관계, 산업사회에서 인간의 역할	《경제인의 종말》 《산업사회의 미래》
경영연구의 시작 (30대 후반 ~40대 중반)	경영학과 기업의 본질	대기업의 조직구조와 경영 방식, 지식 근로자의 개념, 현대사회에서 지식과 정보	《자본주의 이후의 사회》 《경영의 실제》
경영학의 체계화 (50대 초반 ~60대 후반)	효과적 리더십과 경영전략	효과적인 의사결정과 리더십, 다국적 기업의 역할과 사회에 미치는 영향	《자기 경영 노트》 《위대한 혁신》
사회 변화와 경영의 미래 (70대 초반 ~80대 후반)	사회적 책임과 비영리 조직	지식사회와 지식경제의 부상, 정보화 사회에서 새로운 경영 패러다임	《21세기 경영》 《비영리단체의 경영》
말년 (2000년대, 90대)	지속 가능한 경영과 혁신	경영혁신과 지속가능성, 기업의 변화와 혁신, 기업의 사회적 책임	《프로페셔널의 조건》 《경영의 새로운 현실》

지적인 여정을 즐기며 살았다. 통계학, 중세 역사, 일본 미술, 경제학 등 다양한 분야를 넘나들었다. 그가 '현대 경영학의 선구자'로서 명성을 얻을 수 있었던 것은 바로 이 '3년 공부법' 덕분이었다. 그는 이 방법의 효과에 대해 이렇게 언급했다.

"이 방법은 나에게 상당한 지식을 쌓을 수 있도록 해주었을 뿐만 아니라, 내가 새로운 주제와 새로운 시각, 그리고 새로운 방법에 대해 개방적인 자세를 취할 수 있도록 해주었다."[64]

이 공부법으로 그는 소설, 수필, 자서전 등 총 39권의 책을 집필했다. 그의 전문 분야인 경영학뿐만 아니라 법학, 정치학, 경제학, 사회학에 이르기까지 다양한 영역에 걸쳐 글을 남겼다. 흥미로운 사실은 그의 저서 대부분이 60세 이후에 쓴 것이다.

'3년 공부법' 하면 또 빼놓을 수 없는 인물이 있다. 주인공은 노벨상을 받은 일본의 대표적인 소설가 '오에 겐자부로大江健三郎'다.

대학 졸업을 앞둔 그는 와타나베 선생을 찾아가 앞으로 독학을 어떻게 이어갈지 조언을 구했다. 선생의 조언은 3년 주기로 특정 작가, 시인, 사상가의 작품을 집중적으로 탐독하라는 것이었다. 그는 같은 책을 반복해서 읽으며 3년간 그 주제에 몰입했고, 마침내 완전히 자신의 것으로 소화했다. 이러한 방식 덕분에 점차 독창적인 언어 감각을 발견해 나갔고, 주제를 바꾸어가며 꾸준히 소설을 집필했다. 그의 인생은 한 권의 고전을 깊이 탐구하고, 그로부터 파생된 책들을 차례로 읽어가며 새로운 작품을 창조하는 여정이었다.

그의 공부법은 피터 드러커와 닮았다. 다른 점이 있다면, 드러커가 한 분야에 몰입했다면, 오에는 한 인물이나 작품을 3년 동안 깊이 연구했다는 것이다. 그의 3년 공부법과 독서 여정은 《읽는 인간》이라는 책에 자세하게 담겨 있다. 오에가 연구한 인물로는 영국의 시인 윌리엄 블레이크와 윌리엄 예이츠, 그리스 철학자 플라톤, 이탈리아 시인 단테 등이 있다. 특히 마흔여덟 살부터 쉰 살까지는 단테의 《신곡》에 푹 빠져 지냈고, 이 작품에 대한 깊은 탐구를 바탕으로 《그리운 시절로 띄우는 편지》라는 장편소설을 남겼다.

직장을 뛰쳐나와 새로운 길을 찾고 있던 내게 이 공부법은 운명처럼 다가왔다. 나는 주저하지 않고 곧바로 실천에 옮겼다. 3년 공부법의 첫 번째 주제로 '세대Generation'를 선택했다. 세대와 관련된 책은 물론 논문, 신문 기사까지 닥치는 대로 읽었다. 당시만 해도 세대라는 주제는 주목받지 않던 시기였다. 세대에 관한 모든 정보를 모조리 섭렵하려고 애썼고, 1년이 지난 후 대한민국 밀레니얼 세대를 분석한 첫 책 《요즘 것들》을 출간했다.

인생의 변곡점을 만들고 싶다면, 3년 공부법에 도전해 보기를 권하고 싶다. 3년은 156주, 1,095일, 262,880분이다. 인생을 바꾸기에 충분한 시간이다. 레오나르도 다빈치는 3년 동안 〈모나리자〉를 완성했고, 에번 슈피겔은 스냅Snap Inc.을 창업한 후 3년 만에 세계적인 소셜 미디어 플랫폼으로 성장시켰다. 세르반테스의 《돈키호테》, 톨스토이의 《전쟁과 평화》, 조지 오웰의 《1984》도 3년이 걸려 완성된 작품들이다.

샘물을 얻으려면 일정 깊이까지 파야 하듯, 한 분야에서 성취를 이루려면 적어도 3년은 깊게 파고들어야 한다. 3년 동안 한 가지에 몰두하고 포기하지 않는다면, 삶의 중요한 이정표가 될 성취를 맛볼 수 있을 것이다. 퍼플 스완이 드문 이유는 대부분 시도조차 하지 않거나 도중에 포기하기 때문이다. 3년 공부법은 그리 어렵지 않다. 다음의 몇 가지를 적용하면 된다.

첫째, 관심사나 관심 분야를 정한다. 대중적인 주제보다는 고유한 분야를 정할수록 좋다. 그러면 자신만의 노하우와 데이터를 쌓아갈 수 있다. 예를 들어 요리에 관심이 있다면 '스파게티', 소통이라면 '거절', 건강이라면 '산책', 동물이라면 '새'로 구체화하는 것이 좋다.

둘째, 선택한 분야를 3년간 깊이 파고든다. 꼭 책일 필요는 없다. 배우는 방법은 다양하다. 그 분야의 전문가를 직접 만나는 것도 좋다. '제2의 머스크'로 불리는 자수성가한 최연소 억만장자 오스틴 러셀Austin Russell은 대부분의 지식을 위키피디아와 유튜브를 통해 얻었다고 한다.

셋째, 입력보다는 출력 중심으로 내 콘텐츠와 노하우를 쌓아야 한다. 단순히 흉내 내는 것을 넘어 내재화하여 출력할 때 효과가 있다. 글쓰기는 가장 좋은 출력 방법의 하나다. 한 분야를 깊이 팠다면, 자신의 언어로 정리하는 습관을 길러보자.

넷째, 3~4년마다 주제를 바꾸어 관심 분야를 확장하고 심화한다. 나는 '세대'에 이어 '루틴'을 주제로 연구를 확장하고 있다.《데일리 루틴》에 이어 이 책도 그 연장선이다.《데일리 루틴》은 하루 루틴을,《퍼플 스완》은 인생 전반의 라이프 루틴을 다뤘다. 처음 시작한 주제인 세대 연구도 계속 이어가며, 새로운 주제를 하나씩 더해가고 있다.

다섯째, 목표는 현재 능력보다 살짝 높은 수준으로 설정하는 것이 좋다. 3년은 긴 시간이기 때문에 목표가 너무 쉽거나 어려우면 동기부여가 약해질 수 있다.

여섯째, 자신만의 루틴을 만들어 집중한다. 목표를 이루는 자동화된 시스템이 바로 루틴이다. 지속적으로 루틴을 개선하고 보완하며 '목적이 있는 연습'을 꾸준히 해야 한다.

성공을 결정짓는 요소는 재능, 노력, 운, 환경, 사람이다. 운, 환경, 사람은 통제하기 어렵다. 그러나 당신이 잘할 수 있는 재능에 집중하며 포기하지 않고 의도적인 노력과 연습을 한다면, 3년 공부법을 통해 인생의 전환점을 만들 수 있다. 당신의 3년은 그 어떤 10년보다 값진 변화와 성취의 시간이 될 것이다.

✏️ 나의 3년 공부법

지금 3년 공부법을 실천하겠다고 결심해 보자. 그리고 도전하고 싶은 주제를 선정해보자. 3년 뒤, 당신은 지금과는 완전히 다른 사람이 되어 있을 것이다.

분야	구체적인 주제	공부 방법

"처음부터 모든 것을 잘할 줄 아는 사람은 없다. 하지만 모든 것을 잘해야겠다고 결심하는 사람은 모든 것을 잘하는 방법을 배운다. 모든 것을 배운다."

_리처드 브랜슨Richard Branson, 영국 사업가

복잡한 세상을 단순하게 보는 본질추구자 Essentialist

"가장 중요한 것만 남기고 모두 지워버려라."

_마크 맨슨 Mark Manson, 미국 작가

퍼플 스완은 본질적 사고가 장착돼 있다. 그들은 복잡한 문제의 핵심을 꿰뚫어 보고, 단순하면서도 강력한 해결책을 제시하는 능력이 있다. 본질本質이란 쉽게 말해 '그것을 빼면 더 이상 그것이 아닌 것', 즉 어떤 것이 존재하기 위해 없어서는 안 되는 요소를 의미한다. 라면의 본질은 스프일까? 면일까? 어떤 면을 사용하더라도 상관없다. 라면의 맛을 결정하는 것은 본질적으로 스프다.

본질적 사고란 현상의 근본적인 원인과 핵심 요소를 파악하여 문제를 해결하고 목표를 달성하는 사고방식이다. 이는 단순히 정보를 암기하거나 논리적으로 추론하는 것을 넘어, 깊이 있는 이해와 통찰력을 바탕으로 본질적인 문제를 정의하고 그에 대한 해결책을 찾는 데 집중한다. 예를 들어, 좋은 디자인이란 무엇일까? 애플의 최고 디자인 책임자였던 조너선 아이브 Jonathan Paul Ive는 "완벽한 디자인은 더 이상 뺄 것이 없는 디자인이다."라고 말했다. 이는 본질적 사고를 통해 디자인의 개념을 정리한 사례다.

아일랜드의 저비용 항공사인 라이언에어 Ryanair의 창업자 마이클 케빈 오리어리 Michael Kevin O'Leary는 본질적 사고를 실천한 인물이다. 그는 항공 여행의 본질을 '편안함'이나 '럭셔리'가 아닌 '이동'이라고 판단했다. 그는 기내식, 좌석 선택, 수하물 허용량 등 승객들에게 제공되는 부가적인 서비스를 최소화하여 비용을 절감하고 항공료를 낮췄다. 또 항공기 회전율을 높이고, 공항 시설 이용료가 저렴한 지방 공항을 이용하는 등 운영 효율성을 극대화했다. 그래서 라이언에어는 모든 노선에 동일한 서비스 기준을 적용하여 운영 비용을 절감하고, 예측할 수 있는 표준화된 서비스를 제공한다.

본질주의자로 산다는 것은 많은 일과 기회 속에서 진정 중요한 것을 가려내고, 핵심적인 일에 깊이 파고드는 것이다. 본질주의자는 피상적인 것에 휘둘리지 않고, 현상이나 사물의 근본적인 의미와 가치를 발견하고 추구하는 사람이다. 그들은 끊임없이 질문하고 탐구하며, 진실과 본질을 찾고자 노력하고, 삶의 의미와 가치를 발견하는 데 몰두한다.

본질주의자가 추구하는 핵심 원칙은 세 가지로 요약할 수 있다. 첫째, 가장 중요한 것을 찾아낸다. 자신의 가치관, 목표, 꿈 등을 깊이 성찰하며 무엇이 가장 중요한지 파악한다. 둘째, 불필요한 것을 제거한다. 목표 달성에 방해가 되는 시간 낭비, 불필요한 소비, 부정적인 관계 등을 과감히 버린다. 셋째, 핵심에 집중한다. 파악한 핵심 목표와 가치에 모든 에너지를 쏟아부으며 몰입한다.

인공지능 시대는 정보의 홍수와 선택의 과잉으로 사람들의 집중력을 빼앗고 있다. 잠깐만 정신 줄을 놓으면 삶의 주도권을 빼앗기기 쉬운 세상이다. 과거보다 시간 낭비, 불필요한 소비, 부정적인 관계 등 인생의 목표 달성을 방해하는 요소가 많아졌다. 이러한 문제들을 해결하고 삶의 주도권을 갖기 위해서는 본질을 꿰뚫어 보는 사고가 요구된다.

고故 이건희 삼성그룹 회장은 '업의 본질'을 강조한 것으로 유명하다. 호텔업의 본질이 서비스업이 아니라 부동산업과 장치산업이라고 정의했다는 일화는 지금까지도 회자된다. 이 회장은 이렇게 말했다. "나는 일의 본질이 무엇인지를 먼저 파악한다. 본질을 모르고는 어떤 결정도 하지 않는다." 당신은 삶의 본질이 무엇이라고 생각하는가? 지금 하는 일의 본질은 무엇인가?

퍼플 스완은 중요한 것에 집중하고 불필요한 것들을 과감히 제거하는 능력을 갖고 있다. 그들은 본질에 초점을 두고 잡음을 제거함으로써 효율적인 삶을 살며, 핵심적인 활동에 집중하면서 성공적인 삶을 살아간다. 중요한 것만 남기고 다 버려야 한다. 그것이 후회 없는 삶의 비결이다. 세상은 당신의 고유함을 부정하고 세상이 원하는 길을 가라고 종용한다. 그럼에도 자신만의 보폭으로 당신의 길을 가는데 집중해야 한다.

✎ 내게 중요한 한 가지

본질주의자로 살기 위해 내게 가장 중요한 단 한가지는 무엇인가? 일과 삶을 바꾸는 것은 단 하나면 충분하다.

일	삶
예) 핵심 업무에 집중	예) 건강 관리

✎ 내가 버려야 할 것들

본질주의자로 살아가기 위해 일과 삶에서 당장 버려야 할 것들은 무엇인가?(생각, 행동, 말투, 습관 등)

일	삶
예) 부정적 사고	예) 비교 심리

"사람의 본질은 그 사람의 가치관, 태도, 다른 사람을 대하는 방식에서 찾을 수 있다."

- 데바시쉬 므리다 Debasish Mridha, 미국 작가

Key Message

♦ 8장 ♦
하나 뿐인 퍼플 스완의 노래를 불러라

| 미운 오리 새끼 vs. 퍼플 스완 |

미운 오리 새끼	퍼플 스완
대중과 같은 길을 걷는다.	대중과 거리를 두려 한다.
타인의 시선을 의식하면서 조연처럼 산다.	묵묵히 제 역할을 다하며 주인공처럼 산다.
독서를 안 하거나 취미로 독서한다.	생존을 위해 목적과 아웃풋이 있는 독서를 한다.
남이 만든 것을 사용하며 소비자로만 산다.	세상에 흔적을 남기며 철학자로 산다.
학습하지 않거나 하더라도 끈기가 부족하다.	관심 분야를 찾아 깊이 있게 학습하고 성장한다.
현상만 보며 피상적 사고를 한다.	근원을 보며 본질적 사고를 한다.

| 퍼플 스완의 교훈 |

퍼플 스완이 되기 위한 질문 Question	"세상의 변화에 맞춰 나만의 길을 가는가?"
퍼플 스완이 되기 위한 마인드 Mind	대중의 반대편에 서는 개척자 Pioneer 있는 자리에서 빛나는 영웅 Unsung Hero 책속에서 길을 찾는 생존형 독서가 Reader 상상을 현실로 만드는 꿈꾸는 철학자 Philosopher 배우고 성장하는 치열한 학습자 Learner 복잡한 세상을 단순하게 보는 본질추구자 Essentialist
퍼플 스완이 되기 위한 도구 Tool	퍼플 스완의 인재상: PURPLE

자유로운 구속으로 일상을 자동화하다

> "인생을 성공으로 이끄는 가장 강력한 무기는 풍부한 지식이나 피나는 노력이 아니라 바로 습관이다."
>
> _오그 만디노Og Mandino, 미국 작가

지금까지 우리는 퍼플 스완의 여정을 함께했다. 이제 그 마지막 장이다. 이번 장에서는 삶을 어떻게 시스템화할 수 있는지 이야기를 하려고 한다. 시스템화란 삶을 효율적인 루틴으로 채워가는 것이다. 아침에 눈을 뜨는 순간부터 저녁에 잠들 때까지 하루의 모든 순간을 견고하게 이어진 아름다운 쇠사슬처럼 연결하는 것이다. 이를 통해 '자유로운 구속' 가운데 일상을 자동화하고, 더 큰 자유를 누리는 삶

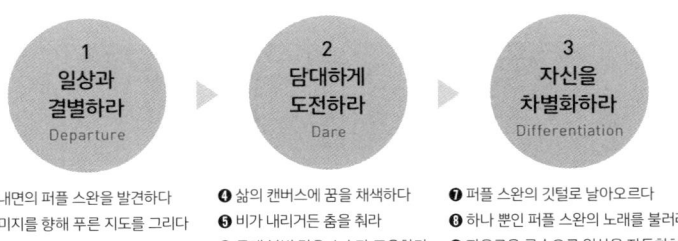

을 만들어낼 수 있다.

많은 이들이 천재성은 특별한 재능에서 비롯된다고 생각하지만, 일상의 소소한 습관 속에 숨어 있다. 우리는 모두 천재적인 잠재력을 가지고 태어나지만, 그 가능성을 발견하고 키워가는 방법을 모르고 있을 뿐이다. 그 비밀은 거창한 계획이 아니라, 매일 반복되는 작은 루틴을 '좋은 습관'으로 바꾸는 것에 있다. 지금부터 퍼플 스완이 어떻게 삶을 시스템화하고 일상의 루틴 속에서 천재성을 깨우는지 그 방법을 하나씩 탐구해 보자.

퍼플 스완은 탁월한 루틴 조각가다

"습관이란 인간으로 하여금 어떤 일이든지 하게 만든다."

_도스토옙스키 Fyodor Mikhailovich Dostoevskii, 러시아 소설가

우리가 잘 아는 아마존의 설립자 제프 베조스Jeff Bezos의 하루를 들여다보면, 퍼플 스완의 전형적인 루틴을 발견할 수 있다. 그는 하루를 탁월하게 조각해 나가는 '루틴의 장인'이다. 베조스는 워싱턴 DC의 경제 클럽The Economic Club과의 인터뷰에서 자신의 데일리 루틴을 공개했다.

베조스는 아침 6시 30분에 기상해 커피를 끓이고 신문을 읽으며 집 주변에서 퍼팅을 즐긴다. 아내와 네 자녀가 일어나면 직접 요리를 해 아침 식사를 준비한다. 오전 10시 이전에는 회의 일정을 잡지 않는다. 오롯이 가족과의 시간을 즐기기 위해서다. 그에게 가족은 소중한 존재 그 이상이다.

10시에 출근한 후 그는 우선순위가 높은 회의부터 시작한다. 그의 회의 원칙은 '피자 두 판의 원칙Two-pizza Team Rule'으로 유명하다. 회의 참석자는 피자 두 판으로 충분히 배부를 수 있을 만큼의 소규모로 구성해야 한다는 것. 그 이상으로 인원이 많아지면 회의의 효율이 떨어진다고 보는 것이다.

오후에는 회의를 하거나 주문 처리 센터를 방문한다. 그는 일주일에 한 번은 현장으로 내려가 직원들과의 즉석 회의를 즐긴다. 모든 업무는 오후 5시까지 마무리한다. 5시 이후에는 피로 누적을 막기 위해 중요한 결정을 되도록 피한다. 만약 그 시간에 결정을 내려야 한다면, 그는 이렇게 말한다. "오늘은 생각이 잘 안 나네요. 내일 오전 10시에 다시 이야기해 봅시다."

저녁 식사는 대개 비즈니스 모임에서 이국적인 메뉴를 즐긴다. 하지만 집에서 저녁을 먹을 때는 설거지마저도 직접 한다. 그는 한 인터뷰에서 "이게 제가 하는 일 중 가장 섹시한 일이라고 자신합니다."라며 웃음을 짓기도 했다. 밤 10시 30분이 되면 잠자리에 들고, 8시간의 숙면을 철저히 지킨다. "다른 시간대로 여행 중이 아니라면, 언제나 8시간은 반드시 잡니다."라고 베조스는 강조한다. 그의 수면 철학은 명확하다. 충분한 수면이야말로 생산성을 높이고, 고품질의 결정을 내리는 데 필수적이라는 믿음 때문이다.

베조스의 규칙적인 하루 루틴을 살펴보면, 그가 어떤 가치를 중시하고 얼마나 열정적인 삶을 사는지 알 수 있다. 바로 이 점이 퍼플 스완이 보통 사람과 차별화되는 대목이다. 베조스처럼 퍼플 스완은 우선순위에 따라 단순하고 집중도 높은 루틴을 실천한다. 식사, 명상, 산책, 낮잠, 거절, 일기 같은 소박하면서도 건강한 루틴을 꾸준히 지켜 나간다. 이것이 핵심이다. 퍼플 스완은 이상적인 루틴을 만드는 데 가장 많은 시간을 투자한다. 왜냐하면 그들은 "일상이 우리가 가진 전부다."라는 프란츠 카프카의 말을 이미 삶을 통해 체득했기 때문이다.

이제부터 퍼플 스완이 일상에서 가장 중요하게 여기는 6가지 핵심 루틴을 소개한다. 나의 루틴을 점검하고, 일상을 멋지게 조각하는 계기가 되길 바란다. 그럼, 가장 중요한 루틴이라고 할 수 있는 라이프 루틴부터 짚어보자.

| 퍼플 스완의 6가지 루틴 |

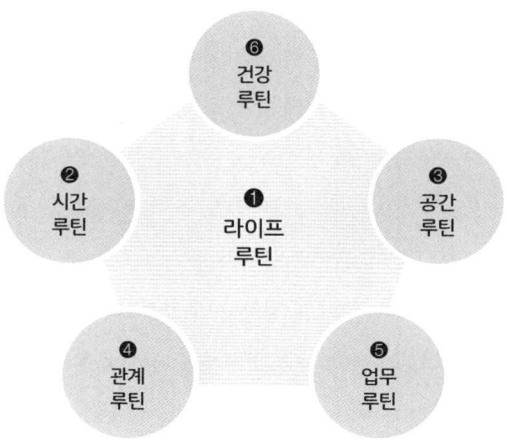

삶을 채우는 지혜, 큰 돌을 먼저 넣어라

"스스로 자기 삶의 우선순위를 정하지 않으면 다른 사람들이 대신 정할 것이다."

_그렉 맥커운 Greg Mckeown, 영국 작가

"한 번은 어떤 세미나에 참석했는데, 강사가 시간 관리에 대해 강의했습니다. 강사는 강의 중간에 이렇게 말했습니다. "자, 이제 퀴즈 시간입니다." 강사는 탁자 밑으로 손을 넣더니, 아가리가 넓은 커다란 항아리를 꺼냈습니다. 강사는 탁자 위에 항아리를 올려놓았습니다. 그

옆에는 주먹만 한 크기의 돌 몇 개가 담긴 접시가 있었습니다. 강사는 물었죠. "이 항아리 안에 이 돌 몇 개를 집어넣을 수 있겠습니까?" 추측해 보게 한 뒤에 강사는 말했습니다.

"좋습니다. 어디 확인해 봅시다." 강사는 항아리에 돌 하나를 집어넣었습니다. 이어 두 번째 돌, 세 번째 돌. 몇 개나 집어넣었는지 기억이 나지는 않지만, 어쨌듯 강사는 항아리를 돌로 꽉 채웠습니다. 이윽고 강사가 묻더군요. "항아리가 꽉 찼습니까?" 모두 돌을 바라보며 대답했습니다. "네." 그러자 강사는 말했습니다. "그래요?" 강사는 탁자 밑으로 손을 넣더니 자갈이 든 통을 꺼냈습니다. 자갈은 큰 돌들 틈으로 들어갔습니다. 강사는 다시 한번 더 물었습니다. "항아리가 꽉 찼습니까?" 이번에는 우리도 속지 않았죠. "아닌 것 같은데요." "좋습니다!" 강사는 탁자 밑으로 손을 넣더니 이번에는 모래가 든 통을 꺼냈습니다. 강사는 모래를 항아리에 부었습니다. 모래는 돌과 자갈 사이의 틈으로 들어갔습니다.

다시 한번 강사가 우리를 보고 묻더군요. "항아리가 꽉 찼습니까?" "아뇨!" 우리는 모두 소리쳤습니다. "좋습니다!" 강사는 물 주전자를 집더니, 항아리에 물을 부었습니다. 1리터가 넘는 물이 들어갔죠. 강사는 말했습니다. "자, 무엇을 알 수 있습니까?" 누군가 대답했습니다. "틈이 늘 있기 때문에, 하려고만 들면 언제나 자기 인생에 더 많은 것을 집어넣을 수 있다는 겁니다." 강사는 말을 받았습니다. "아닙니다. 그게 핵심이 아녜요. 핵심은 이겁니다. 만일 당신이 큰 돌을 먼저 집어넣지 않았다면, 과연 다른 것들을 집어넣을 수 있었을까요?"[65]

| 가치관 기반의 라이프 루틴 |

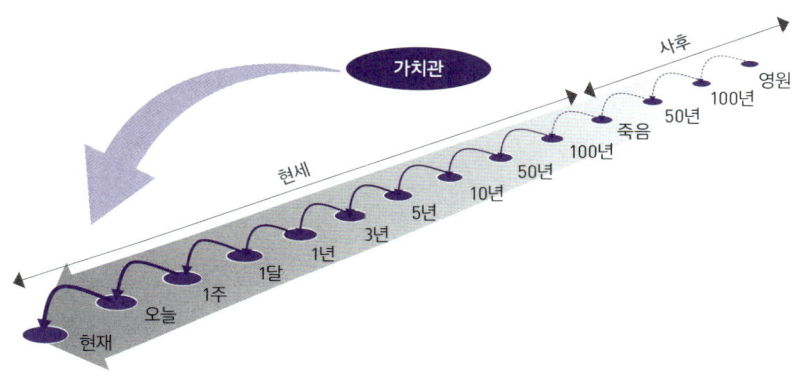

이 이야기에서 '큰 돌'은 무엇을 상징할까? 인생에 비유하자면, 그것은 방향과 목표 같은 중요한 것들이다. 예를 들어, 2장에서 언급한 가치관, 즉 사명, 비전, 핵심가치를 명확히 하는 것이다. 퍼플 스완의 특별한 삶은 바로 뚜렷한 가치관에서 출발한다. 그들은 가치관이 이끄는 라이프 루틴으로 하루하루를 살아간다. 퍼플 스완이 하루를 밀도 있게 보내고 시간을 허투루 낭비하지 않는 이유도 여기에 있다. 자신이 삶의 우선순위를 정하지 않으면, 다른 누군가가 자신의 우선순위를 정할 것임을 잘 알고 있기 때문이다.

애리조나 주립대 교수인 브라이언 데이비드 존슨Brian David Johnson이 제시한 '퓨처 캐스팅Future Casting'이라는 기법이 있다. 이는 3단계 과정을 통해 미래를 설계하고 꿈을 현실로 만드는 도구다. 간단히 설명하면 이렇다. 1단계에서는 원하는 미래의 모습을 최대한 구체적으로 그린다. 2단계에서는 그 미래로 나아가는 데 필요한 사람, 도구, 전문가라는 3가지 원동력을 설정한다. 3단계는 백 캐스팅Back casting이라 불리는데, 미래의 목표에 도달하기 위해 거쳐야 할 단계를 미래에서부터 지금까지 주요 지점마다 해야 할 일을 구체화한다.

퍼플 스완이 원하는 삶을 성취해 나가는 과정도 퓨처 캐스팅과 비슷하다. 바로 '가치관 기반의 라이프 루틴'이다. 그들이 현재를 충실히 살고, 매 순간 최선을 다하는 이유는 무엇일까? 그것은 멀게는 영원, 죽음 이후까지 시야를 넓혀 가치관이 이끄는 삶을 살기 때문이다. 항아리에 큰 돌을 먼저 넣어야 하듯, 인생도 마찬가지다. 건물을 지을 때 골조 공사를 먼저 하듯, 삶에서도 우선 챙겨야 할 것은 바로 그 뼈대를 세우는 일이다. 그것이 바로 가치관을 만드는 것이다.

특별하면서도 평범한 마지막 시간, 현재

"현재의 시간만이 인간의 것임을 알자."

_사뮈엘 존슨Samuel Johnson, 영국 시인

당신의 가족에게 대대로 전해 내려오는 이런 비밀이 있다고 가정해 보라. 마음만 먹으면 자신의 인생에서 실제로 있었던 과거의 특정 시간과 장소로 여행할 수 있다. 단, 사람을 해친다거나 유명 연예인을 사귀는 등의 예외적인 경우는 제외하고 말이다. 시간 여행의 방법은 간단하다. 장롱이나 화장실 같은 조용한 공간에서 주먹을 쥐고 눈을 감고 가고자 하는 과거의 순간을 떠올리기만 하면 된다. 그러면 원하는 시간과 공간으로 곧장 이동한다.

영화 〈어바웃 타임〉에는 이런 능력을 가진 주인공이 등장한다. 교수인 그의 아버지는 이 능력을 활용해 읽을 수 있는 책을 죄다 독파한다. 그리고 아들에게 자신의 인생을 통해 깨달은 행복의 두 단계 공식을 전해준다. 첫 번째 단계는 다른 사람처럼 평범한 하루를 사는 것. 두 번째 단계는 그 하루를 거의 똑같이 다시 사는 것이다. 그러나 두 번째 단계에서는 첫 번째에서 긴장과 걱정 등으로 놓쳤던 세상의 아름다움을 제대로 느끼고 즐기면 된다.

주인공은 자신이 시간 여행을 통해 얻은 교훈을 더해 새로운 공식을 추가한다. 지금, 이 순간을 시간 여행하는 것처럼 사는 것이다. 지금이 특별하면서도 평범한 마지막 순간이라고 생각하며, 매 순간을 완전하고 즐겁게 살아내는 것이다. 만약 우리에게도 이런 시간 여행 능력이 있다면, 영화 필름을 편집하듯 삶의 순간순간을 고칠 수 있을 것이다. 그렇게 하면 후회스러운 시간은 잘라내고, 행복한 시간으로 가득 채울 수 있지 않겠는가.

영화에서는 똑같은 일상을 여러 번 반복하는 장면이 몇 차례 등장한다. 예를 들어, 모태 솔로였던 주인공 팀은 여자 친구와의 첫 경험을 너무 긴장한 나머지 망쳐버린다. 그러자 시간을 되돌려 후회 없이 열정적인 시간을 보낸다. 또 직장 상사의 뻔한 잔소리를 농담으로 넘기고, 퇴근길 옆자리에 앉은 승객의 이어폰에서 새어 나오는 거북한 소리도 웃어넘기는 여유를 갖게 된다. 이렇게 일상의 후회스러운

| 현재를 사는 법 |

순간들을 점차 줄여가면서, 그는 평범한 순간을 여유 있게 즐기며 사는 법을 터득한다. 결국 더 이상 초능력을 사용하지 않아도 될 만큼 현재에 충실하게 된다.

이 영화를 보며 나는 지금 이 순간에 최선을 다하는 삶이 얼마나 소중한지 동기부여가 되었다. 하루에도 후회스러운 순간은 있게 마련이다. 만약 당신에게도 삶의 순간순간을 편집하는 능력이 있다면, 되돌아가고 싶은 순간이 있지 않은가?

행복한 퍼플 스완은 과거나 미래가 아니라 오늘을 살고 현재를 산다. 그들은 되돌릴 수 없는 과거에 대한 후회와 집착이 적고, 미래에 대한 걱정과 두려움으로 지금을 낭비하지 않는다. 이것이 바로 퍼플 스완이 시간을 대하는 본질적인 태도다.

가난한 나무꾼 집안의 아이들, 틸틸Tyltyl과 미틸Mytyl이 등장하는 《파랑새》라는 동화를 본 적이 있는가?

크리스마스 전날 밤, 두 아이는 이웃 부잣집을 물끄러미 바라보며 부러워한다. 그때 요술쟁이 할머니가 나타나 파랑새를 찾아달라고 부탁한다. 두 아이는 마법의 다이아몬드 모자를 쓰고 파랑새를 찾아 나선다. 그들은 추억의 나라, 밤의 궁전, 행복의 궁전, 미래의 나라를 차례로 여행하며 기이하고 놀라운 일들을 경험한다. 하지만 결국 파랑새를 찾지 못한 채 집으로 돌아온다. 그런데 놀랍게도, 파랑새는 집에 있던 새였음을 알게 된다. 회색 산비둘기는 어느새 파랗게 변해 있었다.

이야기 속 파랑새처럼, 행복은 멀리 있는 것이 아니라 바로 우리 곁에 있다!

여기 현재를 살아가는 한 행복한 사람이 있다. 그는 홍콩의 라마Lamma 섬의 작은 마을에서 태어나 어려운 환경 때문에 중학교를 중퇴하고 정규 교육을 받지 못했다. 18세에 연기를 시작한 그는 1990년대 홍콩 영화의 전성기를 대표하는 아이콘 중 한 명으로 엄청난 인기를 누렸다. 누구인지 알겠는가?

그렇다. 주인공은 바로 영화배우 주윤발周潤發이다. 그는 자신의 재산 1조 원 가까이 기부하겠다고 밝힌 후, 한 기자와의 인터뷰에서 이렇게 말했다. 그의 말은 그가 하루를 어떻게 살아가는지를 짐작하게 한다.

> "공부를 많이 못 한 저에게 영화는 많은 것을 가르쳐줬습니다. 어떤 것도 비교할 수 없는 행복을 줬습니다. 영화마다 한 사람의 인생을 살았죠."
>
> "나는 지금 이 순간이 진짜란 말을 믿습니다. 나는 현재를 살고 매 순간 옆에 있는 사람에게 최선을 다하려고 노력합니다."[66]

악마는 순간을 지배한다

"순간을 지배하는 사람이 인생을 지배한다."

_크리스토프 에셴 바흐Christoph Eschenbach, 독일 피아니스트

부자든 가난한 사람이든, 누구에게나 매일 똑같이 24시간이 주어진다. 그런데 만약 시간을 돈으로 살 수 있다면 어떨까?

영화 〈인 타임〉은 이 질문에서 시작된 이야기다. 25세가 되면 노화가 멈추고, 왼쪽 손목에 '카운트다운 시계Biological Clock'가 새겨지며 1년의 유예 시간이 주어진다. 그 이후에는 시간을 벌어야만 살 수 있다. 시간이 곧 화폐인 세계다. 커피 한 잔은 4분, 버스 요금은 1시간, 권총 한 정은 3년, 스포츠카 한 대는 59년으로 거래된다.

영화에서 주인공 윌 살라스는 시간을 절약하기 위해 일찍 일어난다. 어느 날, 일을 마치고 엄마와 만나기로 한 장소에서 먼저 도착해 기다린다. 그런데 엄마는 버스 요금이 2시간으로 올라가는 바람에 요금이 부족해 탈 수 없게 된다. 윌은 시간이 됐는데도 엄마가 오지 않자 불길한 예감에 뛰기 시작한다. 100여 미터 앞에서 윌을 본 엄마는 그를 향해 전력으로 달려오지만, 불과 몇 초 차이로 시간이 다 소진되어 윌의 품에서 숨을 거둔다.

당신의 '카운트다운 시계'에는 시간이 얼마나 남아 있는가? 그 시간을 어떻게 쓰고 있는가?

나는 가끔 지하철을 탄다. 그럴 때마다 승객들이 무엇을 하는지

유심히 살펴보곤 한다. 대부분의 사람들은 스마트폰을 들고 고개를 숙이고 있다. 가끔은 그 모습이 섬뜩하게 느껴진다. 스마트폰은 단순히 유희의 도구를 넘어, 숭배의 대상이나 종교처럼 느껴지기 때문이다. 우리는 무의미하게 스마트폰을 열고 SNS나 뉴스를 확인하곤 한다. 앱 사용 데이터 분석 업체 데이터에이아이data.ai의 보고서에 따르면, 전 세계 10대 모바일 시장 사용자들은 하루 평균 4시간 48분을 모바일 기기 사용에 할애한다고 한다. 이는 코로나 이전인 2019년보다 30% 증가한 수치다. 한국 사용자들은 하루 평균 5시간을 스마트폰에 쓰고 있다.

우리는 모두 바쁜 일상에 쫓겨 중요한 순간을 놓치며 살아간다. 이에 대해 조선 후기의 실학자 정약용은 마치 오늘날 우리에게 전하는 듯한 지혜로운 조언을 남겼다. 그가 제자 정수칠에게 보낸 편지 속 글귀는 시대를 초월해 우리에게 감동을 전한다.

"사람들은 자꾸 반대로만 한다. 급히 할 것은 저만치 미뤄두고, 안 급한 일은 허둥지둥 바삐 한다. 눈앞의 삶은 밀쳐두고 훗날의 계획만 세운다. 내일을 위해 오늘을 흘려보낸다. 자손을 위한다며 제 삶을 망친다. 그들의 삶은 그들의 몫이다. 내가 미리 걱정한다고 달라지지 않는다. 내 밑동이 썩어나가는 것은 못 보면서 백년의 계획만을 세우고 있으니 민망하고 안쓰럽다. 만족을 모르는 삶에 기쁨은 없다. 미래를 꿈꾸려거든 현재를 경영하라. 내일은 알 수가 없다. 자손은 내가 아니다."[67]

이 글귀를 곱씹다 보면 자신을 되돌아보게 된다. 순간의 감정을 다스리지 못해 큰 실수를 한 경험이 누구에게나 있을 것이다. 때로는 충동적으로 내뱉은 말 한마디가 인생의 방향을 바꿔놓기도 한다. 시간이 흐르고 나서야 "그때 조금만 참았더라면" 하며 뉘우친다. 악마는 순간을 지배한다. 순간의 분노, 충동, 유혹, 오해, 좌절. 악마는 이 짧은 순간들을 지배하며 인간을 무너뜨린다. 많은 이들이 그 순간의 함정에 빠져 값비싼 대가를 치르기도 한다.

그래서 필요한 것이 바로 '순간 루틴'이다. 감정이 성난 파도처럼 밀려올 때 그 짧은 순간을 통제하는 법을 배워야 한다. 그동안 순간의 실수로 잃어버린 것들을 떠올려 보자. 이제부터라도 순간 루틴을 실천해 보자. 감정이 폭발할 것 같은 상황에서 다음의 세 가지를 기억하고 행동하는 것이다.

1. 10초 이상 참는다.
2. 그 공간을 벗어난다.
3. 걸으면서 감정과 생각을 정리한다.

이렇게 잠깐의 여유를 가지면 실수를 줄이고 더 나은 결정을 할 수 있다. 감정이 격해지는 순간은 어쩌면 최선을 다하려는 노력이 빚어낸 부산물일 수 있다. 하지만 그 순간이 지나고 나면 후회가 남는다. 때로는 감정을 억누르려 애쓰기보다는 흐름에 맡겨 그 순간을 무심히 흘려보내는 것이 더 나은 선택일 수 있다.

"어떻게 이 순간을 내 인생에서 가장 아름답고 행복한 화양연화

花樣年華로 만들 수 있을까?" 이것이 바로 남다른 삶을 살아가는 퍼플 스완이 자신에게 자주 던지는 질문이다. 그리고 그들은 한목소리로 이렇게 말한다.

"인생을 바꾸고 싶다면 오늘을 바꿔라. 순간을 살아라."

탁월함이 머무는 나만의 아지트

"그 사람의 공간을 보면 그의 심리가 보인다."

_바브라 페어팔Barbara Perfahl, 오스트리아 공간 심리학자

스웨덴의 글로벌 가구 브랜드 이케아IKEA가 세계 38개국을 대상으로 조사한 결과에 따르면, 현재 집에서의 생활에 대해 긍정적으로 느끼는 한국인의 비중은 43%에 불과했다. 이는 조사 대상국 평균인 60%에 비해 낮은 수치로, 두 번째로 낮은 비율이다.[68] 또한, 한국인의 40%가 "혼자 시간을 보내는 것이 가장 큰 즐거움이다."라고 응답해, 이 항목에서는 한국이 가장 높게 나타났다. 그 뒤를 싱가포르(39%), 일본(35%), 스위스(33%), 미국(31%)이 이었으며, 세계 평균은 약 30%였다.

한국은 왜 집에서의 생활 만족도가 낮고, 혼자 있는 시간이 더 즐거운 것일까? 좁은 주거 공간이나 사생활 보호의 어려움 때문은 아

닐까? 통계청 자료에 따르면, 한국의 1인당 주거 면적은 29.7㎡(9.0평)로, 미국(65.0㎡, 2019년 기준)의 절반에도 미치지 못하고, 일본(40.2㎡, 2018년 기준)이나 영국(40.5㎡, 2018년 기준)보다도 1.4배 좁다. 또한, 한국의 주거 형태는 51.5%에 달하는 1,078만 가구가 아파트에 거주하는 매우 한국적인 특성을 보인다. 그 외에 단독주택(30.4%), 연립·다세대주택(11.4%) 순이다.[69]

우리는 마음이 번잡할수록 세상의 소음을 잠시 차단하고, 누구의 방해도 받지 않는 고요한 공간으로 숨고 싶은 충동을 느낀다. 자신의 속마음을 드러내고 편히 쉴 수 있는 공간이 필요하지만, 우리에게는 그런 공간이 턱없이 부족하다. 퍼플 스완이 부를 이루거나, 아니 부를 이루기 전이라도 자신만의 아틀리에Atelier를 먼저 마련하려는 이유가 여기에 있다. 그들은 아무에게도 방해받지 않는 아지트에서 마음을 정박해 쉼을 얻고 푸른 미래를 설계하며 꿈을 디자인하고자 한다.

스탠퍼드대 행동 설계연구소 설립자인 브라이언 제프리 포그Brian Jeffrey FOGG는 환경 설정이 의지력을 능가한다고 강조한 바 있다. 특히 공간이라는 환경은 더더욱 그렇다. 공간은 우리가 만들어내는 결과물의 양과 질을 결정짓는다. 그래서 미국의 과학 소설 작가 스티븐 킹Stephen Edwin King은 책 《유혹하는 글쓰기》에서 이렇게 말한다. "대부분의 사람은 자기만의 공간이 있을 때 최고의 능력을 발휘한다." 그 공간은 탁월함과 행복이 공존하는 성전과 같은 곳이다. 그렇기 때문에 그곳은 누구에게도 함부로 침범당하지 않도록 지켜야 한다. 그 공간에 초대할 사람도 신중하게 선택할 필요가 있다.

격자무늬 추상화로 유명한 캐나다 출신의 미국 화가 아그네스 마틴Agnes Martin은 영감을 불러오는 물리적 공간의 중요성을 깊이 공감했다. 아그네스는 자신만의 공간의 필요성을 이렇게 강조한다.

"스튜디오를 마련해서 분위기를 조성하고 유지하는 게 가장 중요하다. 어떤 예술가든 스튜디오가 있어야 한다. 음악가가 거실에서 연습해야 한다면 엄청나게 불리하다. 스튜디오에서 모든 감성을 다 끌어모아야 하고, 그것들을 모두 모았을 때는 어떤 방해 요소도 없어야 한다. 방해 요소나 깨진 스튜디오 분위기 때문에 영감이 얼마나 사라지고 예술 작품이 얼마나 손실되는지는 가늠할 수조차 없다."[70]

사람은 환경, 특히 공간의 영향을 절대적으로 받는다. 좋은 습관이든 나쁜 습관이든, 그 습관이 만들어진 특정한 공간이 있기 마련이다. 그래서 《아주 작은 습관의 힘》의 저자 제임스 클리어James Clear는 한 공간에서는 한 가지 일만 하라고 조언한다.[71] 잠을 자고, 일하고, 독서하고, 식사하고, 노는 공간을 각각 구분하라는 것이다. 공감한다. 모든 루틴은 그 루틴이 맞는 고유한 공간에서 자리를 틀 때 최고의 성과를 내기 때문이다. 의지력을 탓하기보다는 공간과 루틴을 연결하는 것이 지혜다.

많은 퍼플 스완은 집중, 취미, 휴식, 성찰을 위해 자신만의 공간을 마련한다. 주의가 산만해지지 않도록 때로는 그 공간에 자신을 가두기도 한다. 몰입을 위한 은둔이라고 할까.

소설가 마크 트웨인은 등장 주인이 지어준 작은 서재에서 아침부터 오후 5시까지 점심도 거르며 집필에 몰두했다.[72] 심리학자 카를 융Carl Gustav Jung은 스위스 볼링겐이라는 작은 마을 한 필지의 땅에 2층짜리 소박한 돌집을 지어 강의나 세미나가 없는 휴일이면 이곳에서 그의 저서 대부분을 집필했다.[73] 김형석 교수는 일주일에 2~3일은 인천 을왕리에 마련한 자기 서재에서 글을 쓰며 휴식을 취한다.[74] 문화심리학자 김정운 교수는 여수의 한 섬에 '미역창고'라는 자신만의 공간을 만들어 둥지를 틀었다.

새로운 인생을 꿈꾸는가? 그렇다면 나만의 공간을 만들고, 그 공간을 꿈꿔보는 건 어떤가. 자기 생각과 물건들을 자유롭게 내려놓을 수 있는 공간을 말이다. 이 공간이 있으면 나만의 고유한 스토리를 만들기 훨씬 유리하다. 경제적 여유가 없다면 동네 도서관도 좋다. 카페도 괜찮다. 주부라서 힘들다면 집의 다용도실을 개조하는 등 소박하게라도 좋다. 무엇보다도 그 공간을 얻기 위해 투자를 아끼지 말아야 한다. 이것이야말로 시급하고 현명한 투자이다. 공간의 크기는 중요하지 않다. 《채근담》에도 이런 말이 있지 않은가.

> "시간의 길고 짧음은 생각하기 나름이고 공간의 좁고 넓음은 마음먹기 나름이다. 그렇기 때문에 마음이 한가로운 사람은 넉넉하게 하루를 천 년보다 길게 느끼고, 마음이 넓은 사람은 좁은 방도 하늘과 땅 사이만큼 넓게 여긴다."[75]

요즘 삶에 변화가 필요하다고 느끼는가? 그것은 당신의 영혼이 안식처를 찾고 있다는 신호일지 모른다. 흔들리는 시간 속에서 벗어나 오롯이 자신만의 고요한 순간을 소유할 수 있는 공간이 필요한 것이다. 인생의 변화를 원한다면, 그 시작은 공간을 확보하는 데서부터 출발해야 한다. 기억하자. 당신이 머무는 공간이 당신의 삶을 결정한다.

나만의 공간 Azit

사람은 공간의 지배를 받는다. 과거를 성찰하고 미래를 계획하는 자신만의 은둔의 공간이 있는가? 만약 그런 공간이 없다면, 앞으로 어디에 어떻게 만들고 싶은가? 구체적으로 상상해보자.

어느 장소인가?	어떤 구조인가?	어떻게 활용할 것인가?

"사람은 공간을 만들지만, 그 공간은 사람을 만든다."

_윈스턴 처칠 Winston Leonard Spencer-Churchill, 영국 총리

행복이 깃드는
관계 정원 만들기

"사람이 행복해지기 위해 책상 하나와 의자 하나, 과일 한 접시 그리고 바이올린 이외에 무엇이 더 필요한가?"

_알베르트 아인슈타인Albert Einstein, 독일 물리학자

누구나 행복한 삶을 꿈꾼다. 하지만 막상 행복의 순간이 찾아와도 그 감정은 오래가지 않고 금세 사라져버리기 일쑤다. 연구에 따르면, 복권에 당첨된 사람들조차 거액의 당첨금을 받은 지 1년이 지나면 원래의 행복 수준으로 돌아간다고 한다. 인간의 뇌는 상황에 적응하도록 설계되어 있다. 그래서 최근 심리학자들은 이 적응 과정을 늦추어, 행복을 더 오래 느낄 수 있는 방법을 연구하고 있다.[76]

그렇다면 우리의 삶을 더 의미 있고 행복하게 만드는 것은 무엇일까? 행복에 관한 다양한 연구들이 강조하는 행복의 요건은 다음 네 가지로 요약할 수 있다.

첫째, 행복한 사람은 자기 일이나 시간을 자유롭게 통제할 수 있는 능력Controllability이 있다. 성공한 사람들이 구체적인 계획을 세우는 것은 결코 우연이 아니다. 이는 그들이 시간에 대한 통제감을 느낄 수 있는 가장 현실적인 방법이기 때문이다. 경제적으로 여유가 있는 사람이 더 행복할 가능성이 높은 이유도 마음만 먹으면 돈으로 시간을 살 수 있기 때문이다.

둘째, 행복한 사람은 스트레스를 주는 비교 대상Comparison 대신 함께 삶을 나눌 수 있는 가족이나 친구 같은 동반자Companion가 있다. 행복하지 않은 사람은 비교에 집중하면서 경쟁심과 열등감을 느끼지만, 행복한 사람은 따뜻하고 긍정적인 사람들과 좋은 관계를 유지한다. 타인으로부터 고립된 사람들은 그렇지 않은 사람들보다 행복감을 덜 느끼며, 중년기에 건강이 더 빨리 악화되고, 뇌 기능이 저하되며, 수명도 짧아진다.

셋째, 행복한 사람은 신뢰할 수 있는 공동체Community와 제3의 공간이 있다. 미국의 도시사회학자 레이 올덴베르그Ray Oldenburg는 책 《제3의 장소》에서 번영하는 지역 공동체 사람들의 공통점은 '집과 일터가 아닌 제3의 공간'이 있었다고 한다. 그는 현대 사회의 고독과 소외를 극복하는 방안으로 제3의 공간의 중요성을 역설한다. 이 공간은 격식과 서열이 없고, 소박하며, 대화와 만남이 자유롭게 이루어지는 장소다.[77] 스타벅스의 성공 비결 중 하나도 제3의 공간을 제공한다는 점이다.

넷째, 행복한 사람은 신Creator이라는 존재와 질 높은 영적인 관계를 유지하며, 현세뿐 아니라 내세에 대한 문제까지 해결할 수 있다고 믿는다. 퓨 리서치Pew Research의 조사에 따르면, 종교 기관에 소속돼 활동하는 사람들 중 36%는 삶의 만족도가 높고 행복감을 느낀다고 답했다. 비종교인의 경우에는 그 비율이 25%에 불과했다. 특히, 기독교인들이 다른 종교인들보다 삶의 만족도가 더 높았다. 영국 통계청 연구에서도 기독교인들이 모든 종교인 중에서 가장 높은 삶의 만족 지수를 보였다.[78]

| 행복의 4요소 |

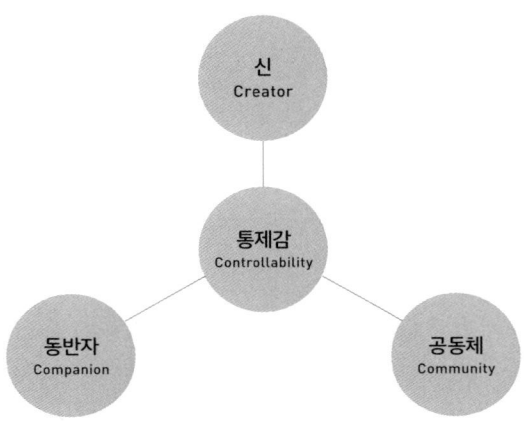

    1938년부터 현재까지 이어져 온 하버드대의 종단 연구에서도 행복의 가장 중요한 비결은 하나로 귀결된다. 그것은 바로 '친밀한 인간관계의 빈도와 질the frequency and quality of our contact with other people' 이다.[79] 행복을 원한다면 자신과 타인, 공동체, 그리고 신과의 관계에서 높은 질의 친밀함을 유지해야 한다. 애착으로 연결된 깊고 안정적인 관계를 유지하는 사람일수록 더 행복할 뿐 아니라 신체적으로도 건강하고, 더 오래 살 가능성도 높다. 결국 질 좋은 관계가 질 좋은 삶을 만든다는 것이다.

일이 먼저인가?
관계가 먼저인가?

"적을 만들기 원한다면 내가 그들보다 잘났다는 사실을 증명하면 된다. 그러나 친구를 얻고 싶다면 그가 나보다 뛰어나다고 느끼게 해주어라."

_라로슈푸코 La Rochefoucauld, 프랑스 작가

미국의 경영 컨설턴트 짐 콜린스Jim Collins는 수많은 위대한 기업의 리더들과의 인터뷰를 통해 몇 가지 중요한 원칙을 발견했다. 그는 그 결과를 책《좋은 기업을 넘어 위대한 기업으로》에 담았는데, 그중에서도 특히 눈에 띄는 원칙이 있다. 바로 위대한 기업의 리더들은 일보다 관계를 더 중시한다는 점이다. 그들은 자신이 하는 일을 열정적으로 사랑하지만, 그보다 더 중요하게 여기는 건 함께 일하는 사람들을 사랑하는 것이다. 훌륭한 리더일수록, 일을 우선시하기보다는 관계를 먼저 생각한다.[80] 짐 콜린스는 이를 "사람이 먼저, 그다음이 일이다First who, then what."라고 요약했다.

퍼플 스완 역시 일보다 관계를 우선시하는 사람들이다. 그들이 행복한 이유는 바로 그들이 맺고 있는 관계의 질이 높기 때문이다. 사람, 일, 재물, 자식, 건강 등 모든 것은 관계를 통해 얻어진다. 그러므로 관계를 소중하게 관리하는 것이야말로 행복한 삶의 핵심이라고 할 수 있다. 특히 반려자, 자녀, 친구와의 관계는 개인의 행복에 매우 큰 영향을 미친다. 1984년부터 2019년까지 약 10만 명을 대상으로 한 독일 사회경제 패널 설문조사에 따르면, 반려자와 함께하는 사람

이 그렇지 않은 사람보다 더 큰 삶의 만족을 느꼈으며, 자녀는 4명일 때, 가까운 친구는 9명일 때 삶의 만족도가 가장 높았다.[81]

관계의 질이 높은 사람들은 관계 루틴이 뛰어나다. 반대로 관계의 질이 나쁜 사람들은 관계 루틴이 하나같이 좋지 않다. 관계 루틴이란 나를 포함한 다른 사람들과의 관계를 지속적으로 돈독하게 만드는 작은 습관들이다. 관계 루틴이 좋은 퍼플 스완은 다음과 같은 것들을 실천한다.

첫째, 사람과의 만남을 신중하게 선택한다. 흔히 성공을 위해 인맥을 쌓아야 한다고 하지만, 경영 전문가 그렉 맥커운Greg McKeown이 말했듯이 네트워킹의 99%는 시간 낭비다. 인맥을 넓히는 대신, 실력을 키우는 것이 훨씬 더 현실적이다. 퍼플 스완은 실력과 영향력의 차이가 클수록 불필요한 만남에 시간을 허비하지 않는다. 그래서 그들은 인맥을 넓히기보다 오히려 좁혀가며, 사업 아이템을 선택할 때만큼이나 만날 사람도 신중하게 고른다.

둘째, 적을 만들지 않는다. 적을 이기는 가장 현명한 방법은 애초에 적을 만들지 않는 것이다. 관계의 중요성은 적이 생겼을 때 가장 실감한다. 관계가 좋은 사람도 적이 한 명이라도 생기면 천국 같던 마음이 순식간에 지옥으로 변할 수 있다. 그래서 퍼플 스완은 백 명의 아군을 만드는 것보다 한 명의 적을 만들지 않기 위해 더 신경을 쓴다.

셋째, 사려 깊고 젠틀하게 말한다. 인간의 몸이 음식을 먹고 성장하듯, 영혼은 말과 글을 통해 성숙해진다. 긍정적인 말을 듣고 좋은 글을 읽으면 우리의 영혼도 더욱 아름다워진다. 그래서 퍼플 스완의 말은 향기롭다. 마음의 정원을 잘 가꿨다는 증거다. 악기가 좋은 소리를 내려면 연습이 필요하듯, 품격 있는 말도 마음의 수련을 통해 나오는 법이다.

넷째, 말하기보다 경청한다. 나이가 들수록 귀는 어두워지고 말은 많아지기 쉽다. 하지만 말이 많아지면 생각이 줄어들기 마련이다. 하늘을 나는 새처럼, 생각은 자유로워야 하지만 말이 감옥이 되면 날아오를 수 없다.[82] 퍼플 스완은 말하기보다 듣기를 중요하게 생각하며, 질문을 통해 지혜를 얻는다. 자신감 있고 강한 사람일수록 침묵 속에서 휴식을 찾고, 그 속에서 힘을 얻는다.

퍼플 스완은 말하기보다 듣기를 힘쓰며 손해를 감수하는 여유와 품격을 지닌 사람이다. 이들의 삶은 겉으로는 조용해 보일지 모르지만, 그 속에는 깊은 통찰과 단단한 신념이 흐른다. 결국, 진정한 성공과 행복은 외부의 성취가 아니라, 사람과의 깊이 있는 관계에서 비롯된다. 당신도 삶의 중심을 관계에 두고, 마음을 가꾸는 법을 배운다면, 퍼플 스완처럼 내면의 평화와 진정한 행복을 얻을 수 있을 것이다.

📝 내가 자주 만나는 5인

동기부여 강연가 짐 론Jim Rohn은 "당신은 가장 많은 시간을 함께 보내는 5명의 평균"이라고 말했다. 당신은 주로 누구와 시간을 보내고 있는가? 그들과 어떤 영향을 주고받고 있는지 진지하게 돌아보라. 평소 내가 자주 만나는 5인은 누구인가?

내가 자주 만나는 5인	서로 주고 받는 영향
1.	
2.	
3.	
4.	
5.	

어떤 일을 하든
마지막 작품인 것처럼

"우리는 소유하기 위해서 일을 하는 것이 아니라, 진정한 자신이 되기 위해서 일을 한다."

_앨버트 하버드Elbert Hubbard, 미국 작가

베어먼Behrman은 변변한 작품 하나 남기지 못한 독일계 무명 화가로, 술과 방탕으로 세월을 허비하며 살았다. 그는 걸작을 남기고 싶었지만, 역부족이라는 현실은 그의 발목을 잡았다. 그림은 그에게 고통스러운 노동이었고, 매일 붓을 잡지만 그의 생각처럼 그려지지 않았다.

그의 위층에는 몸이 약한 화가 지망생 소녀 존시Johnsy가 살았다. 존시는 폐렴이 악화되어 죽음을 앞두고 있었다. 그녀는 창밖 담쟁이 잎을 자신과 동일시하며 떨어지는 이파리들을 보면서 점점 희망을 잃어갔다. 베어먼은 수Sue를 통해 존시의 이야기를 듣고 깊은 연민에 사로잡혔고, 술잔을 내려놓고 붓을 들었다. 폭풍우가 쏟아지던 어느 날, 그는 혼신을 다해 담쟁이 마지막 잎을 그리느라 밤을 꼬박 새웠다. 그의 손길에는 존시를 향한 따뜻한 사랑이 담겨 있었다.

다음 날 아침, 존시는 마지막 한 잎이 남아있는 담쟁이를 보며 희망을 되찾았다. 그녀의 병세는 기적적으로 회복됐다. 하지만 베어먼은 폭풍우 속에서 폐렴에 걸려 이틀 후 세상을 떠나고 말았다. 그의 죽음은 슬픔이었지만, 그의 희생은 존시에게 새로운 삶을 선물했다. 베어먼이 그린 마지막 담쟁이 잎은 단순한 그림이 아니었다. 그것은 희망과 사랑, 그리고 삶의 아름다움을 노래하는 진정한 걸작이었다. 평생 빛을 보지 못했던 그는, 마지막 순간에 영원히 기억될 빛나는 희망을 남긴 것이다.

소설가 오 헨리O. Henry의 단편 소설 《마지막 잎새》의 내용을 소녀 존시가 아니라 베어먼 입장에서 재구성했다. 그의 삶은 무명 화가로서의 좌절과 욕망으로 가득 차 있었다. 평생 걸작을 꿈꾸며 살았지만, 현실은 그에게 늘 벽처럼 다가왔고, 그림을 그리는 일은 그저 고된 노동에 불과했다. 자신이 원하는 만큼의 역량을 발휘하지 못해 매번 실망했고, 술로 위안을 삼으며 세월을 보냈다.

그러던 중 수를 통해 전해 들은 존시의 절망적인 이야기는 그가 다시 붓을 들게 하는 계기가 됐다. 삶의 무게 속에서 번번이 좌절하던 그였지만, 이번엔 다르다고 느꼈을 것이다. 그는 폭풍우가 몰아치는 밤, 필생의 역작을 남기기 위해 붓을 잡았다. 그것은 단순한 그림이 아니라 누군가에게 희망을 전하기 위한 마지막 사명과도 같았다. 그의 마지막 작품은 그가 평생 원했던 '걸작'이 되었고, 결국 그 한 폭의 그림으로 그는 자신의 삶을 완성했다.

베어먼의 이야기는 일에 대한 태도를 돌아보게 한다. 단순한 노동으로 치부되던 그의 그림 작업은 누군가를 위한 헌신과 사랑으로 붓을 들었을 때 비로소 의미 있는 걸작이 되었다.

노동과 일은 분명히 다르다. 퍼플 스완은 단순한 노동이 아닌 의미 있는 일을 한다. 노동이 주로 육체적인 활동에 국한된다면, 일은 정신적 활동까지 포함하는 더 높은 차원이다. 노동은 임금이나 결과에 초점을 맞추지만, 일은 성장과 기여를 목적으로 한다. 마지못해 수동적으로 하는 것이 노동이라면, 일은 자발적인 의지와 능동적인 태도로 수행하는 것이다. 노동이 노예처럼 억지로 하는 것이라면, 일은 주인처럼 능동적으로 만들어가는 과정이다. 결국 같은 일이라도 그것을 대하는 마인드와 태도에 따라 그 의미가 달라진다.

일은 누구를 위해 하는가? 돈을 벌기 위해서든 성장을 위해서든, 일은 고용주나 남을 위해서가 아니라 결국 자신을 위해 하는 것이다. 만약 지금 하는 일에 성실하지 않다면, 그 손해는 고용주나 타인보다 바로 자신에게 돌아온다. 일을 대충 해치우면서 시간을 허비하는 것은 자신에게 더 큰 손해일 수 있다. 차라리 자신의 열정을 쏟을 수 있는 새로운 일을 찾는 편이 더 현명한 선택일지도 모른다.

퍼플 스완은 어떤 일을 하든 자신의 인생이 달린 것처럼 최선을 다한다. 베어먼이 존시를 위해 폭풍우 속에서 마지막 잎을 그렸듯이, 자신이 맡은 일을 마지막 작품이라고 생각하며 심혈을 기울인다. 현재 하는 일이 자신의 마지막 기회라고 여기는 것이 퍼플 스완의 태도다.

매력을 디자인하는 퍼플 스완의 건강 루틴

"재산을 모으기 위해 건강을 해치지 마라. 건강이 곧 재산이다."

_베이컨Francis Bacon, 영국 철학자

퍼플 스완을 한마디로 정의하자면, 그들은 진정 '섹시한 사람'이다. 여기서 말하는 섹시함은 단순히 외모를 의미하지 않는다. 그들은 육체와 영혼을 건강하게 가꾸는 데서 멈추지 않고, 자신만의 독특한 매력을 브랜드화하여 세상과 적극적으로 소통한다. 퍼플 스완이 건강 루틴을 고수하는 것은 그들의 가치관, 즉 사명과 비전, 핵심 가치를 실현하기 위해서는 건강이 필수 조건이기 때문이다. 건강한 육체와 영혼이야말로 그들이 자신의 목표를 이루고 세상에 영향을

| 육체의 건강을 위한 루틴 |

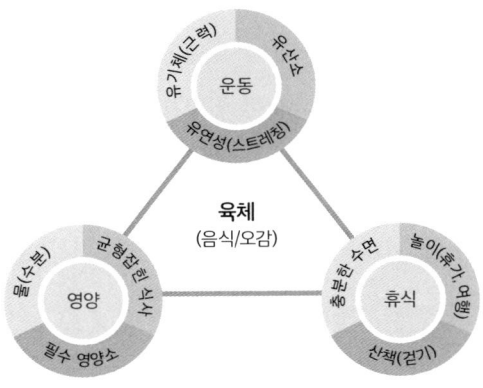

미칠 수 있는 가장 강력한 도구이다. 퍼플 스완의 건강 루틴을 자세히 들여다보면, 그들이 어떻게 육체와 영혼을 가꾸는지 알 수 있다.

퍼플 스완은 육체의 건강을 위해 3가지 루틴을 실천한다.

첫째, 평생 운동 루틴이다. 퍼플 스완이 챙기는 운동은 '3유'로 요약할 수 있다. 유기체 운동Strength Training, 유산소 운동Cardio, Endurance Training, 유연성 운동Flexibility Training이 그것이다. 유기체 운동은 전신의 근력을 균형감 있게 유지하게 하는 근력 운동Weight Training이 대표적이다. 유산소 운동은 산소 대사를 통해 지속적인 에너지를 내는 운동으로, 수영이나 달리기가 그 예다. 마지막으로 유연성 운동은 스트레칭Stretching처럼 관절의 가동 범위를 넓히고, 근육의 탄력을 향상시키는 운동이다.

퍼플 스완이 가장 즐겨하는 운동 중 하나는 산책과 수영이다. 그들 대다수가 산책한다고 해도 과언이 아닐 정도다. 100세가 넘는 김형석 교수도 한 언론과의 인터뷰에서 60세에 수영을 시작해 꾸준히 실천하고 있다고 밝히기도 했다. 소설가 무라카미 하루키Murakami Haruki는 오전에 집필이 끝나면, 수영, 달리기 루틴을 실천하는 것으로 유명하다. 연구에 따르면, 단 20분 운동만으로도 최대 12시간 동안 기분을 좋게 할 수 있다.[83] 운동 루틴은 신경전달물질인 도파민을 분비해서 하루 종일 영감을 얻는 데도 도움이 된다. 운을 바꾸고 싶다면 운동을 해야 한다. 운동運動은 운運을 움직이는動 것이다. 현명함과 다정함도 체력에서 나온다는 것을 기억해야 한다.

둘째, 식사와 영양 루틴을 철저히 계획한다. 육체의 양식은 음식이다. 무엇을 먹느냐가 건강 유지의 핵심이다. 퍼플 스완은 건강을 위해 철저히 영양을 관리한다. 특히 아침 식사에 신경을 많이 쓰는데, 영양 균형을 고려한 식단을 유지한다. 점심은 비교적 자유롭게 먹되, 저녁 식사는 가볍게 하거나 단식하는 경우가 많다. 그들은 과식을 피하고, 음식만으로 섭취하기 어려운 영양소는 영양제를 통해 보충한다. 또 마시는 물의 질과 양도 철저히 관리한다.

셋째, 휴식 루틴을 중시한다. 활력 넘치는 퍼플 스완의 비결 중 하나는 '충분한 휴식'이다. 그들이 꼽는 최고의 휴식은 단연 '숙면'이다. 자신에게 맞는 최적의 수면 패턴과 시간을 찾아 숙면을 취하는데, 보통 6~8시간 정도 자는 경우가 많다. 짧은 낮잠Nap을 즐기는 이도 있다. 수면 외에도 독서, 영화 감상, 음악 듣기 등의 취미 활동을 통해 심신을 충전한다.

| 영혼의 건강을 위한 루틴 |

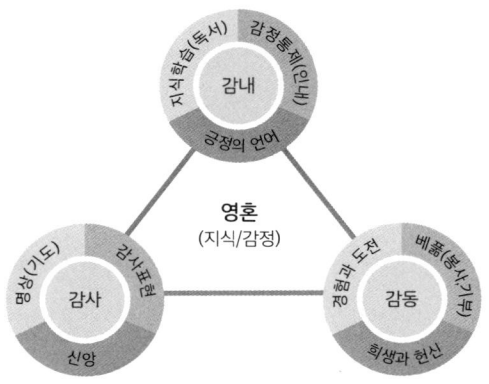

육체적인 매력 그 이상으로 진정한 섹시함은 바로 영혼에서 비롯된다. 섹시한 사람은 겉모습만이 아니라 내면의 따뜻함과 배려심, 젠틀한 성품을 지닌 이들이다. 예를 들어, 다음 사람을 위해 문을 잡아주거나 자리를 양보하는 작은 행동들, 혹은 길에 떨어진 쓰레기를 주워 주변을 정리하는 사소한 배려에서 그들의 진정한 매력이 드러난다. 나는 언제나 사람을 평가할 때 말보다 행동을 주의 깊게 살핀다. 그런 사람을 만날 때 강한 매력을 느낀다.

퍼플 스완은 내면의 성품을 일상 속 좋은 루틴을 통해 꾸준히 가꿔가는 사람들이다. 그렇다면 그들이 영혼의 건강을 위해 실천하는 루틴은 무엇일까? 퍼플 스완은 내면의 평화와 균형을 위해 3가지 루틴을 실천한다.

첫째, 감내堪耐 루틴이다. 퍼플 스완은 불편을 기꺼이 감내하는 사람이다. 일반적으로 사람은 책보다는 TV나 스마트폰 보기를 더 좋아하고 긍정적인 말보다 부정적인 말을 하기 쉬우며, 인내하는 것보다 포기하는 것이 더 편하다. 그러나 퍼플 스완은 이렇게 경로의 존성에 따라 사는 편안한 길 대신 불편함을 선택한다. 불편을 감내하는 것이 성장과 성공의 지름길임을 알기 때문이다. 독서도 그렇다. 어떤 이는 책 한 권을 손에 드는 것이 그 무게가 수십 킬로그램이나 되는 양 힘들다. 하지만 퍼플 스완은 시간을 들여 좋은 책을 고르고, 그 책에서 영감을 얻는다. 그래서 그들에게선 그윽한 책 향기가 난다. 그들의 말에 품격과 긍정의 언어가 새어 나오는 것은 그들의 영혼이 향긋한 지식으로 채워지기 때문이다.

둘째, 감사感謝 루틴이다. 퍼플 스완은 대화 속에서 '감사'라는 단어를 자주 사용한다. 그들은 부정적인 말대신 감사의 말을 더 많이 한다. 퍼플 스완이 꾸준히 실천하는 하루 루틴 중 하나는 긍정적인 자기 확언으로 하루를 시작하고, 일기를 쓰며 자신의 하루를 감사함으로 마무리한다. 감사 일기를 쓰며 머릿속에 떠도는 잡념을 글로 옮기면서 정리하고 성찰하는 것이다. 생각을 글로 옮기는 의식을 통해 부정적인 생각은 체질을 해서 걸러낸다. 또한 그들의 감사는 신에 대한 믿음에서 비롯된 것이기도 하다. 신에 대한 감사는 신의 성품을 닮아가게 하고, 그들의 삶을 더 겸손하고 따뜻하게 만든다.

셋째, 감동感動 루틴이다. 퍼플 스완은 작은 것에도 쉽게 감동하고, 타인에게도 깊은 감동을 선사한다. 이 감동은 단순한 감정의 흐름을 넘어서, 깊은 이해와 긍정적인 영향을 주는 특별한 능력이다. 그들은 다양한 경험과 도전 속에서 삶의 깊이를 더해가며, 그 깨달음이 더욱 깊어진다. 퍼플 스완은 누군가의 소원을 이뤄주는 삶을 산다. 타인에게 감동을 주는 삶을 선택하는 것이다.

지금, 당신은 어떤 모습으로 살아가고 있는가? 불편을 기꺼이 감내하며, 매일 감사의 마음을 품고, 타인에게 감동을 전하는 삶을 살고 있는가? 이제, 당신의 진정한 여정이 시작될 때다. 퍼플 스완의 삶은 그저 먼 이상향이 아니다. 그것은 우리가 매일 조금씩 쌓아가는 작은 선택과 행동에서 비롯된다. 한 걸음씩 나아갈 때마다 당신 안에 잠재된 퍼플 스완이 서서히 그 빛을 드러낼 것이다. 잊지 말자. 오늘 내리는 선택이 내일의 당신을 만든다. 지금 이 순간의 결단이 당신의 미래를 빛나게 할 것이다.

✏️ 건강을 위해 새로 시작할 루틴

인생 여정을 아름답게 완주하려면 건강만큼 중요한 것도 없을 것이다. 육체와 영혼의 건강을 위해 새롭게 시작할 루틴을 적어보자. 그리고 당장 시작하겠다고 다짐해 보자.

육체의 건강을 위한 루틴	영혼의 건강을 위한 루틴

"시작하라. 그 자체가 천재성이고 힘이며 마력이다."

_괴테 Johan Wolfgang von Goethe, **독일 작가**

Key Message

✦ 9장 ✦
자유로운 구속으로 일상을 자동화하라

| 미운 오리 새끼 vs. 퍼플 스완 |

미운 오리 새끼	퍼플 스완
삶의 우선순위를 정해놓지 않는다.	삶의 우선순위가 명확하다.
과거에 대한 후회와 미래에 대한 걱정으로 현재에 불만족하다.	현재에 만족하며 최선을 다한다.
나만의 공간에 대한 간절함이 덜하다.	나만의 공간을 갖고 있거나 간절히 꿈꾼다.
관계보다 일이 먼저다.	일보다 관계가 먼저다.
노예처럼 수동적으로 노동Labor한다.	주인처럼 능동적으로 일Work한다.
건강하지 않은 루틴이 많다.	건강하고 좋은 루틴이 많다.

| 퍼플 스완의 교훈 |

퍼플 스완이 되기 위한 질문 Question	"나만의 자동화된 시스템을 갖췄는가?"
퍼플 스완이 되기 위한 마인드 Mind	**루틴**: 특별한 일상을 조각하기 위해서는 루틴으로 자동화하고 시스템화해야 한다. **행복**: 행복은 친밀한 인간관계의 빈도와 질이 중요하다. 행복해지려면 자신, 타인, 공동체, 신과 질 높은 관계를 유지해야 한다. **건강**: 육체의 건강을 위해 운동, 영양, 휴식을, 영혼의 건강을 위해 감내, 감사, 감동을 실천한다.
퍼플 스완이 되기 위한 도구 Tool	퍼플 스완의 6가지 루틴

에필로그

삶에서 가장
경계해야 할 단어

    톨스토이의 《이반 일리치의 죽음》에 등장하는 주인공 이반 일리치Ivan Ilych의 이야기로 책을 마무리하려고 한다.
    성공의 정점에 있던 이반은 이사 도중 뜻밖의 사고를 당한다. 사다리에서 발을 헛디뎌 창틀 손잡이에 옆구리를 다친 것이다. 처음에는 대수롭지 않은 부상으로 여겼지만, 통증은 점점 악화되어 견디기 힘들 정도가 되었다. 고통이 심해질수록 외로움이 깊어진다. 한때 그의 성공을 축하하던 사람들이 하나둘 떠나더니, 그의 곁에는 오직 충직하고 배려심 많은 젊은 농부 게라심만 남게 된다. 게라심은 묵묵히 그의 고통을 함께 나누며 그를 위로한다.
    어느 날, 그의 어린 아들 바실리가 다가와 그의 손등에 입을 맞춘다. 그 순간, 자신의 잘못된 삶에 대한 깊은 회한과 가족에 대한 연민을 느낀다. 자신이 그토록 추구했던 성공과 부는 진정한 행복을 가져다주지 않았다는 것을 깨닫는다. 그의 옆구리 상처는 점점 악화되지만, 그는 더이상 죽음을 두려워하지 않게 된다. 오히려 자신의 잘못된 삶을 돌아보고, 용서를 구하며 평화를 찾기 시작한다. 그러다 결국 그는 45세의 나이에 죽음을 맞이한다.

이반의 모습은 우리 모두의 삶과도 닮았다. 홀린 듯 성공, 명예, 돈을 좇다가 어느덧 죽음 앞에 서게 되지 않는가. 다만, 사람마다 그 시간이 조금 다를 뿐이다.

잠시 눈을 감고 상상해 보자. 오늘은 당신의 장례식 날이다. 사람들이 당신을 떠나보내기 위해 장례식장에 모였다. 그 자리에 누가 있을 것 같은가? 그들은 당신을 어떤 사람으로 기억할까? 당신이 이 세상에 남긴 것은 무엇일까? 장례가 끝나고, 당신의 무덤 앞에 묘비가 세워진다. 묘비에는 어떤 글이 쓰이길 바라는가?

지금의 튀르키예(옛 터키) 데니즐리Denizli주 인근에 성경 속 라오디게아교회가 있는데, 그 옆에는 온천으로 유명한 히에라폴리스Hierapolis가 있었다. '신성한 도시'라는 뜻에서 알 수 있듯, 이곳은 로마 제국의 유력자들에게 회복과 치유의 도시였다. 사람들은 이곳에 묻히길 원했고, 실제로 1,200개가 넘는 무덤 비석이 발견되었다. 그중 한 비석에는 이런 문장이 새겨져 있었다.

"나 어제 너와 같았으나, 너 내일 나와 같으리라."

스티브 잡스가 세상을 떠나기 전에 마지막 남긴 말이 무엇인지 아는가? 그의 여동생 모나 심슨Mona Simpson에 따르면, 그의 마지막 말은 "오, 와우. 오, 와우. 오, 와우Oh wow. Oh wow. Oh wow."였다고 한다.[84] 죽음처럼 우리에게 깊은 교훈을 주는 것은 없다. 퍼플 스완은 죽음을 통해 삶의 본질을 본다. 죽음을 마주할수록 삶이 더욱 선명해지고, 그만큼 소중해지는 법이다. 그래서 그들이 자주 사용하는 말 중 하나가 바로 '메멘토 모리Memento Mori'다.

이 단어의 유래는 고대 로마에서 찾을 수 있다. 원정에서 승리한 개선장군이 시가행진할 때 뒤따르는 노예가 큰 소리로 '메멘토 모리!'를 외치곤 했다. 이는 라틴어로 '너는 반드시 죽는다는 것을 기억하라.'는 뜻이다. 전쟁에서 승리했다고 우쭐대지 말고, 사람은 죽는다는 것을 기억하고 겸손하게 살라는 의미다. 승리에 도취되지 말고 인간의 유한함을 깨달아 겸손해지라는 뜻이다.

영원할 것 같았던 로마제국도 역사 속으로 사라졌듯 우리도 곧 세상에서 사라질 것이다. 지금 삶이 잘 풀리는가? 자만하지 말자. 인생이 늘 행복할 수는 없다. 지금 힘든가? 낙담하지 말자. 인생이 늘 고통일 수도 없다. 기쁠 때가 있으면 슬플 때가 있고, 좋을 때가 있으면 나쁠 때가 있다. 인생은 돌고 돈다. 버즈The byrds의 〈turn turn turn〉[85]의 가사처럼 말이다.

모든 것은 변하고 또 변한다.
계절이 변하듯 변하고 변하며,
하늘 아래 모든 것은 변한다.

날 때가 있으면 죽을 때가 있고,
심을 때가 있으면 뽑을 때가 있고,
죽일 때가 있으면 치료시킬 때가 있고,
웃을 때가 있으면 울 때가 있다.

세울 때가 있으면 헐 때가 있고,
웃을 때가 있으면 울 때가 있고,
잃을 때가 있으면 지킬 때가 있다.

사랑할 때가 있으면 미워할 때가 있고,
전쟁할 때가 있으면 평화로울 때가 있고,
용서해야 할 때가 있으면 용서하지 못할 때도 있다.

얻을 때가 있으면 잃을 때가 있고,
찢을 때가 있으면 꿰맬 때가 있고,
사랑할 때가 있으면 미워할 때가 있다.
평화를 위한 시간은 아직 늦지 않았다.

    우리에게 주어진 이 땅에서의 시간은 유한하다. 그러니 남은 시간을 소중히 여기며 살아야 한다. 당신이 가장 경계해야 할 단어는 '다음'이고, 가장 가슴에 새겨야 할 단어는 '지금'이다. 어제는 이미 지나 버린 티켓일 뿐이며, 내일은 아직 그려지지 않은 빈 캔버스일 뿐이다. 이 드넓은 우주 속 작은 푸른 점 위에 던져진 당신. 지금, 이

순간, 바로 여기에 집중하며 최선을 다하면 된다.

한 번뿐인 인생, 후회 없이 살기 위해 당신의 재능과 잠재력을 아껴 무엇 하겠는가. 이제 책을 덮고 당신만의 빛나는 여정을 시작해 보자. 일상의 울타리를 넘어 미지로 담대하게 발을 내딛고, 그 누구와는 다른 자신만의 길을 개척해 가길 응원한다.

기억하자, 당신은 이 세상에 단 하나뿐인 퍼플 스완이다.

"사람마다 먹고 마시는 것과 수고함으로 낙을 누리는 것이 하나님의 선물인 줄을 또한 알았도다."

_《성경》 전도서 3장 13절

퍼플 스완으로서 새로운 미지의 하늘을 향한
당신의 찬란한 날갯짓을 응원한다.

참고도서

공자, 《논어》, 홍익출판사, 2016
그렉 맥커운, 《에센셜리즘》, 알에이치코리아, 2014
김은주, 《1cm》, 생각의나무, 2008
김주환, 《회복탄력성》, 위즈덤하우스, 2011
김지수, 《이어령의 마지막 수업》, 열림원, 2021
나폴레옹 힐, 《나폴레옹 힐의 성공의 법칙》, 중앙경제평론사, 2023
댄 자드라, 《파이브》, 앵글북스, 2015
데이비드 고긴스, 《누구도 나를 파괴할 수 없다》, 웅진지식하우스, 2023
도스토옙스크, 《죽음의 집의 기록》, 열린책들, 2019
레이 올든버그, 《제3의 장소》, 풀빛, 2019
레이 크록, 《사업을 한다는 것》, 센시오, 2019
레프 톨스토이, 《이반 일리치의 죽음》, 현대지성, 2023
로버트 월딩거, 마크 슐츠, 《세상에서 가장 긴 행복 탐구 보고서》, 비즈니스북스, 2023
로빈 샤르마, 《에브리데이 히어로》, 프런티어, 2023
론 프리드먼, 《공간의 재발견》, 토네이도, 2015
리처드 바크, 《갈매기의 꿈》, 나무옆의자, 2020
맥스 맥케온, 《나우이스트》, 보랏빛소, 2018
메이슨 커리, 《리추얼》, 책읽는수요일, 2017
메이슨 커리, 《예술하는 습관》, 걷는나무, 2020
모리스 마테를링크, 《파랑새》, 시공주니어, 2015
모튼 한센, 《아웃퍼포머》, 김영사, 2019
미겔 데 세르반테스, 《돈키호테 1, 2》, 열린책들, 2018
박경효, 《입이 똥꼬에게》, 비룡소, 2018
베르나르 베르베르, 《베르베르 씨, 오늘은 뭘 쓰세요?》, 열린책들, 2023

변지영, 《미래의 나를 구하러 갑니다》, 더퀘스트, 2023
브레드 스털버그, 스티브 매그니스, 《피크 퍼포먼스》, 부키, 2021
빅터 프랭클, 《죽음의 수용소에서》, 청아출판사, 2006
세네카, 《인생이 왜 짧은가》, 숲, 2005
세스 고딘, 《의미의 시대》, 알에이치코리아, 2023
세스 고딘, 《이카루스 이야기》, 한국경제신문, 2014
세스 고딘, 《지금 당신의 차례가 온다면》, 한국경제신문, 2016
셰인 로페즈, 《역경을 통해 성장하기》, 학지사, 2011
손자, 《손자병법》, 휴머니스트, 2016
스티븐 코비 외, 《소중한 것을 먼저 하라》, 김영사, 1997
아폴로도로스, 《원전으로 읽는 그리스 신화》, 숲, 2004
알베르 카뮈, 《이방인》, 민음사, 2019
야기 짐페이, 《세상에서 가장 쉬운 하고 싶은 일 찾는 법》, 소미미디어, 2022
어니스트 헤밍웨이, 《노인과 바다》, 민음사, 2017
오에 겐자부로, 《읽는 인간》, 위즈덤하우스, 2015
월터 아이작슨, 《스티브 잡스》, 민음사, 2015
이솝, 《이솝우화》, 숲, 2019
이순신, 《난중일기》, 여해, 2016
정민, 《다산어록청상》, 푸르메, 2007
정민, 《삶을 바꾼 만남》, 문학동네, 2011
제니 블레이크, 《피벗하라》, 처음북스, 2016
제니퍼 에이커, 나오미 백도나스, 《유머의 마법》, 안드로메디안, 2021
제임스 클리어, 《아주 작은 습관의 힘》, 비즈니스북스, 2019
조너선 라우시, 《인생은 왜 50부터 반등하는가》, 부키, 2021
조지프 캠벨, 빌 모이어스, 《신화의 힘》, 21세기북스, 2017
존 크롬볼츠, 라이언 바비노, 《빠르게 실패하기》, 스노우폭스, 2022
짐 콜린스, 《좋은 기업을 넘어 위대한 기업으로》, 김영사, 2005
찰스 디킨스, 《올리버 트위스트》, 현대지성, 2023
칼릴 지브란, 《예언자》, 더클래식, 2014
캐롤라인 애덤스 밀러, 마이클 프리슈 , 《와튼스쿨에서 배우는 베스트 인생목표 이루

기》, 물푸레, 2011
켄 시걸,《미친 듯이 심플》, 문학동네, 2014
켈리 맥고니걸,《스트레스의 힘》, 21세기북스, 2019
톰 피터스,《탁월한 기업의 조건》, 한국경제신문, 2022
팀 페리스,《타이탄의 도구들》, 토네이도, 2017
플라톤,《플라톤 전집 2》, 숲, 2019
피터 드러커,《프로페셔널의 조건》, 청림출판, 2013
한비자,《한비자》, 휴머니스트, 2016
한스 크리스티안 안데르센,《안데르센 동화전집》, 현대지성, 2016
허두영,《데일리 루틴》, 데이비드스톤, 2021
허두영,《첫 출근하는 딸에게》, 사이다, 2019
허먼 멜빌,《모비딕》, 작가정신, 2019
헤로도토스,《역사》, 숲, 2017
헤르만 헤세,《데미안》, 코너스톤, 2017
호메로스,《오뒷세이아》, 숲, 2018
호메로스,《일리아스》, 숲, 2015
홍사성,《채근담》, 홍익출판사, 2016

주석

1. 나폴레옹 힐, 《나폴레옹 힐의 성공의 법칙》 (중앙경제평론사, 2023), p184~188
2. 짐 콜린스, 《좋은 기업을 넘어 위대한 기업으로》 (김영사, 2005), p73
3. 코메디닷컴, ""내 몸이 부끄러워" 아이들 언제부터 의식할까", 2016. 1. 15.
4. 손자, 《손자병법》 (휴머니스트, 2016), p110
5. 이순신, 《난중일기》 (여해, 2016), p259
6. 서울신문, "황폐한 땅이…40년 간 나홀로 나무 심어 숲으로 만든 남성", 2018. 8. 8.
7. 맥스 맥케온, 《나우이스트》 (보랏빛소, 2018), p110~114
8. 빅터 프랭클, 《죽음의 수용소에서》 (청아출판사, 2006), p132~133
9. 빅터 프랭클, 같은 책, p134~136
10. 일본 디자이너 이마이즈미 히로아키가 개발한 발상기법, Manda(본질의 깨달음) + la(달성 및 성취) + art(기술)
11. 캐롤라인 애덤스 밀러, 마이클 프리슈, 《와튼스쿨에서 배우는 베스트 인생목표 이루기》 (물푸레, 2011), p34
12. 조선일보, "삶의 최고 가치는? 17개국 중 한국만 "물질적 행복이죠"", 2021. 11. 22
13. 야기 짐페이, 《세상에서 가장 쉬운 하고 싶은 일 찾는 법》 (소미미디어, 2022), p57
14. 탐험가 제시카 왓슨의 이야기는 〈트루 스피릿〉이라는 제목의 영화로 2023년 1월 개봉됨.
15. 조선일보, "한국인이 최고 별점 준 영화는 4.4점 '쇼생크 탈출'… 최악은?", 2023. 8. 28.
16. 인텔의 연구원 고든 무어가 1960년대에 처음 주장한 법칙임.
17. 한지우, 오삼일, "AI와 노동시장 변화", BOK(한국은행) 이슈노트, 제2023-30호, p5
18. 이솝, 《이솝우화》 (숲, 2019), p63
19. 도스토옙스크, 《죽음의 집의 기록》 (열린책들, 2019), p435

20 연합뉴스, "기업 평균수명 50년대 61년→2027년 12년…돌파구는 기업 벤처링", 2021. 12. 2
21 제니 블레이크, 《피벗하라》 (처음북스, 2016), p32~33
22 영화 〈나이애드의 다섯 번째 파도〉는 다이애나 나이애드의 바다 수영 도전기를 담고 있음.
23 허먼 멜빌, 《모비딕》 (작가정신, 2019), p654~655
24 허먼 멜빌, 같은 책, p655
25 허먼 멜빌, 같은 책, p681
26 어니스트 헤밍웨이, 《노인과 바다》 (민음사, 2017), p104
27 론 프리드먼, 《공간의 재발견》 (토네이도, 2015), p34
28 존 크롬볼츠, 라이언 바비노, 《빠르게 실패하기》 (스노우폭스, 2022), p18
29 존 크롬볼츠, 같은 책, p240
30 셰인 로페즈, 《역경을 통해 성장하기》 (학지사, 2011), p56~58
31 김혜옥, "청력 잃은 베토벤, 당당함으로 시대를 휘젓다", DBR 111호(2012년 8월 Issue2)
32 헤로도토스, 《역사》 (숲, 2017), p738
33 제니퍼 에이커, 나오미 백도나스, 《유머의 마법》 (안드로메디안, 2021), p57~84
34 셰인 로페즈, 같은 책, p333~337
35 켈리 맥고니걸, 《스트레스의 힘》, (21세기북스, 2019), p255~256
36 이동환, "직무스트레스의 도전·방해요인이 신체적 증상 및 종업원 인게이지먼트에 미치는 영향 - 긍정정서의 매개역할 -", 인적자원관리연구 제23권 제1호 2016.1 p237~259
37 칼릴 지브란, 《예언자》 (더클래식, 2014), p36~37
38 https://www.youtube.com/watch?v=KBv5wp6JPsw&t=5s
39 브레드 스털버그, 스티브 매그니스, 《피크 퍼포먼스》 (부키, 2021), p69
40 김주환, 《회복탄력성》 (위즈덤하우스, 2011), p43~52
41 잡코리아, "직장인 10명 중 9명, 스승이 필요하다!", 2016. 5. 12
42 플라톤, 《플라톤 전집 2》 (숲, 2019), p145
43 현대케피코 사보 〈KEFICO PLUS〉 2018년 1, 2월호 참고
44 팀 페리스, 《타이탄의 도구들》 (토네이도, 2017), p95

45 베르나르 베르베르,《베르베르 씨, 오늘은 뭘 쓰세요?》(열린책들, 2023), p300~301
46 중앙일보, "'쇼팽 콩쿠르 우승' 조성진 인터뷰, "연주는 손이 저절로 하고 있었다"", 2015. 10. 22.
47 이병주, "치밀한 스콧 vs. 유연한 아문센 미지의 땅 남극정복은 적응력이 갈랐다" DBR 145호(2014년 1월 Issue2)
48 레이 크록,《사업을 한다는 것》, (센시오, 2019) 발췌
49 켄 시걸,《미친 듯이 심플》, (문학동네, 2014) 발췌
50 월터 아이작슨,《스티브 잡스》, (민음사, 2015), p199~208
51 홍사성,《채근담》(홍익출판사, 2016), p99
52 SBS 〈생활의 달인〉 664회, 인생 메밀국수 달인 편
53 SBS 〈생활의 달인〉 882회, 은둔식달 떡볶이 달인 편
54 세스 고딘,《지금 당신의 차례가 온다면》(한국경제신문, 2016), p105
55 미디어오늘, "허준이 교수는 어쩌다 '수포자'가 됐나", 2022. 7. 7
56 동아일보, "필즈상 허준이 교수 "자극 없애려 몇달째 똑같은 식사… 15분 모래시계 놓고 집중"", 2023. 6. 8
57 베르나르 베르베르, 같은 책, p299~303
58 박경효,《입이 똥꼬에게》(비룡소, 2018) 발췌
59 김지수,《이어령의 마지막 수업》(열림원, 2021), p43
60 노컷뉴스, "책값 평균 1만7869원 4.4% 증가…번역서 1위는 '일본 책'", 2023. 7. 17.
61 세인트존스대, 시카고대, 하버드대, 서울대 등 국내외 주요 대학과 기관에서 제시한 고전 추천 도서 중 언급 빈도수와 대중성이 높은 책을 위주로 선정함.
62 세스 고딘,《의미의 시대》(알에이치코리아, 2023), p29
63 피터 드러커,《프로페셔널의 조건》(청림출판, 2013), p159~160
64 피터 드러커, 같은 책, p160
65 스티븐 코비 외,《소중한 것을 먼저 하라》(김영사, 1997), p132~134
66 중앙일보, "8100억 기부 주윤발 "남대문서 밤마다 번데기 사먹었어요"", 2023. 10. 5.
67 정민,《다산어록청상》(푸르메, 2007), p23~24

68	서울경제, "집에선 쉬고 싶은 한국인…"혼자 있을 때 가장 즐겁다" 40%", 2024. 1. 15.
69	한국경제, "1인당 주거면적 9평…일본보다 좁다", 2021. 8. 1
70	메이슨 커리, 《예술하는 습관》 (걷는나무, 2020), p239~240
71	제임스 클리어, 《아주 작은 습관의 힘》 (비즈니스북스, 2019), p124~125
72	메이슨 커리, 《리추얼》 (책읽는수요일, 2017), p37~38
73	메이슨 커리, 같은 책, p78~79
74	MBN, 〈특종세상-그 때 그 사람〉 509회, 2021년 12월 16일 방송분
75	홍사성, 같은 책, p118
76	론 프리드먼, 같은 책, p127
77	SBS CNBC 〈인문학강의〉 중 서울대 심리학과 최인철 교수의 '행복' 강연에서 발췌
78	중앙일보, "종교 있고, 신앙생활 하는 사람이 더 행복하다", 2019. 2. 7
79	로버트 월딩거, 마크 슐츠, 《세상에서 가장 긴 행복 탐구 보고서》 (비즈니스북스, 2023), p10
80	짐 콜린스, 같은 책, p111
81	하버드비즈니스리뷰, "가슴 뛰는 삶, 전략적 사고가 필요하다", 2024년 3-4월호, p152
82	칼릴 지브란, 같은 책, p82~83
83	코메디닷컴, "운동 후 상쾌한 기분 12시간 계속 된다", 2015. 12. 31.
84	로빈 샤르마, 같은 책, p381
85	이 노래의 가사는 《성경》 전도서 3장 1~11절을 바탕으로 쓰여짐.

퍼플 스완
나만의 라이프 루틴으로 사는 탁월한 자아

1판 1쇄 발행 2025년 3월 31일
1판 3쇄 발행 2025년 4월 17일

지은이　　허두영
펴낸곳　　도서출판 데이비드스톤
출판등록　제2022-0000350호
전화　　　031-8070-0061
이메일　　davidstonebook@gmail.com

ⓒ 허두영, 2025
ISBN 979-11-973457-4-6 03190

값 22,000원

- 이 책은 저작권법에 따라 보호받는 저작물이므로 무단 전재와 복제를 금지하며, 내용의 일부 또는 전부를 이용하려면 저자와 출판사의 서면 동의를 얻어야 합니다.
- 잘못 만들어진 책은 구입처에서 교환해 드립니다.

> 데이비드스톤(David Stone)은 '다윗의 물맷돌'을 의미하며, 골리앗을 이길 수 있는 비장의 무기가 되는 콘텐츠와 서비스를 제공하고자 하는 의지를 담은 사명입니다.